書名：中國歷代卜人傳（二）
系列：心一堂術數古籍珍本叢刊　其他類
作者：〔民國〕袁樹珊撰

主編、責任編輯：陳劍聰
心一堂術數古籍珍本叢刊編校小組：陳劍聰　素聞　梁松盛　鄒偉才　虛白盧主

出版：心一堂有限公司
地址／門市：香港九龍尖沙咀東麼地道六十三號好時中心LG 六十一室
電話號碼：+852-6715-0840　+852-3466-1112
網址：publish.sunyata.cc
電郵：sunyatabook@gmail.com
網上書店：http://book.sunyata.cc
網上論壇：http://bbs.sunyata.cc/

版次：二零一四年五月初版
平裝：四冊不分售

　　港幣　四百六十八元正
定價：人民幣　四百六十八元正
　　新台幣　一千二百元正

國際書號：ISBN 978-988-8266-73-9

香港及海外發行：香港聯合書刊物流有限公司
地址：香港新界大埔汀麗路三十六號中華商務印刷大廈三樓
電話號碼：+852-2150-2100
傳真號碼：+852-2407-3062
電郵：info@suplogistics.com.hk

台灣發行：秀威資訊科技股份有限公司
地址：台灣台北市內湖區瑞光路七十六巷六十五號一樓
電話號碼：+886-2-2796-3638
傳真號碼：+886-2-2796-1377
網路書店：www.govbooks.com.tw
　　　　　www.bodbooks.com.tw
經銷：易可數位行銷股份有限公司
地址：台灣新北市新店區寶橋路二三五巷六弄三號五樓
電話號碼：+886-2-8911-0825
傳真號碼：+886-2-8911-0801
email：book-info@ecorebooks.com
易可部落格：http://ecorebooks.pixnet.net/blog

中國大陸發行・零售：心一堂書店
深圳地址：中國深圳羅湖立新路六號東門博雅負一層零零八號
電話號碼：+86-755-8222-4934
北京地址：中國北京東城區雍和宮大街四十號
心一店淘寶網：http://sunyatacc.taobao.com

中國歷代卜人傳卷五

潤德堂叢書之八

鎭江袁阜樹珊編次

江蘇省五

34 宜興縣（吳荊溪地．漢陽羨縣．隋改曰義興．宋避諱改曰宜興．元升宜興府．兼置縣．又改爲宜興州．明復曰宜興縣．清屬江蘇常州府．縣境產紫泥器．甚有名．）

清　楊湛露、字燕侯。宜興人。學者稱西山先生。幼奇慧。兒時嬉戲。拾炭畫地。作張桓侯像絕肖。及長。通五經。旁及子史釋老星歷陰陽卜筮之書。靡所不究。弱冠餼於庠。年四十、以次當貢京師。會遭甲申之變。棄諸生、絕意進取。葛巾白袍。隱居教授。康熙間、中丞趙公檄郡縣講學。令欲得湛露主講席。博士徒步造請至再。湛露仰天嘆曰、士故有志。何至相迫。南山之南。北山之北。豈遂無法高卿耶。言已涕泗交頤。令知不可強、乃已。晚頗好導引五禽之術。亦喜堪輿家言。然家益貧。或日晏未炊。子孫至幷日而食。處之怡然。後以壽終。年九十。（錢儀吉碑傳集逸民下之下）

清　毛紹武、少讀書。屢試不售。專精卜筮。人稱毛半仙。（光緒宜興荊溪縣志藝術）

清　傅清、字曉湖。精天文易數。道光時、嘗謂人曰、吳楚當有兵災。人嗤其妄。歲壬寅、海疆不靖。或問曰、汝所云、得毋是乎。曰、未也。十數年後、當知之。及粵逆陷金陵。言始驗。（光緒宜興荊溪縣志藝術）

清　楊翼亮、字堯門。官莊里人。少穎悟。博學能文。通曉易理。於堪輿河洛之祕。奇門元運之法。皆能探索奧旨。發明義蘊。着有譯古含奇六卷。壽九十有一。（民國宜荊續志藝術）

清　謝鴻、字顧清。周鐵鄉傍杏村人。附貢生。精於易理。通天算壬遁諸術。而於堪輿之學尤長。性高潔。不屑爲人役。同縣顯官某、延葬其母。不應。創建竺西書院、斥田得百金爲倡。歿後、其子蒐輯遺文。彙訂顧清賸稿一卷。（民國宜荊新志藝術）

清　蕭引、字楚良。府學生。事親盡孝。守正安貧。不隨流俗波靡。顧才高、試輒不第。同學有襲其文登第者。引知之。嘆曰。命也。不與校。嘗演奇門一千八百局。思欲見用於世。卒偃蹇不遇。死。所著奇門書兩冊存於家。（光緒宜荊續志藝術）

清　周樸庵、喜治形家言著堪輿約旨略謂氣之附土而行者有支隴可辨其伏行而仰出者則不可得而見也又曰地之理以形著而爲支干喜忌之說者此非地之所自有也。宜興吳德旋初月樓聞見錄

35 江陰縣　秦爲暨陽鄉・漢毗陵縣地・梁置江陰縣・唐置暨州・五代南唐置江陰軍・元升江陰路・後降爲州・明初改曰連洋州・尋復爲江陰州・嗣又改州爲縣・清屬江蘇常州府・地濱長江・爲江防要地・今闢爲起卸貨物口岸・

元　陸文圭、字子方江陰人幼而穎悟讀書過目成誦終身不忘博通經史百家、及天文地理律歷醫藥算數之學宋咸淳初年十八中鄉選宋亡隱居城東學者稱之曰墻東先生延祐時、朝廷數遣使馳幣聘之以老疾不果行卒年五十八先屬纊一日語門人曰、以數考之吾州二十年後必有兵變慘於五代建炎吾死當葬不食之地勿封勿樹使人不知吾墓庶無暴骨之患其後江陰之亂冢墓盡發人乃服其先知有墻東類藁二十卷。元史儒學

元　吳方、字季仁江陰人少受經于鄉先生陸子方而於諸子百氏醫藥卜筮數術

之書無所不知。作詩尙理致。不事雕飾。然未始自以爲高。教其子、率能有所成立。能獎掖後進、雖小善弗遺。延祐中、故人有知君者。薦爲處州儒學錄。辭不就。自號孏菴居士、（孏同嬾）以示絕意仕進。至元戊辰卒。享年五十有二。（元黃學士文集吳君墓誌銘）

明　袁舜臣、字承華。江陰人。嘉靖甲子舉人。學問該洽。自天文地理歷律兵刑。無不精究。疾革、握其兄手。以古樂不復作爲嘆。著有天文四季圖。（乾隆江南通志文苑）

明　郭勳、別號希暘。江陰人。生而沈深溫雅。好稱形家言。與眞常王子、相陰陽觀流泉。朝夕不倦。龔立本之祖物故、勳特垂唁。立本懇而留之。今官蕩新阡。勳所鑑定也。（明常熟龔立本煙艇永懷）

清　王公奭、喜堪輿家言。行道於丹陽金壇及江以北。著書多訂前人疑誤。其言龍法。謂楊氏龍分兩片之說最確。宋人云三支並出者誤也。沈進士地學一書。（康熙朝沈鎬・字六圃・望江人・）實出其指授。今盛行於世。而公奭自撰書。惜無爲之刊布者。

清　夏時用、字賡颺。究心青烏之術。以郭璞葬乘生氣爲主。徧質於四方之精堪輿者。而得其眞積二十年。術益精。語無不驗。性矯矯。不與流俗伍。卒以窮愁老。時有費大章字承烈。家華墅。亦以堪輿名。以上光緒江陰縣志藝林

清

程省。字以三。江陰人。善六書測字。一人書火字、問出門與在家孰利。省曰、出門利。此字中間有開脚之人、自宜行動。若在家中、有災害也。時旁一人、卽指此字問曰、有一兒欲隨貴人上京。今在姑蘇。一兒作伴同行。利否。省曰、大利。問何故。曰、火字疊見。乃炎字也。北方水鄉。此去有既濟之義。故利耳。其人曰、北方水旺。炎旁加水。乃淡字也。財氣不亦淡泊乎。省曰否。非此之論也。兩兒皆南人。南方是火地。跟官之人。勢必炎炎。炎字中又有兩重火現。據理斷之、嫌其太過。所幸者遠游北方水旺之鄉。得水制之。則火不猖狂。而兩相爲用矣。烏有忘其美而反謂之淡泊也哉。其人復問二兒高下。省曰、二火一上一下。自有高低。但子之兒高。彼之兒不及也。請厥理。曰、先一位以火字問事已過。乃退時之火。君乃以火字問事。乃方興之火。以此較之。是以知此兒後來高於彼兒也。一人又以公字問事。久不不與斷。蓋

先來者先測。而後至者次序應之。故不得卽斷也。至臨測時。問之曰、何事。客曰、忘之矣。轉身卽走。省曰、來。且勿行。爾非眞忘之也。不過因我之遲而生恚耳。恚、音惠。恨也。怒也。其人請說。省曰、字雖公字。却有一團私心。況分字頭。去字脚。汝必與人共事。今欲分頭而去矣。其人曰、誠如所言。我與表兄合夥。開一銀店。將及三載。今欲分帳自開。不知凶吉何居。省曰、一言成訟。此話可謂難講矣。末筆更帶元武。其中必主小人刁唆。不日將見官司。宜止之。其人嘆服。後旬日復來測字。自言承指教歸。並不言及分帳之事。而表兄與我近甚相得。親許來歲分店各開矣。省撰有測字祕牒。盛行於世。測字祕牒

36 靖江縣 漢海寧縣地。元爲江陰縣。明析置靖江縣。清屬江蘇常州府。地當大江北岸。與江陰縣隔江相接。

清

聞琴、字雲和。邑諸生。熟讀諸經傳、易義尤精。兼通泰西天文之學。道光壬寅秋。夷船逼境。琴嘗語人曰。歲星臨吳越。非特弭兵。穀且大熟。蓋本春秋傳說越得歲而吳伐之有大咎也。未幾。船退而穀大熟。其言果驗。又勾股算法。琴亦索嫺之他

如星命堪輿家言特其餘技耳。（光緒靖江縣志藝術）

37 通州（五代周置・宋曰通州靜海郡・元爲通州路・尋復爲通州治靜海・明省靜海入州・清直隸江蘇省・世稱南通州・民國改爲南通縣・）

清

鄒亦鳳、字振先、精靑烏家言、每拔棘榛檢荒塚、評休咎、多奇中。有顧氏墓、葬已久、鳳謂穴有地風、棺已攲側、啓視之果然。（光緒通州志方技）

清

顧天璲、字惠佩、例貢、少棄舉業、以拳勇名、閒通堪輿之學、兼知醫、所試著奇效、出時師意外。璲有大志、不獲售、乃託於百家衆技以自見、論者惜之。（南通州志方技）

38 如皋縣（晉置・隋省・五代南唐復置・清屬江蘇通州・）

明

郭師古、字時用、號中宇、幼習舉子業、家貧無書、從人假讀、一過終身不忘。尤善奇門遁甲之書。身偉長、有力、善馳射。嘉靖末、倭數內寇、薄皐城、師古爲當事謀畫、輒奇中。萬歷丙子舉鄉試、丁丑成進士、留戶曹主政、累官甘肅兵備、鎭酒泉、兼轄寧夏平涼諸州事、後以他事罷歸。著有百將傳、籌邊紀略、八陣圖說諸書行世。卒年八十七。

清 錢珙、字拱玉。自少沈靜。敦行不怠。事母以孝聞。為文原本經術。斥浮豔。三薦不售。筮之遇履之无妄。謂門人曰。履以兌遇乾。乾為君。兌悅之。五不應。變而從木。木遇金。為悔尅貞。不售矣。互而得家人。家食之義也。且其辭曰履道坦坦。幽人貞吉。我以功名故。荒茲歲月。曷若盡吾分內事。履道而貞乎。遂絕意進取。鍵戶著書。嘗晨起默坐對周易。或長歌。歌竟起立。日夕忘食。枝上禽鳴。簾前花落。俛仰之間。油然陶然也。壬寅以疾卒。著有周易一得、尙書會意。以上道光如皋縣志列傳

清 程曾祺、字芳竹。庠生。喜靑烏家言。博覽精研。遂工其術。皋邑南帶江。東濱海。廣袤數百里。筍輿迎迓。遊歷殆徧。然神解超脫。不泥古法。嘗謂地理以天理為主。此語的當不易。晚年尤矍爍。

清 嚴遜、字時敏。國學生。精堪輿命理卜相等術。不輕語人。每占一課。悉奇中。年四十、精醫。四方請者無虛日。少嘗習儒。見里中讀書子弟。欽慕如不及。年六十一卒。孫憲章庠生。

清　沈鳳鳴、字斗山。國學生。精堪。輿。學。著有堪。輿。輯。要。壽七十五。以上同治如皋縣續志方技

清　湯臨、字穆堂。善事親。父性嚴毅、未嘗少拂。素習。形。家。言。母在殯。與兄跋履田間。經旬。始得地窆之。道光初元、獨修大成殿。邑令甯書翊贊宮墻額贈之。設義舍。病予藥。歿給槥。槥・晉會・小棺也・成梁甃道。歲以爲常。而功尤鉅者。爲乙亥之賑。多方稱貸。獨力蒇事。全活萬計。壽八十五。長子俊、字敬亭。貢生。官至廣西梧州知府。次子伊、字華巖。廩生。同治如皋縣續志義行

清　張烜、字春暉。居豐利。博學多才。登嘉慶庚午賢書。攻苦彌篤。侍親色養備至。天文。地。理。書。畫。岐。黃。㡍。菩。無不精通。不屑以多能名。爲人敦厚謙知。賑饑卹貧。人受隱德焉。年七十二卒。

清　湯澍、字仙舟。踰冠以詩賦受知學使。大比屢薦不第。自是絕意進取。乃聚子姪講習一庠。推爲祭酒。云澍於書無所不覽。尤精醫理。間博涉星。家。靑。烏。家。言。性剛毅。能當大事。嘗割沃壤入於庠。范廉泉明府、書名行高潔額贈之。子惠元、字玉成。

內行完備。幼習經生家言。試屢被乙。重輯家乘。着地理眞訣。孫第、庠生。

清　顧汝玉、字吟石。壬子順天舉人。幼慧。年十二補弟子員。於書無不究。天文地理。陣法勾股。下至醫卜奇門。命相陰陽家言。咸涉獵通曉。劉太史熙載、稱爲文壇飛將。下第留都。以敎習例用知縣不就。歸里杜門不出。益肆力於古著。崇禮論以維世。後學宗焉。以上同治如皋縣續志文苑

清　李新泉、字井香。靜海人。舉明經。善詩賦。旁通周髀。風角。堪輿。醫卜等術。諸子皆讀書、世其家。

清　姚功立、字麓橋。泰興人。工詩畫。通六壬。堪輿家言。書法瘦勁。卒於皋。以上同治如皋縣續志寓賢

39　泰興縣　本海寧縣濟南鎭。南唐置泰興縣。故治在今江蘇泰興縣北。宋徙柴墟鎭。又徙今治。清屬江蘇通州。

清　陳翁達夫、故泰興舊族。美須髯。貌偉岸。聲如洪鐘。善導引。工技擊。以拳勇槍法聞。於太乙壬遁九宮風角。無不精驗。晚年家揚州。先子因族祖績園先生、與達夫交。時先子年四十、未有子。達夫爲推之曰、勿憂。郎君不馬駝來。且羊負來矣。癸未

二月余生。先子神其言。未彌月。卽以余生日幹枝。乞爲推修短貴賤。達夫遲之又久。以一紙遺、朱墨識別。當時迂闊其言。以爲非珞琭家體。置之神櫝中。（櫝。音獨。櫃也。）余稍長。意氣銳發。自期旣不細。亦不知以機變侜張逆人。（侜。音舟。誑也。）以爲其說不經。頗厭置之。別求精此術者。不下數十輩。歷三十許年。余已五十矣。旣病。臥里中。每夜坐、思達夫之言。始覺其無不驗。而向者神櫝中之紙。已付諸鼠蝨。（蝨。古文蠹字。）莫可蹤跡。乃憶其說述之如左。余幹癸乙辛壬。枝未卯卯辰。壬癸辛爲三奇。辛加卯爲魁星。宜以文章得科第。然日金也。四辰馬也。兄弟皆馬也。一夫執策。五駟決奔僨矣。神智上升。印綬下伏。害繫於福。譽胎於毒。且夫壬癸者、木之母也。辰未者、印而財也。祿我之鄉、反以羸我。我生之家、朋以暌我。鬼在黃泉、身以鑄焉。巧賚於天、權出於墓。將官愈張、而害愈起。其鬱鬱於生、而斤斤於死乎。焦子曰、達夫以李青蓮、蘇玉局、相比擬。余不敢當也。然謂我生者累我。誠不爽矣。屈指數之、蓋數十事。每思達夫之言。則我生之初。有與性俱來者矣。又何卻焉。達夫謂庚午辛未間。當得好官。然衡古人知命之學。自癸亥至今九年。（皋按、癸亥乃焦先生四十一歲也。）閉戶不出。著書成一家言。庶幾鬱鬱者可以已乎。江都方七善相人。謂余四十五當死。不死必得官。余丁卯三月死。七日復活。是年適四十五。方七從黃君春谷官粤西。歿於恭城縣署中。（崇州咫聞錄方技、江都焦循雕孤集）

40 清河縣（宋置清河軍、並置縣曰清河、故城在今江蘇淮陰縣東十里、大清河口、元河決城圮、遷治於甘羅城、又遷小清河西北、明崇禎末、復還甘羅城、清初復舊治、乾隆間、移治清江浦運河南岸、屬江蘇淮安府、民國改爲淮陰。）

清　蔣星從、字耕雲。號月波。廩貢生。父麟圖、諸生。早逝。母吳殉節。星從幼育於外家。天才穎敏。而跅弛不規繩墨。（跅、音託、跅弛、不自檢束也。）於書無不窺。顧略觀大意。不沾沾於章句。自經史音均、以及小說家言。下至醫卜博弈絲竹之屬。皆涉其藩籬。晚欲從事撰述。以占驗之學。出於周易。作易臆。（民國清河縣志人物）

清　汪椿、字春園。初名光大。晚歲潛心三式。號式齋。祖汲、修學好古。著書滿家。椿幼能强記。十行並下。貢成均、累試輒罷。於學無所不窺。尤明積算推步之術。中歲以後、究心太乙壬遁。研精覃思。鍵戶二十餘年。著周秦三式疏證數十卷。會河督黎世序、篤好此學。深敬禮之。嘉慶庚辰、河大漲。椿曰、夜觀水星之次。非此地也。其在豫省乎。未幾、果驗。及世序卒。椿痛哭。盡燬所著。謂世無知者。今所存者、三式序目一帙。其序略曰、三式之道。卽三易之道。三易之道。卽三才之道也。其見於書者。仲康十一年、閏四月朔、日食。後人以授時法、推而得之者。豈知授時、卽太一之法乎。武王十三年、二月四日、以無射之上宮畢陳。後人以三統法、推而得之者。豈知三統、卽壬遁之法乎。由是觀之、三代曷嘗無三式哉。春秋時、梓愼、裨竈、史墨之徒。皆深明此術。迨仲尼沒、而微言絕。七十子喪、而大義乖。史官失職。典籍無徵。復以讖閏竄亂其間。如風角七政。元氣六日七分。日者逢占。挺專須臾。孤虛等術。流爲禨祥小數。而讖緯興焉。東漢張子平上書。鄭君註乾鑿度。獨契太乙九宮之恉。蓋至是而晦者復明。絕者復續。厥後精太乙者。有三國之劉惇。趙達。精遁甲者。有陳武帝。吳明徹。精六壬者。有晉戴洋。五代之梁祖。兼通三式者。有僞蜀之趙延義。元之劉秉忠著於史傳。至如南齊高帝紀。宋史禮志律志。金史選舉志。以及晉唐宋元藝術方技列傳。不可枚舉。而唐六典且掌之大卜令焉。豈非鬱之既久發之彌耀者乎。竊謂太乙明天數。奇門明地數。六壬明人數。備乎三才。通乎三易。要爲周秦以上古聖神之所創造。非漢以下曲士短書所能擬也。其目凡四十有四篇。文多不傳。其他著述、多稿藏於家。世所行者十一而已。椿在都時、有四川僧心葊者。一見驚拜。詫爲老師降生。出其像逼肖。其死之日、則椿之生日也。椿不之信。曰、安有是哉。歿之前一月、筮得明夷之卦。曰、夷者傷也。七月夷則、弗過此矣。果以是月卒。年六十有六。椿孤心絕學。少所推許。獨與蘇徵君秉國、談易最合。（清河縣志人物　山陽縣志流寓）

清　林翁者、閩人。不知其名。人皆曰、林翁云。翁善數。多奇中。人不能學。常垂簾賣卜。龍王閘下。及得錢。不再卜。卒死於浦。或曰、翁蓋類有道者。（光緒清河縣志流寓）

41 山陽縣（晉置・宋改爲淮安・元仍爲山陽・明清皆爲淮安府治・民國改爲淮安縣・）

明　錢文則。山陽人。精推星命。以言人之禍福。無不奇中。士大夫多稱道之。文則好

讀書。修善鼓琴。斯術其餘事云。高侍郎啓、曾作序贈之。（皇明文衡高啓鳧藻集）

明　周正、字元貞。少游郡庠。長襲祖職。官歸德守備。著有皇極經緯。六壬祕集等書。（乾隆淮安府志將略）

明　王璧、自稱九華山人。洞曉陰陽術數。明末。遊山陽。賣卜於市。嘗曰、天下且大亂。從吾術者、兵戈不能加其身。人未之信也。後挈家旅食彭城。（挈・音結・懸持也・挈也・）流寇破城。璧從亂軍中出。賊不能害。返山陽。以郭璞葬法。爲人占休咎。人皆敬信之。後買田卜相以終。（乾隆淮安府志方技）

明　張素、字元卿。其先吳人。父景儀、寓居邑之清江浦。遂占籍焉。景儀工楷篆。有名於時。素少博通五經。尤長於書。旁徹陰陽醫卜之說。成化元年舉人。授知河陰縣。適歲大祲。簡獄訟。罷追呼。飾廚傳。停榷稅。平市價。與民休息。歲餘大治。歸臥林下三十年。蹤迹未嘗至城市。卒年八十九。祀鄉賢。子雍、正德中以經明行修徵、不就。鄉人稱淮川先生。卒年八十餘。（同治山陽縣志人物）

清　曹應熊、字西園。少有聲庠序。客授南北。挾青烏術。遨遊公卿間。晚登賢書。無所試而卒。（民國山陽縣續志人物）

清　丁晏、字儉卿。一字拓堂。山陽人。阮元爲漕督。以漢易十五家發策。晏條對萬餘言。精奧爲當世冠。道光辛巳舉人。咸豐中以在籍辦團練功。由內閣中書。加三品銜。光緒乙亥卒。年八十二。晏早歲治經。篤好鄭學。輯康成年譜。署其堂曰六藝。取康成六藝論。以申仰止之思。然晏治經學、不掊擊宋儒。（掊、音剖。擊也。）嘗謂漢學宋學之分。門戶之見也。漢儒正其詁。詁正而義以顯。宋儒析其理。理明而詁以精。二者不可偏廢。晏所著書、四十七種。凡一百三十六卷。已刊者爲頤志齋叢書二十二種。其於易。撰易經述傳。周易訟卦淺說。周易解詁一卷。易經象類一卷。清史稿載入藝文易類。又易林釋文一卷。載入術數類、數學之屬。（清史稿儒林）

42 泗陽縣（唐宋後、宿遷縣地。金於桃園鎮置淮濱縣。尋廢。元復置。改曰桃園。明曰桃源。清因之。民國改爲泗陽。以縣爲漢泗陽地也。）

清　胡粹純、字錦完。著周易便覽三卷。窮理省身集三十卷。孫、家駒。字里千。廩監生。

博極羣書。精易數。善風鑑。與家駒同時、有歲貢生徐三雅者。亦能爲占驗及堪輿之說。民國泗陽縣志鄉賢

明

43 安東縣宋安東州・明爲縣・清屬淮安府・民國改爲漣水縣・

田潤、字德潤。安東人。謙謹和厚。制行不苟。博通衆藝。最精于琴。占驗尤無不應。隱居敎授。雖結廬陋巷。而門多長者車轍。人皆高之。明正德安東縣志鄉彥 清乾隆淮安府志隱逸

44 桃源縣漢泗陽縣地金於宿遷縣之桃園鎭置淮濱縣尋廢元復置改曰桃園縣明曰桃源清屬江蘇淮安府民國改爲泗陽

清 高曇、諸生。善龜卜。天文地理。人事物產。占無不驗。道光桃源縣志方技

清 艾由興、湛經術。能文章。通龜筮。星相堪輿之法。後亦漸悟皇極經世之旨。惜早世。無得其傳者。以上道光桃源縣志方技

45 阜寧縣本山陽及鹽城縣地・清雍正九年析置阜寧縣・屬江蘇淮安府・

清 金蘭、字斐章。少能文。府試優取。未售。遂寄情花木。知星卜。試之屢應。其占朱姓失金器。曰。金伏戌下。戌爲火庫。脅媚竈神。無尋岐路。因出釜底灰揚而得之。郭幼

象占女歸寗。曰、遊子方旋。載沌載邅。須於木落。乃羨臨淵。至秋、買舟而來。灣張氏占失男。曰、出自東方。再遷於沙。送我舅氏。得返厥家。亦奇中。（光緒阜寧縣志方技）

明

46 鹽城縣（漢鹽瀆縣。魏廢。晉復置。後改曰鹽城。在今鹽城縣西北。宋徙今治。清屬江蘇淮安府。）

夏升、字景高。鹽城人。幼穎悟過人。吏治天算醫卜之書。靡不研究。洪武壬申、以人才舉。授陰陽官。委以鞠獄。人無異議。尋以事、謫戍湘鄉。居無何、鴻臚寺典儀、許君祐薦之。授浙江開化知縣。有政績。陞衢州知府。盡去宿弊。籍丁糧之數。定爲等則。賦役均平。民咸戴之。（明史循吏。鹽城縣志人物）

清

王家弼、字右卿。號雲巖。酷嗜問學。行市中、遇古書、輒解衣入質庫易錢以購。雖風雪祁寒不顧。以此博覽羣集。凡天算律呂韜鈐壬遁堪輿河渠鹽法諸書。無不窺其奧窔。而尤邃於經算之學。（光緒鹽城縣志人物）

清

許桂芬、字金粟。鹽城許家巷人。同治庚午舉人。辛未進士。以即用知縣、分發山東。歷任費縣、棲霞、招遠、臨清直隸州等缺。平生以居敬安命爲立身之要旨。除潛心經史及百家諸子精華外。對於天文地理醫卜星相等學尤多卓識。凡寅僚省以命運休咎及疑難大事求教者。無不片言解決。奇驗若神。光緒丙申丁酉間黃河決口多處。淹沒十數縣。大吏奉旨嚴譴。待罪搶堵。魯撫李公秉衡憂勞萬分。聞桂芬多才多藝。特派爲上中下三游河工督辦。桂芬駐工籌畫。昕夕不遑。於是仰觀天文。俯察地理。謹選土星旺相水星休囚日時。嚴督兵伕指揮搶堵。一舉合龍。從不再決。李公奇之。奏保安瀾有功。洊升道員。自此政聲益著。宣統辛亥卒。壽享七十有八。孫敭伯、本名福賡。字讓翁。歷官粵皖知事。因傳其祖之術。倦游賣卜。亦名動公卿。（鹽城許氏宗譜）

清

姜書欽、字子敬。同治癸酉舉人。天資穎異。讀書過目不忘。羣經注疏。悉能闇誦。於學無所不窺。自經史聲韻天算醫藥。旁逮陰陽術數家言。靡不通曉。（民國鹽城縣志人物）

47 廣陵縣（六國時楚地。楚懷王十年城廣陵。秦置廣陵縣。晉爲廣陵郡治。故城昔在江蘇江都縣東北。後移今江都縣治。隋改邗江。又改江陽。南唐復名廣陵。宋省入江都）

後漢

劉瑜、字季節。廣陵人。少好經學。尤善圖讖天文歷算之術。官至侍中。子琬、傳瑜學。明占候。能著災異。漢以孫策遠修職貢。遣使者劉琬、加錫命。琬語人曰。吾觀孫氏兄弟、雖各才秀明達。然皆祿祚不終。惟中弟孝廉。孫權郡察孝廉。州舉茂才。行奉義孝尉。形貌奇偉。骨體不恆。江表傳曰。孫堅爲下邳丞時。權生方頤大口。目有精光。堅異之。以爲有貴象。及堅亡。策起事江東。權常隨從。性度弘朗。仁而多斷。好俠養士。始有知名。侔於父兄矣。有大貴之表。年又最壽。爾其識之。權。壬寅改元。己酉稱帝。在位三十一年。壬申殂。壽七十一。○後漢書劉瑜傳吳志孫權傳圖書集成相術紀事

南齊

荀伯玉、字弄璋。廣陵人。少爲柳元景撫軍板行參軍。南徐州祭酒。泰始初、乃劉宋也。晉安王子勛失敗。伯玉還都。賣卜自業。元徽末、建平王景素聞而招之。伯玉不往。太祖鎮淮陰、南齊。蕭道成也。伯玉歸身結事。爲太祖冠軍刑獄參軍。太祖爲明帝所疑。及徵爲黃門郎。深懷憂慮。伯玉勸太祖遣數十騎入虜界。安置標榜。於是虜游騎數百。履行界上。太祖以聞。猶懼不得留。令伯玉卜。伯玉斷。卦不成。行而明帝詔。果復太祖本任。由是更見親待。南齊書列傳

江都縣 戰國時。楚廣陵邑。漢置縣。三國時廢。晉復置。故城在今江蘇江都縣西南四十六里。唐城圮於江。徙今所。清與甘泉縣。並爲江蘇揚州府治。民國廢甘泉入江都縣。地當長江北岸四十里。運河西岸。昔爲有名繁華之地。今商力疲憊。迥非昔比。幸有長途汽車。直達江岸。○圮音否。左从戊已之已。毀也。

吳　趙達、河南人。（吳縣志載達爲吳人。）少從漢侍中單甫受學。用思精密。善卜筮。謂東南有王者氣。可以避難。故脫身渡江。時魏主丕、大舉南侵。吳王孫權、命達筮之。達布算曰、吳衰在庚子。魏無他爲也。問其遠近。曰、後五十年。權笑曰、孤憂及身、不在孫也。至孫皓吳亡、果以天紀四年、庚子之歲。（吳太平二年丁丑。長沙大饑。殺人不可勝數。孫權使達占之。曰。天地川澤相通。如人四體。鼻衂灸脚而愈。今餘干水口暴起一洲。形如鼈食。彼郡風氣。可祀而掘之。權乃遣人祭以太牢。斷其背。長沙饑遂止。○三國吳志本傳乾隆江都縣志方技。民國吳縣志藝術。）

宋　妙應、方善相。名聞天下。高宗駐維揚。應方館於張浚家。一日自外歸。語浚。適見城中人有死氣十七八。必金兵將至之兆。宜勸上南渡。浚素神其術。卽入奏。上欲留元夜觀燈。未決。俄粘罕寇至。車駕亟行。城中死者無數。（圖書集成藝術典相術部名流列傳）

宋　荆大聲、江都人。（一作高郵。）以貧去鄉里。賣卜於臨安。以精曉天文。入太史局。賜金紫。紹興中、洪邁被命北使。大聲隨之。次盱眙、見大星去月三寸。曰、此木星也。邁問其兆。大聲密言曰、當有易主之事。至臨淮、見月外有暈四色。曰、太陰極盛。非太陽之利。未越月、而高宗遜位。乾道二年丙戌、見北極前、星之左、有小星。曰、懼爲東宮禍。

而其言皆驗。所著有二十四氣中星日月宿度一卷。（嘉慶揚州府志藝林）

明　李思聰、江都人。精形家言。著地理總索、固是簡括明顯。又著堪輿雜著、尤為切實足徵。二書均為圖書集成藝術典堪輿部備採之。（藝術典堪輿部○阜按、堪輿雜著、載有先文定公、葬揚州、句城塘云云、據此思聰、先生、當是江都人、光緒句容縣志書目、引金陵詩徵、載李思總、著堪輿十二種、又似為句容人也、）

明　陳君佐、江都人。善方脈。洪武初、為御醫。永樂間、棄官著黃冠服。市藥武當山中。以易卜人吉凶、多奇中。（乾隆江南通志藝術）

清　唐綏祖、字孺懷、號莪村、江都人。舉康熙丁酉科、宰封邱。乾隆時、官至陝西布政使。操守清白、能文章。又能知人用人、能得人死力。在朝卿貳在外岳牧州郡、其賢者有意氣者、靡不通縞紵、序慇懃、窶人子。苟有才、必折節下之、噓枯吹生、悱惻肫摯。未幾所目色提挈、輩雲蒸豹變、百不失一。雖日者筮人、皆自愧不及。而綏祖亦頗以相士為己任。早出田文鏡之門、而遇事不阿。坐事落職者四、然卒起用、以功名終。（錢儀吉碑傳集乾隆朝督撫上之上）

清　袁學孔、字丹邱。母蔡氏。乙酉城陷。死義甚烈。時學孔年十一。痛欲殉母。引刃自刺。父曰、吾一綫視爾。義不可死。長而事父者極孝。人稱袁孝子。精於易卜。多奇中。有叩其術者。笑曰、此非世俗所能解也。垂簾於市。所得供薪外。即以周貧乏。操履甚介。屢爲當事所引重。絕不有私請。蓋方技而能守道者。子洪範、亦敦行以善卜聞。（乾隆江都縣志方技）

清　汪一元、字兆初。歙古唐人。僑居揚州舊城紅巷。占籍江都。補增廣生。事二親順於其志。親沒。四時之食未祭。不敢嘗。矜名負氣。學殖行修。星曆卜筮聲樂。皆究其微。（汪中撰先考靈表有云・嘗使中握粟一溢・君以箸晝几算之・即得其數・）步日月食、五星留逆。皆與臺官密合。逆推歲實節氣。訖於乾隆十四年四月而一元實以是月卒。蓋以數知之也。卒年四十二。子中、字容甫。乾隆丁酉拔貢生。治經宗漢學。清史稿儒林有傳。（揚州府志藝術道光安徽府志方技民國甘泉續志祠祀攷・載汪氏兩孝子祠・在揚州北來寺山麓・祀孝子汪一元・汪一崧・道光十四年・戶部主事汪喜孫建・一元喜孫祖・一崧喜孫族伯祖也・皆以孝旌表如例・喜孫買北來寺僧隙地建祠・與僧立約・復呈請有司立案・有寺存與存・永永無極語・儀徵劉文淇有江都・汪氏兩孝子祠記・載續修府志・並光緒江都縣志・）

清　曹竹齋、以字行佚其名福建人老而貧賣卜揚州市江湖間健者莫能當其一拳故稱曹一拳少年以重幣請其術不可或怪之則曰、此皆無賴子豈當授藝以助虐哉竹齋以嘉慶庚午沒于揚年八十餘清史稿藝術碑傳集補藝術

清　吳明煌、字星宇世居江寧始遷揚州精堪輿善相人術子熙載初名廷颺又字讓之・為儀徵諸生博學多能從包世臣學書篆分工力尤深後縱筆作畫亦有士氣咸豐中卒

清史稿藝術〇清故處士吳君星宇墓表云・君諱明煌・字星宇・姓吳氏・籍儀徵・而家揚郡之運司前街・就家設相肆・余嘗避雨肆中・與君談相人術・君大都依部位說為人邪正・依氣色說行事是非・吉凶禍福率依於此・余詰其術之所受・君笑曰・是君平賣卜術也・吾受之・移以相人不可乎・吾先世望徵・遷白門四世・至吾父遊揚州・遂不能歸其故・然吾父雖窮士・儕人嘗有假人白金五百兩者・請吾父居間・金已償而券未退・金主據券索金・已償金者曰・若但問吳君・果吳君言未償・即如命・金主意吾父困甚・議以半為詶・乞為一妄語・吾父不可・券遂廢、先人自守之嚴・而見信重於人如此・吾無他技・能恃相人為生・言吉凶禍福・能必中乎・即盡中・或且以長邪遂非・唯依是非邪正以為說・雖不中不為人害・庶不辱先人・異日得面目以上邱墓矣・余乃嘆君非市中人・又高君行誼・求其名籍則□□縣學生員・名文相・字志書者也・以詢揚城耆舊・尚有能言其事者・君娶同邑汪氏・亦源於徵・故鹺賈・家業落而歸君・相夫育子・備極艱辛・沒齒無怨・為閭閈所稱美・以嘉慶戊寅五月二十五日卒・年六十・君以道光辛巳九月四日卒・年七十四・合葬甘泉縣西山南・都天廟西・君所自卜也・君前葬文學君於司徒廟之收雞灘・地隘不可祔・君常以無力省祖以上墓田為憾・故自卜兆域・使子孫來省者・必取道收雞灘・先省文學君墓・蓋君之用心如此・子廷颺・儀徵縣學生員・博學多能・書法尤卓越・君家單傳三世矣・廷颺年甫壯・文行為儕輩所推・又已舉岐嶷子三・君承文學君教・兩世皆有隱德・將於是乎食其報・廷颺葬君・閱十有八年・以余薄宦西江・遠來襄助・具狀乞文・余雅重君・又厚廷颺・不可以無言・故為表其墓道焉・道光二十年春二月二十六日・

署江西新喻縣知縣・涇包世臣撰書・

清

焦葱、字珮士。江都人。國子監生、循父。得外祖王氏易說。並熟焦氏易林。郭璞葬法。論學於家。一以躬行實踐爲主。性和易。好周人之急。有樂生者善相人。嘗謂葱兩目如蠶眠。法無子。越十餘年。樂生相之曰。君兩目之蠶化爲紅色。此厚德之證。當得子。已而果然。自筮將終。取貧人債劵焚之。貧人者盡償之。曰、不可使吾子孫失忠厚意也。焦循事略 九朝新語

清

焦循、字理堂。一字里堂。晚號里堂老人。世居江都北湖黃玨橋。分縣爲甘泉人。江都縣學生。祖鏡。父葱。皆方正有隱德。世傳易學。循嘉慶辛酉舉人。不應禮部試。閉戶著書。於經無所不治。治經之外、如詩詞醫學形家九流之書無不貫通。又力彰家鄉先哲。勤求故友遺書。孜孜不倦。嘉慶庚辰卒。得年五十八。有雕菰樓全集、焦氏遺書、數百卷行世。清史稿儒林碑傳集經學○焦琥・虎玉・撰先府君事略云・府君窮經之暇・旁及九流之書・必造其微・而精妙實便於用・壬申癸酉間・汪掌廷先生・問府君形法家十二長生・或主向上消納・或主坐山消納・當何從・府君曰・十二長生・皆從胎起・胎屬子・復也・坐胎向旺・卽坐復向姤・坐則陽生・向則陰生・陰陽交姤・天地合德・葬乘生氣・莫此爲宜・三合之名・見於春秋穀梁傳云・獨陰不

生。獨陽不長。獨天不生。三合而後生。穀梁赤爲子夏之門人。其說必有所授。是三合者。孔氏之遺言也。子午卯酉屬陽。陽左旋。故胎養自左而右。寅申巳亥屬陰。陰右旋。故胎養自右而左。無論左旋右旋。皆從坐胎起數。如坐子向午。則胎加子左旋。長生當寅。帝旺當午。墓當戌。如坐寅向申。則胎加寅右旋。長生當子。帝旺當申。墓當辰。皆從坐山取之也。術士不識十二辟卦。而僅知其三。則或山或向。譊譊不已。皆盲說也。治八五之術者。多請問府君。府君引而申之。作八五偶談一卷。

清

陳素村邗上人。精於易卜著有易林考正。陽湖李兆洛申耆、序其書曰、漢書儒林傳焦延壽、嘗從孟喜問易。予謂孟喜、既得陰陽災變書託之田生。則延壽之得於孟喜、似可信。秦之禁學。以易爲卜筮之書獨不禁。故傳受者不絕。則當時卜筮之法。必有口授傳指者。迨既立博士。以隆其名。則以卜筮爲賤。而避其名而專求義理。焦氏偶得卜筮家遞相承傳之法。遂附田孟以自重焉。顧予以爲卜筮尚占。易之本也。孟焦之獲傳天下不亡。易也。漢治易諸博士明章句、說義理者其書皆亡。獨焦氏京氏存。今之治易者。或推本田氏費氏。而其書無存。特從荀諝、鄭康成之遺文約略推敷耳。焦京之法。術家承用。學者乃往往不肯道。何耶。京氏衡合世應飛伏之說傳自焦氏。而焦氏所傳惟易林則以京氏之法、推焦氏之繇。必有其確然而不可易者此邦上陳君素村考正之所爲作也夫聖人神謀、鬼謀問焉以言設詞揆方惟變所適陰陽消長之理具於三百八十四爻之中演而爲四千九十六以窮三百八十四爻之動則其象益備其變益賅其理亦益顯著此參伍錯綜極天下至神之大端也先生所注釋者僅十之三四蓋起其端而舉其隅云耳有志之士、推而明之則所謂剛柔雜居吉凶可識以彌綸天地極諸幽明死生鬼神情狀曲成萬物歸諸易簡當有異於虛言義理而不別其實鑿言象數而不衷諸變者焉亦治是經者未闢之康莊也（養一齋文集易林攷正序）

清

王方魏、字大名江都人隱揚之北湖閉戶著書四十年不入郡城精研易理著周易廣義十卷纂周易解一卷廣義燬於火纂解分太極、兩儀、四象、圖書、卦義、凡六篇其說太極云、太者大之義、即大哉乾元極者至之義、即至哉坤元又云、卵中包含黃白、內黃爲陽外白爲陰草木之實、核以藏仁人物之胞胎、血以裹氣是時陽在內、生機業已亭毒陰在外、意象猶然杳冥太極之象也周之太極圖中分黑白。而又黑交於白。白交於黑。此則太極已判。非復陰含陽之象。太極以陽爲主。故其體圓。其數一。凡爻近陽者利。遠陽者窮。向陽者榮。背陽者辱。承陽輔陽者吉。乘陽蹈陽者凶。卒葬北湖誦芬莊之右。子祖修。字俊士。康熙乙未歲貢生。傳其父學。以易教授其外孫同里焦蔥。（清宜興吳德旋初月樓聞見錄）

清　吳雪江、後改號春江。江都人。曾爲休寧典史。挂誤去職。而隱於憲幕。善奇門數學。能知過去未來。訪學裘於吳門。因以訂交。時陳姬病劇。問其休咎。吳曰。恭喜老兄得一貴子。如嫂非病。是懷娠耳。逾十日病愈篤。復問之。吳曰。勿爾。如嫂非病。硬派是病何耶。倘有不測。爲弟者娶一美姬奉償何如。一笑而去。是年十一月果生一子。卽功成也。庚申二月。雪江老病。坐一孤舟。飄泊江湖。至木瀆鎭。訪周韜甫茂才。舟泊韜甫門外。寫書一封。留別付託後事。書罷而逝。韜甫得書。爲具衣棺。遣人送棺還揚州。代籌窀穸云。（婺源齊學裘見聞隨筆）

清　滕海峯、江都人。精風鑑。因母老不能遠出。設肆東關街。未甚知名。適前荆溪令梁研溪前句容令于濱來。及畢小亭、張新溪兩參軍。梁某、于芝厓兩丞簿。游平山堂回。入肆小坐。請徧相之時梁心芳、選拔年最少瘦削如不勝衣。隨之行。海峯觀氣色。談部位各言官爵。無大差謬。指末坐曰、此何人。梁研溪曰、舍弟將赴舉。相其能中否。海峯曰、今日幸會諸公皆道府廳縣、惟此君貴顯逾倫輩。十五年後入詞林。出爲督撫。諸公皆叨其惠。芝厓公位在四品。財運獨豐。至時當專謁索相金也。梁某問曰、我何如。海峯曰、亦官也。特卑甚。幸有好弟兄、可庇蔭。後心芳以庚辰翰林、由浙臬撫山西。其兄洊升寧池太廣道。于濱來畢小亭、張新溪、各以縣令終。于芝厓筮仕河南。由通判升知府。署淮揚道。惟梁某浮沉下僚、終儀徵巡檢司任。盡如海峯言。術亦可謂神矣。芝厓管河揚州。曾以二百金爲滕母壽。滕未受。遂延至幕中。以終其世。婺源齊學裘見聞隨筆

清 梁少卿、乃史中丞繩之、受業師也。好道家言。精堪輿奇遁之術。嗣天下用兵。節鉞爭羅致之。使其略出所蘊。致通顯非難也。少卿獨辭苑就枯。甘以司鐸終。晚於

二氏說益精。非知音不妄與談。面貌常如四十許人。卒年八十三。史念祖俞俞齋詩集註

史念祖、字繩之。江都人。刑部尚書致儼孫。念祖幼穎異。好讀書。官至廣西巡撫。罷歸後、以副都統銜、在東三省辦事。宣統二年卒。年六十八。趙爾巽先後上其功。復巡撫原官。卹如制。著有俞俞齋文稿、謂爲動植鑛三物。皆可爲五行生尅合衝之佐證。蓋彼於經籍百家兵刑醫卜之書無不窺。是以言皆有物。其論術數曰。陰陽五行向背生尅之說。君子不溺而信之。其理直宜參也。自來詆其說者。以宋仁宗、東家之西。卽西家之東二語。稱極智實至愚之論耳。天地之大也。萬類處其中。方無定向。向各爲方。蟲不南。磁石之針不東西。然而南行之人蟲不死。挾鍼而馳東西。鍼不變。朝於東墻而避日。問諸東隣之西墻有杲杲而已。苟必欲統大地遠近而合論之。則泰山未必東。太華未必西。祀事不必南郊。投畀亦無所謂有北也。

清

國朝袁簡齋、以干支無義理。無殊一二三四之代數。誠代數也。羲卦亦代數。數成而義理見。義理見而吉凶生。禱子而得一三。求偶而遇二四。能謂其非徵乎。且夫

五行之氣母萬類。純雜厚薄。則變化而難窮矣。積油自然。積水自苔。積火自灰。水貯金則不涸。金入土則自行。五金蘊而高山童。草種落而堅城崩。淫蟲避燥。土木蟲僵西風。雞以銜而鳴卯。鼠以合而動丑。再胎之豕食赤蛇。猰貘懼火。蛟螭之屬畏金。或強而懾弱。大而畏小。柔而破堅。大抵得氣純而厚者其徵專。得氣雜而薄者其徵錯。有難言之理。無無理之物。非博學不能知。徒博學不能盡知。吾嘗瀏覽術數之書矣。未始不歎自古日星相卜堪輿奇遁諸家。其至神奇者。亦僅得陰陽五行之蹏涔。而更不能無欲無尤乎。蒯通華陀郭璞郭馨李虛中輩。往往以用非其道而禍身。苟有人焉。靜觀萬有。由萬返一。超離乎吉凶禍福。而參陰陽五行自然之奧。則數不外道。固亦格致天人之學也。君子惟當鑒其所得小而所用不正。若以箏琶媚人而疑五音之不能通神。文章欺世而詆經傳不足致治。不亦偵哉。

猰·音軋·猰·貐類·貙虎·爪食人迅走·貘·音陌·獸名·體小於驢·皮厚似犀·毛短頸粗·眼小·鼻突出·長於下唇·屈伸自由·常食木芽果實之屬·性柔易馴·螭·音癡·舊說若龍而黃無角·亦作彲、蹏·音題、蹄本字·涔·音岑·多水也·蹏涔·謂小水也·淮南子俶眞·牛蹄之涔·無尺之鯉·○清史稿本傳俞俞齋文稿民國江都續志名宦·

清　郭恩濬、字沁泉。興化人。洪楊亂後、移家郡城北門外。面城臨水。破屋數間。蕭然自得。少負才略。喜談兵。嘗參戎幕。不得志。遂隱於卜。生平治易最力。兼精壬奇之學。及形家言。能以象數證興廢。以孤虛王相證兵事之得失。往往於盃酒間、指陳歷代山川形勢。以明戰守所繫。然非其人、不輕與言。晚年客游金陵。庚子之役。當道嘗就占國事。恩濬所言、若有豫知。宣統辛亥卒。年七十有一。著有惕山逸民遺集。（惕。音羊。直疾貌。）並詩稿待梓。子四人、鍾琦、宣統己酉拔貢、河南知縣。（民國江都縣志方技）

史記龜策傳。自古聖王將建國受命。興動事業。何嘗不寶卜筮以助善。唐虞以上不可記。已自三代之興。各據禎祥。塗山之兆從、而夏啓世。飛熊之卜順。故殷興。百穀之筮吉、故周王。王者決定諸疑。參以卜筮。斷以著龜。不易之道也。

歷代卜人傳卷五終

中國歷代卜人傳卷六

潤德堂叢書之八

鎮江袁阜樹珊編次

江蘇省六

49 甘泉縣本江都縣地。清雍政九年析置甘泉縣。與江都並爲江蘇揚州府治。民國廢入江都。

清 焦煥、字炳文甘泉人諸生博學強記善卜精醫四方以難字問者甚、多惜中年逝世吳倫體茂才、哭之以詩云不信斯人竟若斯花前賭酒記常時楊留幾兩青山屐壁挂一囊秋雨詩湖上小亭梅間柳胸中餘技卜兼醫玉樓夜召無人曉尚有書來問字奇淮海英靈集乙集

清 謝增、號夢漁甘泉人道光庚戌探花官至御史品學皆爲人推重精命理吉凶禍福不爽毫纖尤以事先預測談言微中稱奇疑者謂語多難解類病瘋顛而譽者則謂實有自來是以能知休咎要知乃易學精深有以致此如咸豐壬子科同

鄉京官宴士子於會館。增亦與焉。席間聞天空有雅一鳴。增忽歎曰、今科吾揚僅得中式一人。人人初莫之信。及榜發、果祗方鼎銳一人。一日偶見侍郎青麐。謂恐不得其死。或謂侍郎將外任封圻。烏足患。增曰、外任愈恐不得其死。後侍郎撫鄂、坐粵亂失城伏法。增後卒於京師。宦囊空空。喪葬悉知交爲之料理。並教養其子成人。孟齋日日記

清

李世璉、號紫峯。精李虛中之術。其先淮安人。賣卜揚州市。遂爲甘泉人。紫峯多隱德。嘗曰、吾生子宜有興者。及生次子鍾泗。而世璉卒。長子鍾源、字嵩泉。承父業。日得錢以養老母及幼弟鍾泗。鍾泗因得讀書。師事同邑黃先生依宣。刻苦自勵。於經長於左氏春秋。而又工爲歌詩賦頌箴誄雜文。用是入學爲生員。嘉慶辛酉舉於鄉。明年下第。歸丁母憂。服除入京師。揀選知縣。名教自守。爲時所稱。閔爾昌碑傳集補經學

50 **儀徵縣** 漢爲廣陵江都二縣地。唐析江都置揚子縣。地爲揚子縣白沙鎮。五代時。楊吳以白沙爲迎鑾鎮。南唐改曰永貞縣。宋升迎鑾鎮爲建安軍。以永貞縣屬之。後改曰揚子。宋升軍爲眞州。移揚子於

州郭。賜名儀眞郡。後廢爲縣。旋升州。元亦曰眞州。明改爲儀眞縣。以揚子縣省入。清改儀徵縣。屬江蘇揚州府。宣統間改爲揚子。民國復爲儀徵。

宋

徐仲堅、眞州人。忠信篤實。遇人至謹。家貧。寓於卜。雖疾病。召之。筮不正衣巾不見。日得百數十錢則止。能爲詩。亦好屬文。多爲賢士大夫所知。有集若干卷。（圖書集成藝術典卜筮部名流列傳。乾隆江南通志藝術）

明

李猶龍、字震卿。眞諸生。幼警敏異常。十二歲卽淹通經史。辭賦書篆。靡不精詣。又通天文遁甲奇門太乙六壬諸家祕決。未來事如響。遂棄諸生。遊京師。時耆酋竊發。鄖撫楊述中、（鄖音云。鄖卽湖北安陸縣境。）聞其名。延爲上客。爲贊畫一切。會劉興治倡亂東方。東撫沈珣（珣音旬。玉屬。）聘之入海。撫安顧卒。以依人爲恥。卽歸里杜門著述。卜益奇中。壬午流寇猖披。龍占之曰、茲徒碌碌無爲。天命已有歸。惜予不及見矣。不肯盡言。前一月自言死。奮筆作律詩二十首。閱月卒。年七十有五。無嗣。著敦復堂集尺許。所積多奇書、皆散逸。（康熙儀徵縣志藝術）

清

方申、字瑞齋。儀徵人。少不治舉子業。年逾四十。始應童子試。屢見黜於有司。而學益進。道光戊戌、督學祈公按試揚郡。始以經解見知。拔置闔郡第一。補儀徵縣學生員。庚子秋赴試江寧。積疾成疾。歸而益劇。卒年僅五十有四。申自悔晚學。故致力綦勤。其最精者尤在周易。又以春秋時列國卜筮。必據互卦以與正卦相參。因尋繹漢儒之所言者。及覆求其條理。而知互卦之法正例有七。附例有二。成書一卷。名之曰周易互體語述。又以卦變之法、傳之已久。言人人殊。無所統貫。因參伍考訂。以深求其義例之所在。成書一卷、名之曰周易卦變舉要。又著諸家易象別錄。虞氏易象彙編。周易卦象集證。是爲易學五書。懷慶汪孟慈太守、爲之梓傳。（續碑傳集儒學）

清　劉毓菘、字伯山。一字松崖。文淇子。道光優貢。傳父左氏學。旁通經史諸子百家。所著通義堂文集載有推算八字考證明古人推算星命者本兼用時歷歷有據。又載何禎元壽賜名考證及蘇文忠公八字考。對於星命之學。尤多發明。足破俗士陋儒之惑。（通義堂文集卷十二）

51 **東臺縣**（本泰州地，清乾隆三十三年析置東臺縣，屬江蘇揚州府。）

唐　王寧、字九齡、西溪人、少有異術、能占陰陽吉凶、屢中、如神、唐太宗嘗召入禁中、官靈臺司少監。

明　王鐺、（鐺音爭，金玉聲。）安豐人、長於風角、精推步、以六壬數卜吉凶、多奇應、壽八十三。（以上嘉慶東臺縣志方技）

52 **興化縣**（戰國楚府昭陽食邑，五代時楊吳置興化縣，清屬江蘇揚州府。）

明　高燧、精易學、少補邑庠、以蔭廢、遂精天文、範圍、易數、姪文義、穀、將生時、燧袖課之曰、如得辰、他日必宰相、及生、果及辰。（皋按：高穀，字世用，永樂進士，景泰中，選庶吉士，累進謹身殿大學士，卒謚文義。）其他卜筮徵應、類如此、周婁、精術數、以痿廢、伏枕四十餘年、洞究元微、安貧勵節、前縣陳洪範、遺之粟、不受、著漁村集、李木、精命理、自知死期、沈起潛、精地理、潘弼、字夢徵、精醫學、及太乙、洪範諸書、著運氣考正、陸海、字寬夫、琴、棋、星、卜、皆出人右。（咸豐興化縣志方技）

清　鄭毓鳳、字君翔、一字象六、博學、善屬文、會鼎革、棄制舉業、躬耕海上、初習毛詩。

既而學易兼窮理數之奧。晚年寓鹽城授徒。孫學士一致出其門。嘗寄詩云、少年文譽擅江都。晚探河洛師堯夫。蓋紀實也。同上

清　李漎、一作瀚。字士翔。一字籀史。興化人。明末貢生。後棄帖括。喜讀書談名理。於釋典、道藏、及陰陽醫卜家。靡不該覽。與人論文藝、娓娓不倦。遇俗士則睥睨不屑。意泊如也。著嚴菴集。咸豐興化縣志隱逸　吳德旋初月樓聞見錄

清　劉熙載、字融齋。道光甲辰進士、選庶吉士。官至國子司業。歷遷左春坊左中允。督學廣東。乞病歸。主上海龍門書院講席。熙載治經無漢宋門戶見。不好考據。熟於周秦諸子書。他如天象地輿六書九數鐘律方術。皆研通其意。所著有劉氏六種。古桐書屋續刻三種。卒年六十九。民國興化續志人物列傳

53 泰州　楚．海陽地．漢．海陵縣．南唐置泰州．宋因之．治海陵．明省海陵縣入州．清屬江蘇揚州府．民國改為泰縣．

清　王而豫、字大如。其父孫駒、受青烏術於隱者。豫傳其學。兼通易理。嘗為從弟晉原葬母。許以寅葬卯發。其言竟驗。豫多子孫。筮之曰、長孫凝、可讀書。後為諸生。他

事亦多奇中云。光緒泰州志藝術

54 高郵州 漢置。本秦之高郵亭。因以立名。三國時荒廢。晉復立。宋置高郵軍於此。元改軍爲府。明改州省縣入焉。清因之。屬江蘇揚州府。民國改縣。

明 劉鑑、高郵人。永樂丙戌進士。爲諸生時、有訓導董光善相。以鑑目有神。遂授以相法。言人貴賤生死、無不驗。有江湘三舉子就鑑相。熟視良久云、一夥進士。既去。告人曰、夥者火也。是當皆有火厄。已而春闈災。三人皆焚死。見農家子方六七齡。曰、此子當登科第。爲執法官。乃御史葛萱也。集成藝術典相術部名流列傳

55 寶應縣 唐置。清屬江蘇揚州府。民國廢府存縣。

清 楊景漣、字清兮。諸生。世居東決溪村。修竹數畝。中搆草亭。性孤介。攻苦力學。自經史百家。旁及堪輿星卜之學。靡不研究。意所欲吐。纚纚千言。纚、音履。連也。所不可者。雖古人弗屑也。具金求文者。揮不納。興化任大椿。銘其墓曰、淮海傳人。道光寶應縣志文苑

清 林桂枝、字一齋。射陽鎭人。廩貢生。家貧。劬學。博聞強記。凡天文輿地。術數醫卜之屬。莫不條舉貫澈。尤盡心性理格物。夙夜惺惺。晚年境益困。饘粥恒不給。偶得

錢、或値有急者。悉以與之。歸而忍饑。怡然自得。

清

劉元熙、字南徵。孝子煜子。諸生。精堪輿。性耿介。好施與。每歲抄、罄一年所節。購米濟貧。家有喜壽慶賀。貲所入。悉以振饑。邑令徐欲以育嬰事付之。元熙重其事。謝弗應。年七十餘卒。以上民國寶應縣志篤行

56 銅山縣 春秋宋彭城邑。秦置彭城縣。漢爲楚國。後漢爲彭城國。唐爲徐州治。元省彭城縣入州。清雍正十一年。升州爲府。置銅山縣。爲江蘇徐州府治。徐州鎭總兵亦駐此。民國十一年。自闢爲商埠。津浦鐵路。與隴秦豫海鐵路。交點於此。

東晉

劉訥、字令言。彭城人。有人倫識鑒。初入洛。見諸名士。歎曰。王夷甫、太鮮明。樂彥輔、我所敬。張茂先、我所不解。周宏武、巧於用短。杜方叔、拙於用長。後皆如其言。訥終於司隸校尉。晉書劉隗傳

劉宋

顏敬、彭城人。善卜筮。初蔡興宗爲郢州府參軍。郢、音穎。郢州、即今湖北武昌縣。敬以式卜曰。亥年當作公。官有大字者。不可受也。及興宗有開府之授。而太歲在亥。果薨於光祿大夫云。南史蔡興宗傳 圖書集成卜筮部名流列傳

明　裴仕傑、徐州人。通儒書。習陰陽之術。永樂初、徵天下儒碩。纂修古今大典。仕傑以陰陽家預焉。（乾隆徐州府志方技）

明　周昉、（昉・音仿・適也・）字彥華。徐州人。通天文陰陽之術。景泰庚午、從征福建。以占候有功。授欽天監靈臺郎。遷監副、卒。子佐、歷官光祿寺少卿。儒、歷官應天府丞。佐子淪、欽天監冬官正。皆世其業。（乾隆徐州府志方技　民國銅山縣志藝術）

57　豐縣（本秦沛縣之豐邑・漢高祖起兵於沛・收沛子弟還守豐・即此・漢置縣・明嘉靖間・河決城陷・遷治於縣東南華山・尋復還舊治・清屬江蘇徐州府・）

明　李復、字明善。豐人。通陰陽算數之學。官南京欽天監副。弟登、字從善。爲夏官正。後遷監副。（同治徐州府志藝術）

明　季春煦、字景溫。由歲貢官常州府訓導。好學博古。有知人之鑒。常識周延儒於寒素。著豐邑古今考、今古時務議等書。（徐州府志人物）

58　沛縣（秦置・故城在今江蘇沛縣東・明徙今治・清屬江蘇徐州府・）

漢　劉向、字子政。本名更生。楚元王交元孫也。初爲諫大夫。宣帝招選名儒俊材。向以通達能屬文、與焉爲人簡易。無威儀。專積思於經術。晝誦書傳。夜觀星宿。或不寐達旦。成帝卽位。召拜中郎。遷光祿大夫。是時帝元舅陽平侯王鳳、爲大將軍、秉政。倚太后、專國權。兄弟七人、皆封爲列侯。時數有大異。向以爲外戚貴盛。鳳兄弟用事之咎。而上方精於詩書。觀覽古文。詔向領校中五經祕書。向見尙書洪範箕子。爲武王陳五行陰陽休咎之應。向乃集合上古以來。歷春秋六國至秦漢符瑞災異之記。連傳禍福。著其占驗。比類相從。各有條目。凡十一篇。號曰洪範五行傳論。奏之。上心知向忠精。故爲鳳兄弟起此論也。然終不能奪王氏權。向每召見。數言公族者國之枝葉。枝葉落則本根無所庇廕。方今同姓疏遠。母黨專政。祿去公室。權在外家。非所以彊漢宗。卑私門。保守社稷。安固後嗣也。其言多痛切。發於至誠。上數欲用爲九卿。爲王氏及諸大臣所持。故終不遷。居列大夫官前後三十餘年。年七十二卒。卒後十三年。而王氏代漢。所著有七略。別錄。洪範五行傳。列女傳。列仙傳。新序。說苑等書。前漢書附楚元王交傳

漢　劉歆（歆讀如欣）字子駿。向之少子也。少爲黃門郎。和平中、受詔與父向、領校祕書。數術。方技。無所不究。乃集六藝羣書。種別爲七略七卷。（經籍志唐志隋書同）經籍目錄之學自歆始。哀帝即位、大司馬王莽、舉歆爲侍中太中大夫。出爲河內太守。復爲安定屬國都尉。王莽持政。歆爲右曹太中大夫。遷羲和京兆尹。封紅休侯。典儒林史卜之官。作三統歷、及譜。以說春秋。曰、夫歷春秋者、天時也。列人事而目以天時。傳曰、民受天地之中以生、所謂命也。是故有禮誼勤作威儀之則、以定命也。能者養之以福。不能者敗以取禍。故列十二公二百四十二年之事。以陰陽之中、制其禮。故春爲陽中。萬物以生。秋爲陰中。萬物以成。是以事舉其中。禮取其和。歷數以閏。正天地之中。以作事厚生。皆所以定命也。及王莽篡位。歆爲國師。封嘉新公。著有三統歷三卷。漢書律歷志一卷。（前漢書附楚元王傳律歷志王莽傳隋書經籍志唐書藝文志）

漢　高相、沛人。治易。其學亡章句。專說陰陽災異。自言出於丁將軍。寬傳至相。相授子康。康以明易爲郎。（前漢書儒林）

後漢

姜肱、（肱、讀如觥。蒸韻。背也。）字伯淮。廣戚人。（廣戚、故城今徐州沛縣東。）家世名族。肱與二弟仲海、季江、俱以孝行著聞。其友愛天至。（謝承書曰。肱性篤孝。事繼母恪勤。母既年少。又嚴厲。肱感凱風之孝。兄弟同被而寢。不入房室。以慰母心也。）及各取妻。兄弟相戀。不能別寢。以係嗣當立。乃遞往就室。肱博通五經。兼明星緯。（蔡邕撰姜肱碑云。肱、俯仰占候。推步陰陽。有名物定事之能。獨見先覩之效。）士之遠來就學者三千餘人。諸公爭加辟命。皆不就。二弟名聲相次。亦不應徵聘。時人慕之。肱嘗與季江謁郡。夜於道遇盜。欲殺之。肱兄弟更相爭死。賊遂兩釋焉。但掠奪衣資而已。既至郡中。見肱無衣服。怪問其故。肱託以他辭。終不言盜。盜聞而感悔。後乃就精廬。求見。皆叩頭謝罪。還所略物。肱不受。勞以酒食而遣之。後與徐穉等、俱徵不至。桓帝乃下彭城。使畫工圖其形狀。肱臥於幽闇。以被韜面。言感眩疾。不欲出風。工竟不得見之。中常侍曹節等專執朝事。新誅太傅陳蕃。大將軍竇武。欲借寵賢德。以釋衆望。乃白徵肱為太守。肱隱遁海濱。再拜太中大夫。詔書至門。肱使家人對云。久病就醫。遂羸服間行。竄伏青州界中。賣卜給食。召命得斷。家亦不知其處。歷年。乃還。年七十七。熹平二年癸丑、終於家。弟子陳留劉

操追慕肱德共刊石頌之。（後漢書本傳 宣統山東通志流寓）

後漢

范冉、字史雲。（冉・或作丹・）外黃人。（外黃古城・在今河南杞縣東六十里・）少爲縣小吏。年十八。奉檄迎督郵。冉耻之。乃遁去到南陽。受業於樊英。又遊三輔。就馬融通經。歷年乃還。桓帝時以冉爲萊蕪長。（萊蕪故城・在今山東淄川縣東南・）遭母憂。不到官。後辟太尉府。以狷疾不能從俗。常佩韋於朝。議者欲以爲侍御史。因遁身逃命於梁沛之間。徒行敝服。賣卜於市。或寓息客廬。或依宿樹蔭。如此十餘年。乃結草屋而居焉。所居單陋。有時絕粒。閭里歌曰、甑中生塵范史雲。釜中生魚范萊蕪。三府累辟不就。中平二年乙丑、年七十四。卒於家。大將軍何進、移書陳留太守、累行論諡。僉曰、宜爲貞節先生。會葬者二千餘人。刺史郡守、各爲立碑表墓焉。（後漢書獨行 太平御覽方術 乾隆江南通志流寓）

魏

朱建平、沛國人。善相術。於閭巷之間效驗非一。太祖爲魏公。聞之。召爲郎。文帝（曹丕）爲五官將。坐上會客三十餘人。文帝問己年壽。又令遍相衆賓。建平曰、將軍當壽八十。至四十時、當有小厄。願謹護之。謂夏侯威曰、君四十九。位爲州牧。而當有厄。厄若得過。可年致七十。致位公輔。謂應璩曰、君六十二。位爲常伯。而當有厄。先此一年、當獨見一白狗。而旁人不見也。謂曹彪曰、君據藩國。至五十七。當厄於兵。宜善防之。初潁川荀攸、鍾繇、相與親善。攸先亡。子幼。繇經紀其門戶。欲嫁其妾。與人書曰、吾與公達、曾共使朱建平相。建平曰、荀君雖少、然當以後事付鍾君。吾時啁之曰、啁・音嘲・詼諧也・　惟當嫁卿阿鶩耳。何意此子、竟早隕沒。戲言遂驗乎。今欲嫁阿鶩、使得善處。追思建平之妙。雖唐舉許負、何以復加也。文帝黃初七年丙午、年四十。病困。謂左右曰、建平所言八十、謂晝夜也。吾其決矣。頃之、果崩。夏侯威爲兗州刺史、年四十九、十二月上旬、得疾。念建平之言、自分必死。豫作遺令、及送喪之備。咸使素辦。至下旬轉差。垂以平復。三十日日昃、請紀綱大吏、設酒曰、吾所苦漸平。明日鷄鳴。年便五十。建平之戒。眞必過矣。威罷客之後。合瞑疾動。夜半遂卒。璩六十一爲侍中。直省內。欻見白狗。欻・音忽・忽也・　問之衆人。悉無見者。於是數聚會。幷急游觀田里。飲宴自娛。過期一年。六十三卒。曹彪封楚王。年五十七。坐與王淩通謀。賜死。

凡說此輩、無不如言。惟相司空王昶。征北將軍程喜。中領軍王肅。有蹉跌云。建平相我逾七十。位至三公。今皆未也。將何慮乎。而肅竟卒。建平又善相馬。文帝將出。取馬外入。建平道遇之。語曰、此馬之相。今日死矣。帝將乘馬。惡衣香。驚齧文帝膝。帝大怒。即便殺之。建平黃初中卒。（三國魏志方技乾隆江南通志藝術）

明

鹿鳳、沛人。幼習百家陰陽雜書。尤善法術。嘗寓鳳陽。歲旱。郡守延之禱於壇。果得大雨。由是知名。後沛邑遇旱。衆即延鳳禱之。輒應。（同治徐州府志藝術）

清

孟傳寶、字懷珍。廩生。精數學。尤善大六壬。常有人袖一物。使射覆。占曰、外圓內方。文字中藏。上有污穢。磨之始彰。出其物。果是糞堆中拾得一錢。一時頌爲神明。（民國沛縣志方技）

59 相縣（沛郡。漢置相縣。後漢爲沛國。晉因之。在今安徽宿縣西北。宋曾徙治蕭。在今江蘇蕭縣西北。宋齊後魏[illegible]之。北齊廢。）

晉

劉惔、（惔。音覃。燔也。）字眞長。沛國相人。少清遠有標奇。與母任氏。寓居京口。家貧織芒屩以爲養。（屩。音脚。履也。木曰屐。麻曰屩。）雖蓽門陋巷。晏如也。人未之識。惟王導深器之。後稍知名。

尙明帝女、廬陵公主、官丹陽尹。爲政淸整。門無雜賓。惔與桓溫善。嘗稱之曰。溫眼如紫石稜。鬚作蝟毛磔。磔。音摘。開也。剔也。孫仲謀。晉宣王之流亞也。惔雖奇溫才。而知其有不臣之迹。及溫爲荊州。惔言於帝曰。溫不可使居形勝地。其位號常宜抑之。帝不納。及溫伐蜀時。咸謂未易可制。惟惔以爲必剋。恐自此專制朝廷。及後竟如其言。晉書本傳○桓溫。字元子。宣城太守彝之子也。生未朞。而太原溫嶠見之。曰。此兒有奇骨。可試使啼。及聞其聲。曰。眞英物也。彝以嶠所賞。故遂名之曰溫。嶠笑曰。果爾後將易吾姓也。○初溫自以雄姿風氣。是宣帝劉琨之儔。有以其比王敦者。意甚不平。及征還北方。得一巧作老婢。訪之。乃琨妓女也。一見溫。便潸然而泣。溫問其故。答曰。公甚是劉司空。溫大悅。出外整理衣冠。又呼婢問。婢曰。面甚似。恨薄。眼甚似。恨小。鬚甚似。恨赤。形甚似。恨短。聲甚似。恨雌。溫於是褫衣解帶。昏然而睡。不怡者數日。後果不竟其志而卒。○晉書叛逆傳

南齊

劉休、字弘明。沛郡相人。泰始初、諸州反。休素能筮。知明帝當勝。靜處不預異謀。數年還投吳喜爲輔師府錄事參軍。喜稱其才。進之明帝。得在左右。板桂陽王征北參軍。休多藝多能。問無不解。遂見親賞。長直殿內。後、宮孕者。帝使筮其男女。無不如占。累官豫章內史。加冠將軍。卒年五十四。南齊書參南史本傳圖書集成卜筮部名流列傳

60 蕭縣 春秋宋蕭邑。秦置蕭縣。北齊改曰承高。隋初改龍城。又改臨沛。尋復爲蕭縣。其城一名黃楊城。或謂之北城。宋時河決。乃改築南徙治焉。在今江蘇蕭縣西北。明萬歷間。沒於水。遷今治。清屬江蘇徐州

府

明　路可泰、蕭人。五歲卽習術數。爲人推星度。多奇中。尤精易言禍福。無不驗。晚年修道於果老洞中。江南通志方技乾隆徐州府志方技嘉慶蕭縣志藝術

61　邳州　古邳國．秦下邳縣．北周置邳州．宋爲淮陽軍．金仍爲邳州．明省下邳縣入州．清屬江蘇徐州府．民國改州爲縣．

漢　翼奉、字少君。下邳人。治齊詩。好律歷陰陽之占。元帝時待詔官者署。數言事宴見。天子敬焉。必採究經史。窮極陰陽。以寓法戒。論祭天地於雲陽汾陰。及諸寢廟。不以親疏迭毀。皆煩費。違古制。後定迭毀禮。徙南北郊。其議皆自奉發之。以中郎爲博士諫議大夫。年老以壽終。子孫皆以學爲儒官。著風角要候。風角雜占。風角鳥情等書。前漢書儒林乾隆江西通志儒林隋書經籍志

清　王九成、濟寧人。父官下邳。遂家焉。性孝友。博涉羣書。妻殉。不再娶。嘗教授鄉里。以贍兄弟之不足。後乃棄去。單身遠游名山絕壑。足跡殆遍。明河洛之學。旁通術數書畫。晚嗣一子。構草廬。謝客靜坐。年近八十。風采煥然如壯人。咸豐邳州志人物

62 **宿遷縣**漢呇猶縣。後漢省。晉置宿預縣。唐改爲宿縣。故治在今江蘇宿遷縣南二里。明徙今治。清屬江蘇徐州府。○呇。音求。與厹同。厹由。狄國名。見國策。

清

高蹤騑、字特聘。宿遷諸生。甲申棄家去。其兄求之數年不得。久之海上賣卜奇中。兄往卜之。云當即相見。察其情狀。即特聘也。強之歸。生一子尚友。一日短衣持雨蓋出。不知所之。尚友長成。數十年無消息。遂築望親樓於縣北鍾吾山中。立位奉之。每遇過客、輒詢訪。[illegible]泪俱下。鹽城宋滋蘅恭貽、有詩才。經其地。異之。紀其事。繪高孝子望親廬圖。徧徵詩以褒之。阮葵生茶餘客話○阜寧。碑傳集陳鵬年撰高高士蹤騑傳云。一夕語鄰僧曰。吾占六壬。尚有一子。當歸了此事。僧笑之。明年果生子。命之曰晤。蓋冀其歸僅一晤者然。觀此是其子名晤。字尚友也。鍾吾山。又作峒峿。

63 **睢寧縣**漢置。睢陵。取慮二縣。金分宿遷。置睢寧縣。清屬江蘇徐州府。

清

朱明道、精易理。曉奇門之術。能知未來事。有自注周易一卷存於家。朱振玉、亦通卜筮星學。屢有奇驗。光緒睢寧縣志方技

64 **東海縣**秦置朐縣。東魏於縣置海州。北周改曰朐山。隋改州爲東海郡。唐復曰海州。明省朐山縣入州。清直隸江蘇省。民國改州爲東海縣。十一年自闢爲商埠。隴秦豫海鐵路。由此西貫河南陝西。以達甘肅之皋蘭。

唐　徐居易、字子平。別號沙滌先生。又稱蓬萊叟。東海人。隱於太華西棠峰洞。精於星學。撰珞琭子三命消息賦註二卷。其法本之李虛中。專以人生年月日時八字。推衍吉凶禍福。無有不中。子平歿後。宋孝宗淳熙時、有沖虛子者。精於此術。當世重之。僧道洪密受其傳。後人錢塘傳之徐大升。四庫提要謂宋末徐彥昇。今世所傳玄理賦等。皆其所著。今人推命之術。乃元人復由子平大升二家演繹而出。故簡稱子平。四庫全書提要子部藝術參三命通會所引濯纓筆記○阜按。三命通會。謂徐子平為五代時人。又謂徐大升。上距子平已三百餘年。查五代後梁紀。丁卯起。至後周紀庚申止。共五十四年。北宋紀。庚申起。至丁未止。共一百六十八年。南宋紀。丁未起。至孝宗癸未隆興元年。不過三十七年。自五代丁卯。至南宋癸未。連新陳遞嬗。虛算三年計之。不過二百五十九年。當孝宗時沖虛子傳之道洪。道洪又傳之徐大升。時期必不過遠。今既云上距子平。已三百餘年。即可證明子平非五代時人。乃唐人也。

宋　徐道符、自號無欲子。東海人。著有六壬心鏡要三卷。後集一卷。上卷九門。中卷十七門。皆論課象、及一切日用事物占斷。下卷十六門。皆軍占。其雜占、及二十神將論。凡十三篇。別為後集。立說簡該。使讀者昭然易曉。在壬書中最為善本。阜按。余家藏六壬心鏡。載徐道符。為唐肅宗時人。

凌福之撰六壬畢法賦一卷。福之履貫未詳。核其自序、蓋理宗寶慶間人也。始徐道符、作六壬心鏡。建炎中、又有邵彥和者。著書名曰口鑑。以闡明徐氏之說。後多爲俗學所竄亂。福之因用彥和法作七言百句。註釋之以成此書。融貫舊說而綴以心得。獨爲精當。自序謂雖言詞鄙拙。實決斷之幽微。可爲定論。世之言壬術者。多奉爲祕鑰。（四庫子部術數類存目二）

清　羅浩、字養齋。僑居海州之板浦場。與淩仲子廷堪爲戚。經史書數。無不涉獵。尤精星命之學。嘗曰、自李虛中以來。均以富貴貧賤壽夭。定命之高下。吾則以賢不肖爲之經。貧富壽夭爲之緯。賢者雖貧夭。命爲上。不肖者雖富壽。命爲下。人多迂之。（清稗類鈔方技）

清　吳恆宣、字來旬。山陽人。居板浦。或曰、海州人也。幼稱神童。讀書目數行下。長游大學。睥睨公卿間。人呼爲狂生。居無何。忽精六壬奇門術。多奇中。（嘉慶海州志方技）

65　贛榆縣（漢置。三國時廢。故城在今江蘇贛榆縣東北。一名鹽倉城。晉移贛榆縣治艾不城。北齊省。在今東海縣北。金改懷仁縣爲贛榆。即今治。清屬江蘇海州。）

清　王克靖、孝子士元、士甯之後。幼雋穎。博涉經史。尤精山經地理。嘗著海角經。闡

發。曾。揚。不。傳。之。祕。爲。時。所。重。所居有竹溪。自號竹溪淸隱。國子學錄、曾忠輔爲之記。（光緒贛榆縣志藝術）

歷代卜人傳卷六終

易經繫辭上傳天尊地卑。乾坤定矣。卑高以陳。貴賤位矣。動靜有常。剛柔斷矣。方以類聚。物以羣分。吉凶生矣。在天成象。在地成形。變化見矣。易經繫辭上傳。聖人設卦觀象。繫辭焉而明吉凶。剛柔相推而生變化。是故吉凶者失得之象也。悔吝者憂虞之象也。變化者進退之象也。剛柔者晝夜之象也。六爻之動。三極之道也。是故君子所居而安者易之序也。所樂而玩者。爻之辭也。是故君子居則觀其象而玩其辭、動則觀其變而玩其占。是以自天佑之。吉无不利。

大全、朱子曰。卦雖八而數須十者。八是陰陽數。十是五行數。一陰一陽便是二。以二乘二便是四。以四乘四便是八。五行本只是五。而有是十者。蓋一箇便包兩箇。如木便包甲乙。火便包丙丁。土便包戊己。金便包庚辛。水便包壬癸。所以爲十。

孔氏傳尙書序。古者伏犧氏之王天下也。始畫八卦。造書契。以代結繩之政。由是文籍生焉。伏犧、神農、黃帝之書。謂之三墳。言大道也。少昊、顓頊、高辛、唐、虞、之書。謂之五典。言常道也。至于夏、商、周、之書。雖設敎不倫。雅誥奧義。其歸一揆。是故歷代寶之。以爲大訓。八卦之說。謂之八索。求其義也。九州之志。謂之九丘。丘、聚也。言九州所有。土地所生。風氣所宜。皆聚此書也。春秋左氏傳曰。楚左史倚相。能讀三墳、五典、八索、九丘。卽謂上世帝王遺書也。

中國歷代卜人傳卷七

潤德堂叢書之八

鎭江袁阜樹珊編次

浙江省一

浙江省、在我國東南部。爲沿海各省之一。境內有浙江、因名。禹貢揚州東部地。春秋爲越地。秦漢迄晉、歷爲會稽、丹陽等郡地。唐爲江南東道、後分浙江東西道。宋兩浙路、後分浙東浙西兩路。元置江浙等處行中書省。明置浙江布政使司。淸置浙江省。民國仍之。其地東濱東海、南通福建。西隣江西、安徽、北接江蘇。省會爲杭州市

66 仁和縣漢錢塘地・五代時吳越置錢江縣・宋改曰仁和・明淸時與錢塘並爲杭州府治・浙江省亦治此・民國倂仁和錢塘爲杭縣・

周

范蠡、字少伯。楚宛三戶人。事越王句踐。苦身戮力與句踐深謀。二十餘年滅吳。報會稽之恥。北渡兵於淮。以臨齊晉。號令中國。周元王賜句踐胙。命爲伯。諸侯畢

賀、號稱霸王、蠡以大名之下、難以久居、乃乘舟浮海以行、自號鴟夷子皮、（鴟、音摛、支韻、鳶也、）並遺大夫種書曰、蜚鳥盡、良弓藏、狡兔死、走狗烹、越王爲人長頸鳥喙、可與共患難、不可與共安樂、子何不去、種見書、稱病不朝、人或讒種、且作亂、越王乃賜種劍曰、子教寡人伐吳七術、寡人用其三而敗吳、其四在子、子爲我從先王試之、種遂自殺、史記越王句踐世家光緒浙江通志〇吳越春秋云、吳王欲擇吉日赦越王、越王聞之、召范蠡告之曰、孤聞於外、心獨喜之、又恐其不卒也、范蠡曰、大王安心、事將有意、在玉門第一、今年十二月戊寅之日、時加日出、（時謂月將之子、日出謂卯時也、）戊、囚日也、寅、陰後之辰也、合庚辰、歲後會也、夫以戊寅日聞喜、不以其罪罰日也、時加卯而賊戊、功曹爲騰蛇而臨戊、謀利事在青龍、青龍在勝光而臨酉、死氣也、而剋寅、是時剋其日、用又助之、所求之事、上下有憂、此豈非天網四張、萬物盡傷者乎、王何喜焉、果以子胥諫而復囚之石室、越王謂范蠡曰、今三月甲辰、時加日昳、孤蒙上天之命、還歸故鄉、得無後患乎、范蠡曰、大王勿疑、直眡道行、越將有福、吳當有憂、〇四庫全書提要子部術數類、論六壬大全有云、惟是六壬所重、莫過於天乙貴神、陰陽順逆、爲吉凶所自出、如匠者之準繩榘矱、而先天之德起於子、後天之德起於未、以五干德合神取貴、承學之士、多未究其源、我聖祖仁皇帝、御定星歷考原一書、貫串璣衡、權輿圭臬、以訂曹震圭畫丑夜未之謬、實足立千古之標準、皇上御纂協紀辨方書、復申暢斯旨、謹案吳越春秋所載子胥之占、三月甲戌、時加鷄鳴、而以爲青龍在酉、是甲日丑爲陰貴也、范蠡石室之占、十二月戊寅、時加日出、而亦以爲青龍臨酉、功曹爲騰蛇、是戊日丑爲陽貴也、沿溯古義、皆與聖謨垂示、先後同符、大全所取天乙、尚沿俗例、卷中僅載先天貴人一圖而不用、未免失之舛錯、

明　陳㞳山、（㞳、音節、山曲也、）仁和人、居竹竿巷、以星命爲業、言事歷歷有驗、一日與鄰老游

郊外、欲回陳强之弗得。云爾去必遭官杖。其人不信。偶沖郡守節級。果遭杖。又常見郭顏色門首豎旛、欲爲醮事。陳曰、此日不宜作醮。道士云、文奏已定。不可改矣。竟於是日行之。後果遭官事。岊山足跛。性傲。雖富貴人亦慢薄之。終無求於人、以貧死。

明　張翺、仁和人。精推步占候。宣德間、潘中丞將往南粵視師。翺感知己。强與行。一日坐帳中見片雲隱隱起離震間。謂潘曰、事濟矣。有頃烈風南來。此捷音也。已而果然。會潘欲疏薦。翺逃去。易名晦跡。以終其身。嘗賦詩云。有意欲嘗千日酒。無心去傍五侯烟。蓋其志也。以上光緒浙江通志方技

明　郭青螺中丞、善拆字。與蔡見麓冢宰、同官於浙。是時冢宰爲右方伯。有引去意。一日坐弘濟堂。冢宰曰、子爲我拆一字。指堂匾弘字。郭曰、公爲何事。曰、子只拆字。不必問事。郭曰、公意將引去。而數未能。公曰、何也。郭曰、弘字左爲弓而無丨。是未能引。右爲厶而無土。是未能去。公笑曰、奇哉。郭又曰、非徒如此也。堂匾有濟字、公

將開府齊魯、或操江。又不徒如此也、堂字尚書而後歸土。公笑曰、是太穿鑿。後其言一一驗。（明朱國禎湧幢小品○皇按・郭子章・字相奎・號青螺・泰和人・隆慶進士・累官貴州巡撫・以功進太子少保・兵部尚書・著述甚富・有易解等書・）

清　柴紹炳、字虎臣、明遺民也。少有至性。生計清寒。父亡於官、求商人附載東去。迎棺歸葬。躬自負土成邱。時節祭奠。涕淚迸湧。松草爲之萎絶。里中有避父笞出亡者。紹炳遇之。問得其故、大悲曰、爾有父笞非苦、我無父笞乃苦耳。爲賦遊子遇孤兒行。其人垂泣自恨、卒爲孝子。入國朝、居仁和南屏山、貧甚、屏絶餽饟、賣藥自給。紹炳於陰陽象緯律歷輿地農田水利戎兵賦役、莫不研講。康熙八年己酉、敕舉山林隱逸之士。浙撫范忠貞公親詣之、請以應詔。固辭。卓卓乎東京人物也。（鄞陳康祺郎潛二筆）

清　吳任臣、字志伊。一字爾器。初字征鳴。號託園。仁和人。諸生。康熙己未、召試博學鴻詞。授翰林院檢討。志行端慤。博學而深思。兼精天官奇壬之學。射事多中。時人比之管郭。撰有十國春秋、山海經廣注、春秋正朔考辨、託園詩文集等書。（錢塘諸朱賓壽人傳）

清　應撝謙、字嗣寅。一字潛齋 仁和人。清史稿載錢塘人 事母至孝。殫心理學。以不欺爲本。自以故國諸生。絕意進取。康熙戊午、詔徵博學鴻儒。大臣項景襄、張天馥、交章薦之。稱病不出。性介特。家貧。嘗賣卜臨平。臨平鎭・在浙江杭縣四十里・自昔爲浙西要地・ 授徒自給。癸亥年卒。年六十九。學者稱潛齋先生。撝謙於易、書、詩、禮、樂、春秋、孝經、四書、各有著述。又撰敎養全書、性理大全、潛齋文集、凡十餘種。清史稿儒林仁和縣志列傳

清　趙大川、仁和人。測字。吳山。乾隆己卯、姚米山翀、拈得死字。大駭。大川曰、君問何事。曰、功名。大川曰、必中。一畫是第一名。下夕已各具己卯之形。可預賀。姚果於是年領薦。有問婚姻者、亦拈死字。大川曰、吉。下夕己、有夗央之形。上一畫、乃一對夗央同到老也。又有拈一字問疾者。大川曰、必亡。一乃生字末筆。死字起筆也。其人果不久病卒。

清　李殿颺、仁和人。測字。吳山。亦極靈驗。有某欲娶妾者、就李問之。拈得一節字。心

頗不懌。又舉一物、乃燭臺一事。李曰、卽刻就成。汝欲娶二人耶。以卽上有兩個字也。此必是偏房。以洞房花燭。只得一枝耳。又有問之者、亦得一節字。復舉一物、乃鏡一事。李曰、汝欲娶再醮妾耶。以兩個俱不成郎也。此必汝舊御之婢、棄之而今復收之所謂破鏡重圓也。又有問功名者、拈得困字。復舉一物、乃弓一張。李曰不佳。木塞口內。如何說得出好來。有弓無矢。如何命中得來。其機巧多類是。（以上紹興先正遺書）

（文齋筆錄）

清　錢林、字叔雅。號金粟。初名福林。仁和人。嘉慶庚申舉於鄉。戊辰成進士。官至侍讀學士。學問淵博。深於經史。旁及天文地理律曆河渠兵法刑名。罔不通。覽究微。久於吏者、咸拱手謝不敏。其餘奇門遁甲六壬靈樞素問傷寒金匱之書。無所不通。道光戊子卒。年六十七。著有文獻徵存、玉山草堂集。（閔爾昌碑傳補翰詹）

清　沈志言、以半仙稱。仁和人。故貴公子。精子平術。著子平言二卷。行世。（光緒杭州府志藝術）

清　王遲、字伯舒。仁和人。廣文。規行矩步。道光時、歷爲郡邑記室。無絲毫干請。長吏皆賢之家在杭州一畝田。背郭面河。門多野趣。晚歲歸來。蕭然一室。人罕接其面。獨好青烏家言。尋山問水。樂而忘倦。清稗類鈔方技

67 錢塘縣秦置錢唐縣・後漢省入餘杭・吳復置・陳置錢唐郡・隋仍廢爲縣・唐以唐爲國號・加土爲錢塘・明清皆爲杭州府治・浙江省亦治此・民國廢府・改錢塘及仁和爲杭縣・仍爲省治・浙江通志・謂宋以前之錢塘故城有四・一在靈隱山麓・一在錢塘門外・皆漢魏時治也・一在錢塘門內・今爲教場地・唐縣治也・一在紀家橋華嚴寺故址・宋縣治也・清一統志則謂靈隱山下・並無錢塘之跡・錢塘故城・實止有三・今皆不存・

吳越

葉簡、錢塘人。善卜筮。一日武肅王坐衙、忽旋風南來繞案。簡曰、此淮帥揚渥薨。當遣弔祭王曰、賀生辰使、方去奈何。簡曰、但語以貴國動靜皆預知之王遣弔渥果死。一軍皆驚。光緒杭州府志藝術

宋

諸先生、失其名杭人。舉進士、當赴禮部。遇異僧傳以易數云、易有三術。上者不可言。中者猶足了死生、證心地。下者知象數休咎。子當傳吾術。足以資生。不必仕官。子命薄也。遂盡受其術。不復就省試。又以授其子亦驗。其書號三宮易、六遇易。晁說之得之不能用。光緒杭州府志藝術

宋　沈括、字存中。錢塘人。擢進士第。神宗時、爲河北西路察訪使。遼、蕭禧、來理河東黃嵬地。遣括往聘。凡六會。契丹知不可奪。遂舍黃嵬。歷知延州。文祐中、以光祿分司居潤。八年卒。年六十五。括博學善文。於天文方志律曆音樂醫藥卜算。無所不通。皆有所論著。又紀平日與賓客言者、爲筆談。多載朝廷故實、耆舊出處、傳於世。

宋史附遺傳夢溪筆談○象數篇云・六壬・天十二辰之名・古人釋其義曰・正月陽氣始建・呼召萬物・故曰登明・二月物生根魁・故曰天魁云云・極無義理・予按登明者・正月三陽始兆於地上・見龍在田・天下文明・故曰登明・天魁者・斗魁第一星也・斗魁第一星抵於戌・故曰天魁・從魁者・斗魁第二星也・斗魁第二星抵於酉・故曰從魁・(斗杓一星建方・斗魁二星建方・一星抵戌・一星抵酉・)傳送者・四月陽極將退・一陰欲生・故傳陰而送陽也・小吉・夏至之氣・大往小來・小人道長・小人之吉也・故爲婚姻酒食之事・勝先者・王者向明而治・萬物相見乎此・莫勝莫先也・太一者・太微垣所在・太一所居也・天罡者・斗剛之所建也・(斗杓謂之剛・蒼龍第一星亦謂之亢・與斗剛相直・)太衝者・日月五星所出之門戶・天之衝也・功曹者・十月歲功成而會計也・大吉者・冬至之氣・小往大來・君子道長・大人之吉也・故主文武大臣之事・十二月子位・北方之中・上帝所居也・神后帝君之稱也・天十二辰也・故皆以天事名之・又云・事以辰名者爲多・皆本於辰巳之辰・今略舉數事・十二支謂之十二辰・(一時謂之一辰・一日謂之一辰・日月星謂之三辰・北極謂之北辰・大火謂之大辰・五星中有辰星・皆謂之辰・今考子丑至於戌亥・謂之十二辰者・左傳云・日月之會是謂辰・一歲日月十二會于東方・蒼龍角亢之舍起於辰・故以所首者名之・子丑戌亥・既謂之辰・則十二支十二時・皆子丑戌亥・則謂之辰無疑也・一日謂之一辰者・以十二支言也・以十干言之・謂之今日・以十二支言之・謂之今辰・故支干謂之日辰・日月星謂之三辰者・日月星至於辰而畢見・以其所首者名之・故皆謂之辰・(四時所見有早晚・至辰則四時畢見・故日加辰爲晨・謂日始出之時也・)星有三類・一經星・北極爲之長・二舍星・大火爲之長・三行星・辰星謂之長・故皆謂之辰・(北辰居其所・而衆星拱之・故爲經星之長・大火天王之座・故爲舍星之長・辰星日之近輔・遠乎日不過一辰・故爲行星之長・)又云・今之卜筮・皆用古

書·丁擲骰乎用之者·惟其寂然不動·乃能通天下之故·人未能至乎無心也·則憑物之無心者而言之·如灼龜瓦·皆取其無心·則不隨理而譻·此近乎無心也·又云·呂才爲卜宅祿命卜葬之說·皆以術爲無驗·術之不可恃信然·而不知彼皆寓也·神而明之·存乎其人·故一術二人用之·則所占各異·人之心本神·以其不能無累·而寓之以無心之物·而以吾之所以神者言之·此術之微·難可以俗人論也·才又論人姓·或因官·或因邑族·豈可配以宮商·此亦是也·如今敬者或更姓文·或更姓苟·以文考之皆非也·敬本從苟·(音亟·)從攴·今乃謂之苟與文·五音安在哉·此爲無義·不待遠求而知也·然既謂之寓·則苟以爲字·皆寓也·凡視聽思慮所及·無不可寓者·若以此爲妄·則凡禍福吉凶·死生變化·孰爲非妄者·能齊乎此·然後可與論先知之神矣·○譻·務奮切·音問·裂也·玉之坼也·

宋　古象、杭瓦子下卜者。休甯程珌往杭都、求牒。漕試不遂。謁象問休咎。象列蓍布卦。曰、若遇會稽康仲穎。定知名譽達朝紳。珌不曉所謂。亟還應鄉舉。行至近城三十里。己八月二十日。問本郡試官何人。曰、建康府教諭康仲穎也。珌大喜。是年領鄉薦。明年仲穎赴班、改爲省試官。其卷又出本房。（光緒杭州府志藝術）

宋　范居中、字子正。錢塘人。父儒。假卜術爲業。居三元樓前。每元夕必題時事於燈紙。郡人聚觀。遠近皆知名。父子俱善琴能書。大德間、被旨赴都。（皐按、大德二字疑誤。）有南樂府、及南北曲行世。鍾嗣成爲之傳。（光緒杭州府志藝術）

宋　徐大升、（一作徐升。）字東齋。錢塘人。以人所生日主之干支五行。分作六事。作淵海子

平。至明楊淙、字竹亭。清江人。又增校之。淵海子平序

宋 張介、以命術遊公卿間。居錢塘西湖上。常自京師南歸。士大夫率爲詩贈之。光緒浙江通志方技

宋 徐復、字復之。又字希顏。建州人。初游京師。舉進士不中。退而學易。通流衍卦氣。自筮知無祿。遂無進取意。游學淮浙間。數年、益通陰陽天文地理遁甲占射諸家之說。范仲淹過潤州、見復。問曰、今以衍卦占之。四陲無變異乎。陲、音垂。邊疆也。復、剋西方當用兵。推其月日。後無少差。慶曆初、與布衣郭京、俱召見。郭京、亦通術藝。帝問天時人事。復、對曰、以京房易卦推之。今年所配年月日時。當小過也。剛失位而不中。其在彊君德乎。帝又問明年主何卦。復曰、乾卦用事。說至九五盡而止。明日命爲大理評事。固以疾辭。乃賜號沖晦處士。補其子發、試祕書省校書郎。復、性高潔。而處世未嘗自異。後居杭州萬松嶺、十數年。卒年七十餘。時林和靖尚無恙。並稱二處士。元豐類藁徐復傳。復死十餘年。而沈遘知杭州。牓其居曰。高士坊云。〇宋史隱逸光緒浙江通志寓賢

宋　富初菴、國初、以占筮起東南。時錢唐初內附。以故都生聚旣繁。貲力殷盛。世皇占其後來如何。旣成卦。而富猶未之知也。世皇曰、我占宋故都。富對曰、誠如所占。其地五六十年後。會見城市生荊棘。不如今多也。今杭州連厄於火。又復困於科繇。視昔果不遠。富之占亦神矣。宋鄭元佑德明遂易山人書。

宋　仰宗臣、字顛峯。善以字卜休咎。文信國公贈以序云、顛峯仰宗臣。以拆字之術行京師。諸公贈言陳往驗甚悉。予未卽信。試之且數年。每言輒酬。奇矣哉。予問顛峯曰、禍福將至。必先知之。吾聖人則有教矣。就字而言。字心畫也。得於心。應於手。夫固動乎四體之一也。由此而推。資稟之強弱。操術之正邪。生死壽夭、貧賤富貴之理。於其字畫之大體。而夫人之平生。可一言而盡。是則予固能知之。今夫卒然而遇人曰、請所欲書。夫人者亦倘然應之。曾不經意。而子於其偏旁上下之間。紬繹解說。紬音抽。繹音亦。紬繹謂引其端緒也。曰、某宜禍。某宜福。則其臨書之際、豈亦有鬼神壓乎其上、誘其中、而運之肘歟。不然。字而字耳。何靈之有。顛峯曰、未也。天下禍福之占。于其動而已。木之榮枯。康節不能索之於其靜。一葉之墜。算法生焉。世人見墜葉多矣。誰知大化寄此眇末。子之觀字也于其心。予之觀字也于其心之動。是法也。得之異人。異人誠勿言。君退思之。予推其理不可得。而又動於顛峯之異。則思夫聖人之於事。其存而弗論者不少矣。相視一笑。就用其言贈焉。（文山全集贈仰顛峯拆字序）

宋　徐鏡齋、相士。居京師。負盛名。文山先生以詩送之。鄒忌不如徐公美。引鏡自窺得眞是。門下食客纔有求。昏昏便與妻妾比。徐家耳孫却不然。自名一鏡京師市。世人無用看青銅。此君雙眼明秋水。君以無求遊公卿。勿令此鏡生瑕滓。碟子大面何難知。從今光照二百里。（文山全集贈鏡齋徐相士）

宋　楊桂巖、相士。文信國公嘗與之友。其所贈七律詩云、榮悴紛紛未可期。夕多未振已朝披。得剛難免於今世。行好須看有驗時。萱晝堂前惟有母。槐陰庭下豈無兒。好官要做無難做。身後生前是兩岐。又詩云、貧賤元無富貴思。泥塗滑滑總危機。世無徐庶不如臥。見到淵明便合歸。流落丹心天肯未。崢嶸青眼古來稀。西風爲語巖前桂若更多言卻又非又詩云此別重逢又幾時贈君此是第三詩衆人皆醉從教酒獨我無爭且看棋凡事誰能隨物覩(覩字典無此字)此心只要有天知自知自有天知得切莫逢人說項斯。(同上贈桂巖楊相士)

宋　周生、錢塘人。善相字。建炎間、車駕至杭。時金騎驚擾之餘。人心危疑。執政呼周生。偶書杭字示之。周曰、懼有驚報。乃拆其字以右邊一點配木上、卽爲兀朮。不旬日果傳兀朮南侵。當趙秦廟謨不協。各欲引退。二公各書退字示之。周曰、趙必去。秦必留。日者君象。趙書退字人去日遠。秦書人字密附日下。日字左筆下連。而人字左筆斜貫之。蹤跡固矣。欲退得乎。既而皆驗。(宋稗類鈔方技)

元　陸華之、錢塘人。以賣卜馳名。且通文學。縉紳多與之友。(光緒浙江通志方技)

元　王逵、字志道。錢塘人。足一跛。家極貧。無以朝夕。因賣藥不繼。又市卜。博究子史百家。客至輒談今古不休。人知其辨博。每以疑難質之。矢口輒應。著蠡海集行世。

光緒浙江[illegible]志隱逸○明吳郡黃姬水貧士傳・贊曰・跛者王生・外歉內足・山衲秦方・市簾楚卜・學必窮年・談唯稽牘・與義隱詞・質皆彰纍・○蠡海集云・夫陰陽者・氣聚成形・形成爲質・形成猶柔・至質方剛・形未能動・質具方

動・海沫之結・石乳之凝・皆先柔而後剛・含胎之腹・抱伏之卵・皆先靜而後動・此天一生水・地二生火之義也・魄始聚而魂隨之・形質具而魂魄交・然後各得其所以生・此天三生木・地四生金之義也・體全以成性・理具以爲物・此天五生土之義也・是以太極未分之前・萬事萬物一源・故曰陰陽一太極也・干有十・支有十二・干不配肖屬而支配者・天賦氣・地成形也・人所以稱肖屬及支・而不及干者・父施氣・母有形也・身依母而生・然人姓獨稱父者・原其受氣之本也・天一生水・地二生火・天三生木・地四生金・天五生土・一二水火之生・形具而質未全・故水有乾涸・火有灰燼其耗速・三四金木之生・形質始具・故木枯朽・金之剝蝕・其耗也遲・至五土而形質全備・故亘古而無耗也・五行惟火無定著・由木而見形・依土而附質・因金而顯性・遇水而作聲・或問五行相生・惟金生水難明・蓋金者氣也・水生於氣聚・故金生水也・又云・天者金之體・星者金之精・氣降於天則爲雨・氣出於地則爲泉・天爲陽變化・故或雨暘・地爲陰守常・故泉流不息・陽爲奇・陰爲耦・晝屬陽得奇・夜屬陰得耦・奇單・故日得一・耦拆・故夜得二・是以上半夜爲今日・下半夜爲明日・是夜得二也・夜子時・只是在夜半之前・故稱夜子・適在亥時之後・故只有初刻・而無正刻・子時却只有正刻・而無初刻・其意可見也・生剋制化・古今膾炙人口・然生剋化皆易見・獨制字則難明・蓋制緣生中有剋・剋中有用也・凡生中有剋者・謂如木生火・火盡則木爲灰燼・火生土・土盛則火被遏滅・土生金・土盛則遭其埋沒・金生水・水盛則必沉溺・水生木・水盛則又漂流・蓋雖生而反忌・此所謂生中有剋・凡剋中有生者・謂如木剋土・土厚則喜木剋・是爲秀茸山林・土剋水・水盛則喜土剋・是爲撙節隄防・水剋火・火盛則喜水剋・是爲既濟成功・火剋金・金盛則喜火剋・是爲煆煉成材・金剋木・木盛則喜金剋・是爲斧斤斲削・蓋因剋以爲美・此所謂剋中有用・故稱之曰制者・乃不拘於生剋之中也・戊己兩干寄祿巳午・子寓母家之義・雖然・戊見午刃・則不可一途而取・戊既依母・而祿刃乃一氣火也・俱有生土之意・故戊日得火多則爲印也・己則否・己祿於午・午前則未爲刃・未己連屬土・則非戊午之比也・月忌之說・術家以爲廉貞獨火・故爲忌者・謬也・此乃以洛書九宮推之・初一起一宮・二日二宮・三日三宮・四日四宮・五日則入中宮・爲星極之位・至尊之地・在臣民當忌避・故曰月忌・至於六日六宮・七日七宮・八日八宮・九日九宮・初十日復至一宮・如此循環數去・十四日又入中宮・二十三日又入中宮・是以初五・十四・二十三日・爲月忌也・天以五氣育萬物・故雨露霜雪之自天降者皆無味・地以五味養萬物・故自地生者・皆具五味焉・月爲陰・主乎水・日爲陽・主乎氣・月行至於子午之位則極盛・故潮汐生焉・日行至於子午之位則極盛・故寒暑甚焉・夏爲陽・夏之日午爲酷暑・冬爲陰・冬之夜半爲嚴寒・

元　李國用、字信卿。登州人。嘗爲卒。自北來杭。能望氣占休咎。世稱神相。其人崖岸倨傲。而時貴咸敬之。謝后諸孫、字退樂者。設早饌延致。至即據中位。省幕官皆坐下坐。不得其一言以及禍福。時趙文敏公謂之七司戶。與謝婣戚。屈來同飯。文敏公、風瘡滿面。李遙見、即起迎。謂坐客曰、我過江僅見此人耳。瘡愈即面君。公輩記取。異日官至一品。名聞四海。方襄陽未破時。世皇命其卽軍中望氣。行逾三兩舍。遄還。奏曰、臣見卒伍中往往有台輔器。襄陽不破。江南不平。置此人於何地。噫、李之術亦神矣。（元陶宗儀輟耕錄　圖書集成藝術典相術部名流列傳）

元　王垚、字樂天。其先汴人。宋丞相溥、十世孫。由番陽徙京口。工詩文。尤長於康節經世之學。至大改元、瀋陽王引見。奏充說書。從王使高麗。還陳便利三十餘事。時初用銅錢。以才授資國院判官。（光緒丹徒縣志文苑）

明　鮑栗之、編輯神相全編十二卷。備採古籍。有爲今世所罕見者。錢塘倪岳、字舜咨。天順進士。授編修。弘治中、累官禮部尚書。序其書云、同守淮揚東兗鮑君栗之。

政事之暇。留意相人之書。首著痳衣之說。復會諸說之宗痳衣者。類輯成編。由是觀之、粟之籍貫未詳。殆亦由科第而從政者。其書已載入清代圖書集成相術部。神相全編倪岳序

明　錢彭曾、號覺龕。錢塘人。撰易參五卷。首爲圖說。旁及歷法推步。奇門九宮干支納音。又推及五岳地形。禹貢水道。堪輿律呂井田兵法。選擇六壬。提要謂爲泛濫龐雜、無所紀極。四庫經部易類存目二

明　朱琓泉、居太平門外。善課命。正德辛未、有花市朱子、得疾甚劇。父聞琓泉名、往問子病。時三月半後也。算其子難過八九月。其父又以己命與之推。託言親戚之命。朱推云、此人立夏日死矣。時去立夏止十數日耳。朱父未之信。歸告其妻。妻曰、此妄言也。已而皆如其言。光緒浙江通志方技

清　高士奇、字澹人。號江村。錢塘人。原籍平湖。幼好學能文。家貧。以國學生、就試京闈不利。乃賣字鬻文餬口。新歲爲人作春帖子。自爲句書之。偶爲聖祖所見。旬日

中三試皆第一。命供奉內廷。官至禮部侍郎。卒諡文悟。著有江村銷夏錄、北墅抱甕錄、天祿識餘等書。（清史稿本傳○天祿識餘．載洪容齋云．易乾坤之下．六卦皆有坎．此聖人防患備險之意也．余謂屯蒙未出險者也．訟師方履險者也．戒之宜矣．若夫需者燕樂之象．比者親附之象．乃亦有險焉．蓋斧斤鴆毒．每在於衽席杯觴之間．而謔謔笑語．未必非關弓下石者也．於此二卦．尤不可不嚴焉．）

清　汪渢、字魏美。錢塘人。少孤貧力學。舉崇禎己卯鄉試。甲申後、遂棄科舉。媢黨欲蛊之試禮部。出千金賂其妻。俾勸駕。妻曰、吾夫子不可勸。吾亦不屑此金也。徙居孤山匡牀布被外、殘書數卷。鍵戶出或返或不返。莫可蹤跡。晚好道。夜觀天象。晝習壬遁。能數日不食。了不問世事。康熙四年乙巳秋。終於寶石山僧舍。年四十有八。（清史稿遺逸）

清　林瀾、字觀子。杭州人。鼎革之際。以成童冠博士弟子員。便棄去。偏讀諸藏書。好孤虛之學。討練有年。遂繙演禽六壬奇門太乙遁甲占候風角。以逆刺諸物。通驗若神。每曰、數雖小道。能探精研微。可以補造物不全之憾。發生民未見之隱。所繫豈細。若夫君平布算。激貪勵俗。亦在人爲之耳。又仿璣衡舊軌。按其圖目分躔別氣。其言災祥晷漏。可以時應。人或以西學難之。瀾曰、使吾爲五官正者。吾能講太乙五紀八象三統諸歷。以折取於中。吾甘與西學較尺寸哉。杭俗好相地。中外姻亞多靈柩。瀾過而咨嗟。覓海角神經、唐世所祕爲金匱玉匣、回元天機者。搜討其論說。登山臨水。躬驗諸吉凶離合。卽以五行生剋二氣王衰推諸地道。周親歸葬者、多得效去。於是葬者日以告。卽鄰人柩室、皆爲之空。乃復痛夭札疵癘。無由拯救。以元滑壽素問鈔、分類汰冗、爲靈素合鈔。又爲傷寒折中。鏤版行世。一時名流如張卿子、沈亮宸、盧子由、陳易園、潘蘷師輩。皆互相發明。以昌大其說。瀾爲人沈默。而說理侃侃。著書等身。康熙三十年辛未卒。年六十五。耆獻類徵初編光緒杭州府志藝術

清　張永祚、字景韶。浙江錢塘人。幼卽喜仰觀。五緯。通曉星學。究悉天象。年近三十。督學王蘭生、稔其學。錄爲諸生。閩浙總督嵇曾筠、求通知星象者。試永祚策。立成數千言。薦於朝。授欽天監博士。屢引見。占候悉驗。詔刊二十二史。永祚校勘天文律歷兩志。及書成告歸。著書曰、天象源委。卒後有女傳其學。壻沈度、亦善推步。守

其書。（清史稿藝術）

清　舒繼英、字偶王、錢塘人。著有乾元祕旨、詳論五星與五行至理、及鑒別雙生之造、尤多卓見、不獨辨別富貴壽夭、獨多特少之異同已也。（乾元祕旨序）

清　松山人者、隱居武林南高峯下、不衣不食、有道術、能前知。吾邑魏叔子沖、曾以甲子年家四字寄請一決、踰年以原字寄還、傍批四不字、後叔子果不登甲榜、又無子、死時年未六十、家貧甚、幾無斂、一一如松仙所決。（清虞山王應奎柳南隨筆）

清　諸可繼、字述齋、號小塍、（塍、神陵切、蒸韻、稻田畦也。）自號潛安、未冠補博士弟子員、附錢塘縣學第一、秋試頗躓、以輸餉議敘、初得江蘇試用知縣、後改官都察院額外都事、庚申間、避地崇明縣鄉居、授徒以訓詁歷算爲之棷、又爲人卜筮相地、有酬金若米者、受之自給、伏處四年、海上學者稱潛安先生。同治三年甲子六月、就選人、且應京兆試、附輪船行、中道感時疾、海舶乏醫、倉猝而卒、年僅二十有九、聞者多傷之。（諸可寶疇人傳三編）

清

沈紹勳、字竹礽。錢塘人。資稟絕人。學易之外。兼精術數。尤善形法家言。於京焦、子雲、伯陽、仲翔、康節諸書。皆沈思孤往。銳入芴微。（芴・音物・致密也・）含咀經旨。刊落箋注。自闢徑蹊。括象舉數。獨造理解。灼破蘽疑。（蘽・側立切・音戢・緝麓韻・木盛貌・）蓋舉明清兩朝。學易而有創見者。如來知德、胡煦、焦循、端木國瑚之倫。未有能蓋之者也。光緒丙午卒年○○○○。所著有周易易解十卷。周易示兒錄三編。周易說餘一卷。子祖緜、字瓞民。精堪輿。承家學。着述甚富。為世推重。（周易易解金天羽序○周易示兒錄云・醫之五運六氣・見素問運範七篇・寒暑燥溼風・出於天地生成之數・即五運也・太陽・厥陰・少陰・少陽・太陰・陽明・出於爻辰十二次舍・是為月令之氣・年年定局不易・以南政北政輪布・氣相得為和・不相得為害・即六數也・以天地造化之機・與人身相應・其理皆出於易・卜筮者・龜主卜・蓍主筮・今龜卜已佚・蓍筮人猶能為之・朝鮮日本・均以蓍旡・蓍易以竹・蓍草・伏羲文王二陵・周公墓・孔林皆產之・漢易中言筮理・首推京氏房・嚴氏可均輯京氏易八卷・尚可讀・後世以錢代蓍・出火珠林・人以為出於京氏誤也・且通行本之火珠林・非舊法也・筮之變相為六壬・吳越春秋・謂伍員范蠡・皆精此術・太史公曰・勾踐倣文王八卦・以破敵國・霸天下・即六壬也・國語冷州鳩之對・七律・亦即六壬・又有風角奇門・風角今多不用・奇門較筮為簡易・且占斷亦較筮為易・遁式二百十六局・今云百八局・僅得其半耳・惜術士杜撰名目・將卦名竄改・又增設神煞名目・以炫世人・實可鄙也・又有太玄經占・邵子皇極經世占・皆筮之流也・惟起數略有不同爾・星命推人命之榮枯・皆出於易・分演卦・演禽・納甲・納音四種・演卦者即今之河洛經數・將年月日時之數・分奇耦數各若干・奇數與天數相加減・耦數與地數相加減・所得之數・演成一卦・是也・惟支之起數・如子為一六之類・是湊合生成之數・於義有所未安・演禽即用易之爻辰・洵古法也・韓退之三星行・我生之辰・月宿南斗・牛奮其角・箕張其口・牛不見服箱・斗不挹酒漿・箕獨有神靈・无時停簸揚・東坡亦謂生時與退之相似・吾命在斗牛間・而身宮亦復在焉・即演禽也・納音取年月日時．五行生剋．推人休咎．納甲卽今之子平法．相人之術．一切名詞．皆出於爻辰宮度．氣色合五運六氣．堪輿．堪天道．輿地道．最古之書爲靑囊經．共百有八句．其法全出於易．堪輿者天地之氣．合而爲一而已．其法以三白爲吉．三白者乾六白．坎一白．艮八白是也．其所以吉者．天南地北．三白在北．人得地氣故吉．有淸言易者．如胡氏煦．江氏永．紀氏大奎．張氏惠言．端木氏國瑚．所著堪輿諸書．咸與易理相悖．是經生之於易．知其體而不知其用．故有此弊．律呂．其源出於隔八相生及爻辰．故十二律合十二次舍．自子至巳．爲陽律陽呂．自午至亥．爲陰律陰呂．六十甲子有納音．蓋六十律．旋相爲宮之法也．一律合五音．十二律合六十音也．

68 **杭縣** 漢錢唐縣．唐加土爲錢塘．五代時．吳越分置錢江縣．宋改錢江爲仁和．明淸時．爲浙江杭州府治．民國廢府．幷仁錢二縣爲杭縣．爲浙江省治．地居錢塘江下游．北岸當運河終點．爲全浙扼要地．城垣甚廣．舊分內外二城．開十門．內包吳山．西臨西湖．風光明媚．靈秀甲於全國．滬杭甬鐵路以此爲中心．北達上海．東通甬縣．交通便利．商賈雲集．內城舊爲駐防旗人所居．今拆去其城．闢爲新市場．街衢寬廣．商業亦盛．有商埠在城外拱宸橋．中日馬關條約所訂開放也．物產以綢緞爲最著．杭菊．杭芎．及龍井茶．西湖蒓菜．藕粉等．亦均有名．

元

謝生、善推星命。效法歐陽可山。戴帥初表元贈序云、余十八九時遊杭。杭故多技術家。其用星歷躔度去來逆順。言人災祥貴賤。以徼名逐利者甚衆。大抵重簾複肆。業愈售、則愈貴重不可褻。有歐陽可山、栖栖自江西來。白晝侍官墉設案席。夜卽篝燈露談市中。余間往聽之。術與衆星翁異。往往雜取五行生剋制化之說。士大夫既相駭惑。而衆星翁、亦共排斥之。以爲何必乃爾。可山翁曰。我術誠不能强人。然不出三十年。必當如我說也。余遊戲。猶記其語。越十年去杭。又二十年再過之舊所接識人物。一一無復存者。況於可山之徒。復何從物色。於是後一輩談星家。無高下例以五行生剋制化爲斷。如兵法吏律。從之則合於算。違之則謬於測。雖不識可山翁者。靡不悉然。余驚歎錯愕。竟不知可山翁之語何以如斯之驗也。東山謝生亦學可山翁之術。加精審。初聽似任心輒發。及揣摩某禍後當如彼。某福後當如此。無不應。其屨舄所經。裏囊握券以候之。叩門恐後。噫。可異哉。謝生之父。於余爲同產兄弟。本業儒。儒無所售。而出於此。其意若以余爲覆車之戒。獨感可山翁之自信。不以勞窶廢阻。卒能使人尊用其道不疑。非近於古之身死言立者耶。而吾黨何爲乃獨不然。因爲遂書所見勵生。且以自勵云。（元戴表元剡源集）

清

諸遠之。相士。武林人。（浙江杭縣。古稱武林。以縣西有武林山而名。）朱柏廬先生贈詩云。寂寞窮村老鶡冠。客窗與子共盤桓。煙霞骨相逢姑布。冰雪襟懷許伯鸞。山寺落梅傷別易。天涯芳草寄愁難。西陵南浦應記憶。月滿中庭各倚闌。（朱用純毋欺錄）

69 **海寧州**（漢海鹽縣之鹽官地。三國吳置鹽官縣。陳於縣置海寧郡。尋廢。元置海寧州。明降爲縣。清復爲州。屬浙江杭州府。民國仍爲縣。縣境南濱大海。往來潮汐。衝擊不常。沿海有塘。自唐以來。歷代修

樂・麇絡甚鉅・滬杭甬鐵路・貫其西境・

南齊

顧歡、字景怡。鹽官人。家世寒賤。父祖並爲農。歡獨好學。年六七歲。畫甲子。有簡三篇。歡析計。遂知六甲。鄉中有學舍。歡貧無以受業。於舍壁後倚聽。無遺忘者。八歲誦孝經詩論。及長、篤志好學。母年老。躬耕誦書。夜則燃糠自照。同郡顧覬之臨縣。見而異之。遣諸子與游。及孫憲之。並受經句。歡年二十餘。更從豫章雷次宗。諮玄儒諸義。母亡。水漿不入口六七日。廬於墓次。遂隱遁不仕。於剡天台山開館聚徒。受業者常近百人。歡早孤。每讀詩至哀哀父母。輒執書慟泣。學者由是廢蓼莪篇。不復講。太祖輔政。悅歡風敎。徵爲揚州主簿。遣中使迎歡。及踐阼。乃至。歡稱山谷臣顧歡上表。中有臣志盡幽深。無與榮勢。自足雲霞。不須祿養。陛下既遠見尋求。敢不盡言。言既盡矣。請從此退。永明元年癸亥、詔徵歡爲太學博士。亦不就。歡晚節服食。不與人通。每旦出戶。山鳥集其掌取食。事黃老道。解陰陽書。爲數術多效驗。初元嘉末出都。寄住東府。忽題柱云。三十年二月二十一日。因東歸。後太祖弑逆。果是此年月。自知將終。賦詩言志云。精氣因天行。游魂隨物化。剋死日。卒於剡山。時年六十四。還葬舊墓。木連理出墓側。縣令江山圖表狀。世祖詔歡諸子。撰歡文議三十卷。南齊書高逸

明　宋鎮、明於天文。洪武丁丑、以薦、累官欽天監挈壺正。子徽、字仲和。正統間、爲保章正。纂捷法數書、占奏奇中。屢被優賞。後歸里。賜第承恩堂。子孫世官欽天監博士。迄於明終。其在硤者。今尚世爲陰陽家。康熙縣志藝術參民國海寧州志方技

明　鍾調、字彝敍。諸生。生長闤闠。而耽嗜天文。所居蓬戶頹垣。嘗累几至十餘。中秋獨坐其上。以觀象緯躔舍經紀。歷歷能言其處。又按杜氏通典之文。求諸葛公木牛遺製。造一小牛。高廣二尺餘。于一室中引之。牛能自躍過檻。惜名不出里巷。其技終於無施。

明　程道生、字可生。海寧人。撰有遁甲演義二卷。旨約詞該。於用奇置閏之要。頗爲詳具。至論本命行年。謂欲乘本局中吉星生旺。其說亦他書所未及也。四庫提要子部術數類二〇又

云。言遁甲者皆祖洛書。然河圖以圖名。當有奇偶之象。洛書以書名。當有文字之形。故班固以爲六十五字。見漢書五行志。劉向以爲三十八字。劉歆以爲二十字。並見尚書正義洪範篇。是皆先漢以來。洛書無圖之明證。若如宋以後。所傳四十五點之狀。與河圖不殊。則當名洛圖。不名洛書矣。考大戴禮載明堂古制。有二。九。四。七。五。三。六。一。八。之文。此九宮之法所自昉。而易緯。乾鑿度。載太乙行九宮尤詳。遁甲之法。實從此起。其法以九宮爲本。緯以三奇六儀八門九星。視其加臨之吉凶。以爲趨避。以日生於乙。月明於丙丁。爲南極。爲星精。故乙丙丁皆謂之奇。而甲本諸陽首。戊己以下。六儀分麗焉。以配九宮。而起符使。故號遁甲。其離坎分宮。正授超神。閏奇接氣。與歷律通。開休生之取北方三向。與太乙通。龍虎蛇雀。刑囚旺墓之義。不外於乘承生剋。與六壬星命通。至風雲緯候。無不賅備。故神其說者。以爲出自黃帝風后。及九天玄女。皆依託。固不待辨。而要於方技之中。最有理致。考漢志所列。惟風后六甲。風后孤虛而已。於奇遁尚無明文。至梁簡文帝樂府。始有三門應遁甲語。陳書武帝紀。遁甲之名。遂見於史。則其學殆盛於南北朝。隋志載有伍子胥遁甲文。信都芳遁甲經。葛祕三元遁甲圖等十三家。其遺文世不概見。唐李靖有遁甲萬一訣。胡乾有遁甲經。俱見於史志。至宋而傳其說者愈多。仁宗時。嘗命修景祐樂髓新經。述七宗二變。合古今之樂。參以六壬遁甲。又令司天正楊維德。撰遁甲玉函符應經。親爲製序。故當時壬遁之學最盛。談數者至今多援引之。究之遁通於壬。壬於人事爲切迫。遁於天文爲優。世所傳五總龜。煙波釣叟訣。稍存梗概。

清

陳之遴、字彥升。別號素庵老人。海寧人。明崇禎丁丑榜眼。官中允。順治二年丁酉、授祕書院侍讀學士。洊（洊、音荐。再也。）遷禮部尚書。九年乙未、授弘文院大學士。十五年辛丑、被謫。康熙五年丙午、卒於盛京。（即今遼寧省會。瀋陽縣。）之遴貫徹儒宗。旁通百子。於命學尤有心得。著有命理約言。命理輯要。滴天髓輯要。對於諸家利弊。各集異同。言之綦詳。別有浮雲集行世。（清史稿本傳命理約言○清董潮東皋雜抄云。海昌陳相國素庵。繼配徐夫人名燦。字湘蘋。工詞善畫。吳人也。崇禎中。相國春闈下第。南還。舟泊吳門。

遇雨悶甚．覓散步處．聞徐氏饒花石．因獨詣之．先一夕徐翁夢黑龍碎其金鯽魚缸．是日相國至．方徘徊花竹間．誤觸一盆墮．適碎其缸．相國方踧踖致不安．擬奉價償之．而徐翁欣然問姓名．因留小酌．備極款曲．酒酣．自言有二女．俱有才色．願奉箕帚．時相國適喪偶．聞之心動．素善子平．遂索其二女干支．歸舟推之．則皆貴．惟長女徽帶桃花星．因納其次．卽夫人也．抵家後．相國乃翁以其不第娶妾．大怒．欲立遣之．太夫人聞之．曰．此女果佳．卽當告之家廟．以婦禮處之．不然遣未晚也．及至．見其端麗莊重．卽以新婦呼之．後與相國偕老云．相國旣仕本朝．一日過良鄉．邂逅一妓．其貌宛與夫人相似．詢之．則涕泣．自言姓氏．並遭亂失身故．卽徐翁長女也．因贖歸．攜至京師．後歸一滿洲武臣．其人後至八座．亦爲命婦云．

清

陳詵、字叔大。號實齋。海寧人。康熙壬子舉人。官至禮部尙書。著有四書詩易述、義學訓規、及通鑑述、通鑑輯要等書。其餘律歷地理星卜諸家言。無不各有成書。昭垂不朽。康熙壬寅卒。享年八十歲。謚文恪。清史稿列傳錢儀吉碑傳集康熙朝部院大臣之中○海昌陳其元．庸閒齋筆記云．清恪公詵．精堪輿之術．撫貴州日．猺獞屢竊發爲患．公周覽其城郭．曰陰陽向背．均失其宜．禍害所由來也．遂奏請築而更之．旣成．曰．從此百年．可無兵燹．至道光末年．賊始蠢動．距築城時已百五十年矣．公嘗於海寧相得一地．以重價購之而不用．暮年官禮部在京邸．次子卒於籍．家人求葬地．査夫人以所購地與之．公聞之怒．遽請告歸．歸而諸宗戚迎之．公不還家．先詣宗祠．於祖父無爲公神主下．取一函示宗戚．啓之．則內書一行曰．某年月日時●改葬無爲公於某處．卽所葬次子之地也．公愀然曰．余半生涉歷．乃得此地．地之吉與檀樹墳等．不敢自私．而留以葬吾祖思與伯叔弟兄共之．今乃以葬吾子．負初意矣．然年月日時皆未至．恐不能善．則又詣葬處視之．頓足曰．葬師無識．偏左丈許．壞此佳城．可爲惋惜．因指其傍一大樹．令掘之．掘下三尺．得石匣．中有書曰．某年月日時．葬無爲公於此．公因嘆家門祚薄．不能得此吉壤．衆曰．何不再移葬之．曰．地氣已洩．不可用矣．衆曰．然則此地遂無用乎．曰．後六七十年．子孫當有武官至一品者．至嘉慶初元．公曾孫體齋公．用敷．官安徽巡撫兼提督．授一品．封爲振威將軍．○又云．公左足下有赤痣．每自詡爲貴徵．黃夫人者．公配査夫人之侍婢也．嘗爲公濯足．手捧足而視其痣。公笑曰。婢子何知。我所以官極品者。此痣之相也。夫人亦笑曰。公欺我。公足祇一痣。已貴爲公卿。我兩足心均有赤痣。何以賤爲婢女。公聞之驚。使跣而視之。信然。遂納爲簉室。生二子。長文勤公世倌。官宰相。次閒齋公世侃。官翰林。查夫人亦生三子。皆登科第膴仕。世目公門爲五子登科云。

清　沈祥正、海甯人。居北秧田廟。精易數。得京氏火珠林術。占判吉凶。言多奇驗。同時有張惠生者。居邑之西門。術亦精。人呼兩神卜。（以上民國海甯州志方技）

清　范騋、字文園。別號右髻道人。海寧人。以孝義聞於郡邑。善相人。嘗謂武進周淸原、吳江徐釚、（釚、音求。弩牙。）皆當不由科甲入翰林。至康熙己未、周吳果皆以宏博及第、授檢討。海寧邑城有隙地。或塑太歲像以祠之。范以爲威儀具足。應享巍峨。未幾遂成巨刹。又謂嘉興千佛閣之肖型。其貌慘戚。當厄於火。已而果然。康熙庚申、著水鏡集四卷。姚江黃宗羲爲之序。至今行世。究心相術者多宗之。（光緒浙江通志方技清稗類鈔方技）

清　周宗林、字明上。海甯人。著有六壬纂要一卷。雍正甲寅刊行。（六壬纂要序）

清　杭辛齋、海寧人。得異人傳授。博極諸家傳注。故能於易學。竟委窮源。獨見其大。於書無所不讀。故能探賾索隱。鉤貫於新舊之學。而獨得其通。嘗言曰、易始於包犧氏。備於神農黃帝。大明於文王周公孔子。漢人去古未遠。其卦氣飛伏陰陽消息。皆有所授受。非能自創。孔子贊易。專重人道。以明立教之旨。故三陳九德。以人合天。而筮法僅略言及之。朱子乃謂聖人教人卜筮之書。豈知言耶。然河洛爲易象所取。則漢學詆爲僞造。朱子獨取以冠經首。是其卓識。亦有不可及者。又曰。道家祖黃老。淵源悉出於易。其七返九還六歸八居度數與卦象悉合。無論矣。所異者佛產印度。耶穌生於猶太。而華嚴之乘數。金剛之相數。一八三六、百零八之數。及七日來復。十三見凶之數。亦無不與卦象悉合。而釋言地水火風。西謂水火土氣。卽易之乾坤坎離。更爲明顯。時之先後。地之遠近。皆略不相蒙。而數理之大原。乃無不與易相合。然則易之所以爲易。不從可識乎。又曰、易如大明鏡。無論以何物映之。莫不適如其本來之象。如君主立憲、義取親民、爲同人象。民主立憲、主權在民、爲大有象。社會政治、無君民上下之分、爲隨象。乃至日光七色、見象於白賁。微生蟲變化物質、見象於蠱。凡近世所矜爲創獲者。而易皆備其象、明其理、於數千年之前。蓋理本一原。數無二致。時無古今。地無中外。有偏重而無偏廢。中土文明。理重於數。而西國則數勝於理。重理而流於空談。而鮮實際。泥數或偏於物質、而遺精神。惟易則理數兼賅。形上道而形下器。乃足以調劑中西末流之偏。以會其通而宏其用。此則今日學者之責任也。著有易楔學易筆談易學偶得讀易雜記及詩文集行世。狄樓海學易筆談序

70 富陽縣 秦置富春縣。晉改曰富陽。五代吳越時。復曰富春。宋仍曰富陽。明清皆屬浙江杭州府。

宋 孫守榮、一名高榮。富陽人。後徙居京口。七歲病瞽。遇異人。授風角鳥占之術。其法以音律推五數。播五行。以知休咎。復授以鐵笛。守榮因號富春子。吹笛市中。人初不異也。周坦未第時。坐市肆。厲聲詬其僕。守榮揖曰、狀元何怒也。周以紿己、不答。紿音殆。欺也。詒也。 後果廷試第一。嘗寓廣陵。造者如市。有龔某者、偶過稠人中、伸一臂授之。守榮執其手曰、龔朝奉、別十年、何乃抵此。衆皆驚嘆。蓋一揣其骨。終身不忘。或持金玉、請辨其色。摩挲之頃、美惡立判。其神奇多類此。宋史方技光緒浙江通志方技嘉慶江蘇丹徒縣志方技〇縣志陸

墓。又云・富春子孫守榮墓、在招賢山洞之南・

明

何有、一字復有。坊郭里人。檵長子也。檵・音計・枸杞也・少讀書。知文義。能詩。爲人迂古質直。胸無機智。鮮俗情。因讀易。留心數學。見康節邵先生梅花數。悅之。玩月餘。忽覺有悟。一日鴉鳴。占之。云、夜坐主夫妻相爭見血。已而更盡。時僕夫與其妻鬭于室。急往禁之。已抃婦額流血。因名老鴉數。所占無不立應。四明桂茂枝、館於周美家。督學使者、業行檄試甯波矣。桂書去字、令有占之。曰、字雖云去、而畫直下筆、俱有鈎搭、勿去也。桂不之信。又書壬字、曰、督學去任矣。三日內、卽有徵。必丁艱也。至三日果然。叩其故。曰、士上一撇、是撇卻士子去也。壬字三畫、故三日。督學任甫一年、不可云陞。政聲甚美、未可云罷。故知丁艱。此斷以理也。隆慶丁卯、邵繼稷之姻好某者。以錄考、指柱間三字、令占之。有曰、幸甚、一等二名。首名故舊廩也。卽受餼矣。已而果驗。問之。曰、三字上畫濃而正。下二畫淡而輕。是一之二也。首畫方嚴、故知上一名爲舊知名士也。是時首名爲何春繼云。萬歷丙子、陸文宰應試。請卜。書當字、曰、高等首食廩矣。當字上截爲賞頭、下爲田字、諸生以廩爲田也。所決事應、皆有意理。而于世俗多落落不相入。久之卒。光緒富陽縣志方技

71 餘杭縣 秦置。始皇捨舟杭於此。故名。隋開皇中。省遷杭州於此。明清皆屬浙江杭州府。

宋 沈野、字醇仲、餘杭人。權智之士也。喜蓄書畫、頗有精識。嘗於錢塘與一道士楊希孟、醇叟、相遇。喜其開爽善談。旣延與同邸而居。沈善談人倫、而不知醇叟。妙於此術也。時蔡元長、自翰長斥居西湖、日遣人邀致醇叟。一日晚歸。沈語楊曰、余嘗觀翰林風骨氣宇、皆足以貴。而定不入相。楊徐曰、子目力未至、此人要如美玉琢成百體完就。無一不佳者。是人當作二十年太平宰相。但其終未可盡談也。圖書集成相術部紀事〇阜按。蔡京。字元長。仙游人。熙寧進士。紹聖初。官戶部尚書。徽宗時。進司空。拜太師。封魏國公。屢罷屢起。欽宗立。侍御史孫覿疏其姦。貶衡州。行至潭州死。

明 趙良、字松泉。其家譜載宋禮部尚書趙公汝談之後也。好學。能詩歌。兼善日者言。往往奇中。以久困諸生、卽棄去。遊京師。士大夫多客禮之。久之知其深沈有謀。卽機事亦與謀焉。嘉靖中、內閣華亭徐公與都御史鄒公、持正議。除權族。良往來、

二公門。有密語、雖至親不得與聞者。問呼良以星卜參訣之。已而前後悉驗。于是二公愛良數學、有斷才。又厚重可與語。欲薦用之。良辭不就。尋以例授江南灣頭巡檢。缺稱腴。任滿有可以得千金者。良又不肯久居也。嘗曰、盈則覆。謙則安。吾歷都門。爲他人謀多矣。乃不能自爲謀乎。歸之日、著有松泉詩集。藏于家。舊志。洪武中、別有趙良、以明經官參議。此則官巡檢而隱於星卜者。嘉靖時人也。後曾孫最昕。先後成進士。民國餘杭縣志藝術

歷代卜人傳卷七終

周禮春官大卜下大夫二人。卜師上士四人。卜人中士八人。下士十有六人。府二人。胥四人。徒四十人。掌三兆之法。一曰玉兆。二曰瓦兆。三曰原兆。掌三易之法。一曰連山。二曰歸藏。三曰周易。掌三夢之法。一曰致夢。二曰觭夢。三曰咸陟。

中國歷代卜人傳卷八

潤德堂叢書之八

鎮江袁阜樹珊編次

浙江省二

72 臨安縣（後漢臨水縣。晉改曰臨安。宋齊因之。後省。唐復置。吳越改曰安國。宋復曰臨安。明清皆屬浙江杭州府。臨安舊治在今縣北四里。宋移西墅。明移治東市太廟山右。即吳越衣錦軍治也。）

宋　韓慥。紹興末賣卜於臨安之三橋。多奇中。庚辰春。曾侍郎仲躬、呂太史伯恭、至其肆。則先一人在焉。問其姓。宗子也。次第推命。首言趙可至郡守。卻多貴子。不達者。亦卿郎。次及曾。則曰命甚佳。有家世有文學有政事。亦有官職。只欠一事。終身無科第。次至呂。問何幹至此。呂曰。赴試。曰。去年不合發解。今安得省試。曰。赴詞科。曰。卻是詞科人。但不在今年。今年詞科。則有人矣。後三年兩試皆得之。且不失甲科。復叩其何所至。沈吟久之曰。名滿天下。可惜無福。已而其言皆驗。

宋　夏巨源。精於卜筮。居臨安。每來卜者一卦。率五百錢。紹興三十年庚辰、洪禹之自贛倅受代。造朝。其子价侍行。既至。點檢勅造文書。遺其一。遣僕還家訪尋。終不能自釋。乃自詣夏肆。夏書紙上曰、事在千里外。繼書一食字、一堯字、合之則饒字也。曰、文書見在。係一多口人收得。而鴛鴦爲看守。無足憂也。既而僕從饒州至。持所遺返。蓋向者打併行李時。忘在外。小妾福安見之。收寘鴛鴦篋內。既悟鴛鴦看守之語。而福字有口田字有四口。所謂多口人也。（以上光緒浙江通志方技）

宋　金鈎相士、朝省會日擠于廳吏輩入省中、編閱識館職。文時學昔爲祕書郞。每嘗叩之云、左偏坐二人。一月皆當補外。潘墀、王世傑也。末坐一少年。最不佳。官雖極穹。然當受極刑。叩其何以知之。云項有拳髮。此受刑之相也。凡人若具此相。無得免者。蓋文宋瑞。（名天祥。號文山。）時爲正字。居末坐也。未幾。潘王補出。而宋瑞之事。乃驗於兩紀之後。可謂神矣。又嘗見宋瑞自云、平生凡十餘次。夢中見髑髏滿前後無數。此何祥也。然則異時之事。豈偶然哉。（圖書集成藝術典相術部紀事）

明　徐瑯、字子山。臨安人。精象緯六壬諸書。戴布冠。踽踽市中。夜則露坐山頂。以測

躔次。論者謂古石隱之流。（光緒浙江通志方技　宣統臨安縣志隱逸）

73 新登縣（秦富春縣地。三國吳置新城縣。尋省。晉復置。五代時吳越改曰新登。宋復名新城。民國改爲新登。）

明

唐肅、字處敬。先世家新城。遷於山陰。肅博通經史。旁究陰陽醫卜書數之學。兼工篆楷。元至正己亥、中浙江鄉試。歷嘉興路儒學正。洪武庚戌、詔修禮樂書。擢應奉翰林文字。兼國史院編修。以疾失朝、免官。謫佃濠之瞿相山。歲餘卒。（民國新登縣志）

74 嘉興縣（春秋吳檇李地。秦置由拳縣。三國吳改曰禾興。又改嘉興。晉以後因之。隋省。故城在今浙江嘉興縣南。唐復置。徙今所。明與秀水並爲嘉興府治。清因之。民國廢府。並以秀水併入。滬杭甬鐵路經之。）

元

淩恆達、字純一。其先高郵人。五世祖次英、徙嘉興。登慶元五年進士。（皐按。慶元二字必誤。蓋金元皆無慶元年號也。）恆達年二十。棄科舉業。入山學道。歷遊茅山匡盧衡嶽而歸。爲人強記。雖星歷占相推術小數。亦所闡究。左丞王守誠、博士張翥、危素、數從問衛生之要。其言曰、形骸者、氣血也。金丹者、草木金石也。氣血有時衰耗。形骸焉能久而不枯。形骸既枯。草木金石。其能延駐之耶。又曰、虛靜恬淡。寂寞無爲。天地清寧。萬物化育。

是謂大藥上丹。衞生之要也。丞相託克託聞之、欲見而窮其微。而恆達南返矣。恆達修髯廣顙。翛然山澤。瓢笠外無他物。嘗暮歸遇虎。從者僵死。獨植立叱之、虎拖尾逝。

元 梅玉、元季嘗來縣之殳山貝瓊𣧑、𣧑音殊 偁其精五行之術。告人吉凶禍福。咸可徵。蓋賢而隱於卜筮者。

元 袁顥、字孟常、一字杞山。魏塘鎭人。少能文。讀書洞見閫奧。自象緯輿圖。以及九流家言無不綜貫。業醫精皇極太素之術。懸斷禍福無爽。以上光緒嘉興縣志藝術

元 東谷子、嘉興人居春波門。用五星纏度。遲留伏逆法。推人生年月日時。所値貴賤禍福。毫分縷析無有不驗。

元 薛如鑑、嘉興永安鄉人。挾相術。遊江湖。一時名士。多與交往。楊廉夫、高季迪、皆有詩贈之。子月鑑、孫鑑心、白雲、秋蟾。皆能世其術。以上光緒浙江通志方技

明 徐柏齡、字節之。嘉興人。五試禮部不利。署永嘉縣儒學敎諭。歲乙酉、間道入閩。

一官轉徙。出入江海中。尋匿羅陽之天闕山。亂定始歸里。或勸其仍與計吏偕。柏齡笑不應也。柏齡於學務博。經史之外。旁及三乘九籥以及方書命訣穴法。靡不研究。著有竹淚齋集。（錢儀吉碑傳集逸民上之上）

清　徐趾生、字朱草。嘉興縣學生。既以嗣父吏部尚書、諱石麒公、恩蔭。入太學。改名桂臣。字貞侯。自負其學。取一第如拾。未幾國變。遂謝去。惟博覽古籍。自六經子史。及二氏。天官地理。百家之書。無不究焉。嘗以李虛中書自占曰、吾之生、歲在甲寅。庚午之月。丙寅之日。時維戊子。大運丙爲比。子沖午。流年丙爲比、爲刼財幫日辰太甚。丁又爲幫。雖陰火不及陽火之剛烈。然非佳兆也。丙丁之歲。吾其殆乎。丙辰冬病。丁巳五月五日果卒。享年六十有四。（錢儀吉碑傳集逸民上之下）

清　許熼、字牧堂。燦從兄。少有心疾。棄舉子業。放情詩酒。精大六壬術。賣卜茶亭家無擔石。（擔・通作儋・）不以累人。竟致窮死。

清　懷振熙、熟壬遁。善占候。賃居古張沙里。俞富安家。晨必占課。每晴行、忽帶雨具。

果無愆期。某年臘、爲富安米肆築水椿。按方位正值年煞。同邑風鑑梅長鈐聞匠邪許聲。怪詢其故。曰、日干與富安年庚均氣旺。能尅制。決無恙。厥後隆興橋市集興旺。閱三十年。著作皆談象緯。惜未成書。

清　李鏗、字韶鈞。諸生。性伉爽。能詩。兼精堪輿家言。著有天機妙訣。

清　戴黼美、字德輿。鴛湖人。（鴛鴦湖・在浙江嘉興縣南三里・一名南湖・湖中有煙雨樓・）著有六壬輯要。

清　倪我端、字郢客。嘉興人。康熙中、以歲貢入國子監。諸城李侍讀澄中讀其廷試卷、亟薦之。榜發、以儒學訓導待銓。授經宣武門內。弟子著錄者日衆。乃避跡西山。我端精於易卜。又善形家言。偶爲主人相度。聞者造詣日繁。我端曰、吾術期避禍耳。諸公欲以化災邀福。不可得也。故事選人入貲者得先除。我端念親老思爲祿養。計束脩之入。悉輸之官。名當注除目矣。或紊其籍。歷數歲、名反居後。遂引歸。歸逾年、痛其弟夭無子。遂成痼疾。歲在丙子六月自筮得乾之同人。曰、此六月之卦也。吾其以是月終乎。壬辰晡果卒。年六十一。（清宜興吳德旋初月樓聞見錄）

清　馮昌臨、字與肩。嘉興人。撰易學參述。分內外二編。內編爲說六篇。自先天八卦圖、以至八卦納甲。外編亦六篇。自天干化氣五行、以至七政四餘。蓋欲從漢學而敷衍之也。四庫經部易類存目三

清　虞兆隆、字虹升。著天香樓偶存。云日月之食、宜爲之賀。不必爲之護也。又云、葬法審向。一說自昔從向上起長生。如葬穴坐北朝南。則向屬南方離火。火生於寅、旺於午、墓於戌。葬穴坐南朝北、則向屬北方坎水。水生於申、旺於子、墓於辰。葬穴坐西朝東、則向屬東方震木。木生於亥、旺於卯、墓於未。葬穴坐東朝西、則向屬西方兌金。金生於巳、旺於酉、墓於丑。生旺墓三方砂水合局則吉。此一定之法也。阜按・江都焦理堂先生・有坐胎向旺之說・與此不同・宜參閱之・近來忽有於坐山起長生者、謂坐北向南、則當作坎局。坐南向北、則當作離局。坐西朝東、則當作兌局。坐東朝西、則當作震局。而生旺墓三方皆隨之移動矣。如用此說、則不論向而論山。將審向一說盡廢。與舊說若冰炭之不相侔矣。天香閣偶存

75 秀水縣（漢由拳縣地．三國吳以後．爲嘉興縣地．明析嘉興縣置．與嘉興同爲浙江嘉興府治．清因之．民國廢．）

明

吳統持、字巨手。秀水人。弱冠餼於庠。文名籍甚。崇禎中、與妻項、偕隱鴛湖。焚香讀易。饘粥不繼。嘗賣卜於四方。徧歷齊魯燕趙之墟。或稱胥山樵子。所著典林明月樓集。項名佩、淑且才。著有藕花樓集。（光緒浙江通志文苑○清朱彝尊長安賣卜行．贈吳三統持．集杜句云．翻手爲雲覆手雨．長安布衣誰比數．天涯涕淚一身遙．避地何時免愁苦．男兒性命絕可憐．囊精君平賣卜錢．身上須繒腹中實．長安市上酒家眠．）

明

黃鼎、字雲公。性穎異。博涉羣書。遇道人與講羲經祕旨。遂精錢卜。多奇中。羽衣蘀冠。（蘀．音託．箬殼也．）翛然自適。著有占驗錄五行總裁。（光緒嘉興府志藝術）

清

朱英武、名德昌。以字行。（新塍鎮志．載英武爲明人．）年十六、不知所往。數載歸、精太乙壬遁之術。嘗授徒陳氏。盜夕至。英武以術禦之。盜自相殺而退。後夜遇盜於荒塚間、突出戮以鎗傷鼻。人因呼爲朱爛鼻。居新塍鎮。不娶不茹葷。灌園圃終其身。英武與人談必勸以孝友。求其術不答。年八十、無病卒。卒之頃、出白金三十兩、付其鄰曰、待我嗣子來與之。翼日未殮。嗣子至。鄰出所付金、而匿其三之一。忽張目曰、何不盡與

之及舉棺。棺若空。人以爲尸解云。伊志

清　于楷、字蘭林。因親壟未卜。從事堪輿。編閱坊刻諸本。淺陋無稽。未有一及河洛之旨。迨得古本歸厚錄。天元歌、及驥江鄭氏蕉窗問答、瀋陽范氏乾坤法竅等書。謂爲於巒頭理氣。悉闡正宗。爰特編次成帙。以公同好。顏曰地理錄要。嘉慶壬戌刊行。地理錄要序

清　張純照、著有六壬尋原。嘉慶庚午刊行。六壬尋原序

清　李景芬、字雨村。秀水人。附貢生。居聞川。攻制藝。善寫墨蘭。旁通六壬奇門之學。卜休咎輒中。晚寓吳門、造自行木馬。亦能負重。又造自動織綢機。靈妙異常。共稱有公輸之巧。乃十戰秋闈、薦而未售。遂鬱鬱家居。詠詩遣悶。偶得佳句、喜而不寐。達旦無倦容云。

清　沈魁英、字可石。秀水人。增貢生。居紅墩浜。幼聰敏。善讀書。經史外、於雜家諸子、名人詩古文、並岐黃堪輿之術。無不精究。游關輔、人咸目爲迂。遂襆被歸。性拘謹

謙抑。有時唯唯諾諾。似不能達其辭。若遇知己。一言契合。則又言泉滾滾、不能自已。以故媚軟之流。輒望望然去之。以上嘉興朱福清鴛湖求舊錄

明

76 嘉善縣 漢由拳縣地。三國吳以後。爲嘉興縣地。明析置嘉善縣。屬浙江嘉興府。清因之。滬杭甬鐵路經之。

金丹、嘉善人。居秀水。少爲諸生。喜談淮陰睢陽事。龍韜虎鈐、無所不窺。尤精著數。倭寇內犯。制府檄爲間諜。嘗從戚繼光行間、多所俘獲。累功官至參將。已而家居。人不知其爲故帥云。光緒浙江通志武功

明

胡[氵齋]、[氵齋]音鼐。水深廣貌。初名浚、字元海。陶莊人。徙居魏塘。賣卜於市。言多奇中。與同邑袁杞山相約、遊金陵。寓神樂觀。提點姚一山、偶失金杯。酷責其徒。二人憐之。占得剝之頤。曰、金在土中。未亡也。汝第從居西南隅、掘下五寸則得矣。如其言。果得杯。永樂庚寅、一山薦二人於上。袁稱疾不行。胡至京。卜無不驗。賜今名。授欽天監漏刻博士。圖書集成藝術典卜筮部名流列傳

清

錢嘉鍾、號雲庵。邑庠生。爲人誠篤謙和。精軒岐。甘石。家言。習青烏術者。多從之。

游。著有禾郡七縣海塘圖、六壬兵占、奇經八脈考、奇門彙考、藥性分經、農開摭筆。

清 曾佳應、號子理、習堪輿家言、著有地理入門二卷、傳子錫瓏、號聲和、錫疇、號佐虞、均宗元法、兼參三合、瓏著徵驗圖攷一卷、殉粵匪難、疇著地學擷錦、地理枕祕、選擇簡要、並精算術。以上光緒嘉興府志藝術

清 曹庭棟、字六吉、嘉善人、撰易準四卷、一卷河圖二卷、洛書三卷、大衍圖四卷、蓍法。其於河圖、改中宮十點之舊、於洛書、信鳳來道士之傳、通洛書大衍之說於易。更分挂扐揲之法於蓍、又皆圖學中後起之說矣。四庫經部易類存目四

清 閔如愚、字眉卿、諸生、精天文地理、有奇驗、名振一時、著有地理盤鍼圖說、地理玄空說、干支卦爻說。光緒嘉興府志藝術

海鹽縣春秋越武原鄉。後置海鹽縣。順帝時陷為湖。其地在今浙江平湖縣東南。晉徙置今治。宋齊以後因之。梁末。侯景置武原郡。陳廢。隋省海鹽入鹽官縣。唐復置。元升為州。明復為縣。屬浙江嘉興府。清因之。

明 胡日章、海鹽澉所人。澉、音敢、洗滌也。少學祿命術、遇異人海上授之訣、因益精、每作絕

句詩、判人一生、事無不驗。與人言必孝友忠信。有後母者諄切戒勉之。蓋有道而隱於術者。年九十餘卒。其判虞氏女命云、只愁水涸春歸早、香冷簾櫳淡月黃。後適董湄兩月、而湄死。以節終。判沈氏命云、年年空佩宜男草、不見金盆浴鳳雛。竟無子。杭州二人問命、判云、自是豪華多樂事、元宵燈下蹴鞦韆。果於明年元夕、止妻觀燈不從、相毆縊死。如是甚多。光緒浙江通志方技

明　徐均潮、字鯨波、國學生。砥礪有大志。屢試棘闈不售。究心青烏之術。著有地理擷華、地理辨非、行世。光緒海鹽縣志藝術

清　萬育和、精青烏子術。爲人相墓。其持論與俗師異。謂出忠臣孝子者爲上、出文人學士者爲中、出富貴者爲下。著有形家五要、補編。海昌查愼行爲之序。光緒嘉興府志藝術

清　張心言、字綺石、海鹽人。幼孤。欲營兩世窀穸。從事巒頭二十年。地之眞僞、可以立辨、而定穴立向、覺此中有捉摸不定處。遂徧遊八閩、江西、江南諸省。歷驗名墓。兼訪諸山林隱逸。得其緒餘。始悟眞詮。返而與朱爾謨、徐芝庭、崔止齋、因端竟委。

日加研究。深信地理不外易理。方圓兩圖。邵子皇極經世。由此而推也。覆按天玉諸經。說玄說妙。無非闡發易理。蔣子傳註。旁引曲喻。都所發明。亦復一字一珠。心言既得眞傳。懼後世之久而失傳。撰地理辨正疏五卷。稱疏者、所以疏蔣氏傳註、發明經旨也。（辨正疏自序）

78 石門縣（春秋時越崇德地．漢由拳縣地．三國吳以後．爲嘉興縣地．五代時吳越析置崇德縣．清康熙元年．改曰石門．民國仍改爲崇德．）

宋

吳先生、居崇德市中、善易筮、日惟一課。鶉衣篛笠。（篛．音若．同箬．）扃一屋於邸。逼鄰圊溷。（圊．音青．溷．音患．廁也．）上穿下漏。惟一竹簀爲牀。（簀．音責．席也．）下積敗瓶故甓。蟲鼠逼走戛戛然。風雪陰雨。則終日閉戶。得錢米衣肉。共置一奩中。時爲人竊去、不問也。無錫戴士先母病攣不能行。七八年矣。百計求愈不得。士先過崇德。攜百錢訪之。吳爲揲卦。卦成、曰當得有道之士治之。姑蘇呆道人。（呆．與保同．俗以爲癡獃字．）不爲勢利所誘。君純孝往求。必得如志。然其人無定居。當以百日爲期。日歷一巷尋覓。庶可見。士先喜持書抵蘇。行求不倦。僅五旬。果逢呆道人。投以書。欣然至無錫。爲戴母診視。數日、即能移步。母拔金釵謝之笑曰、且寄夫人處。他時要用當取之。但館我於外足矣。館之歲餘。忽言曰、我且死。幸鬻所寄釵以辦棺窆。明日果死。戴氏奉其教。及將窆。中已空矣。蓋異人也。（光緒浙江通志方技）

明　沈如封、字慰先。石門人。工詩。善屬文。精八法。通曉太乙六壬遁甲演禽九流家言。構樓黃墩。觴咏其中。有見山集北遊稿。（光緒浙江通志文苑）

清　洪世楷、字士端。庠生。精命理。兼善壬遁之術。卜休咎如神。

清　曹振鱗、字月琪。號可觀。府學廪生。博通經史。屢試高等。早年喪偶。義不再娶。家貧。以館爲業。及門甚衆。生平深於易學。理數兼通。與人占休咎多奇中。終不以售卜取利。著有知來寶鑑。門人鄭柟爲之序。（以上光緒石門縣志）

清　朱輪、字香一。石門人。爲處州教官。植品端方。明醫理。尤精青烏之術。著有筑臺集。（仁和宋咸熙耐冷譚）

清　屈元爔、字祉堂。石門人。少孤。酷嗜書籍。不惜爲制舉文。咸同間、奉母避地甬東。

益泛濫。天文算術。壬遁。風角。諸書。寇平還里。以時藝鳴於時。雖爲學使者所重。然非其志也。暇則日爲詩古文自娛。又採輯元明以來、石門鄉先輩詩。爲石門詩存八卷。（陸心源儀顧堂集祉堂屈君墓誌銘）

79 平湖縣（本海鹽縣地。明析置平湖縣。屬浙江嘉興府。清因之。有小火輪達嘉興。與滬杭甬鐵路連接。）

明　姚世勳、字元仲。天啓甲子舉人。甲申後、隱居讀易。賣卜郡寺。著有易牘講義。（光緒嘉興府志隱逸）

清　吳龍章、字雲蒸。髫年好學。精堪輿術。父母早逝。遺弟麟章、未週歲。撫育婚娶。皆龍章力也。妻賈氏、中年卒。誓不再娶。（光緒平湖縣志方技）

80 桐鄉縣（漢由拳縣地。三國吳以後。爲嘉興縣地。五代晉以後。爲崇德縣地。明析置桐鄉縣。屬浙江嘉興府。清因之。）

元　鍾繼元、字仁卿。桐鄉人。嘉靖壬戌進士。任安福令。著有易窾。易準。易考。易占。易原。子史雜著。道德要覽。羣書選要。京房康節啓蒙畫前錄、渾象析觀等書。（光緒浙江通志儒林）

清　徐念祖、桐鄉人。通壬遁術。乾隆乙丑二月、錢嶼沙方伯。問以得與春闈分校否。

徐曰、魁罡並到。喜氣非凡。意元卷出公房乎。會元蔣元益、狀元錢維城、果皆出其門。後徐宰蒙陰、有犯越獄逸。課之、謂當在治東三十里外。水草之交。乃率役追捕。行經小村。令役具餐。自憩柳下。遙見一池中有叢草。回顧有老嫗立簷間。注目向池。若意喻者。飭役投入池覓之。果獲。蓋犯在池中、手擎衆草。覆其頂也。清稗類鈔方技

清　潘檉章、字聖木。一字力田。年十五、補桐鄉弟子員。亂後棄去。隱居韭溪。肆力於學。綜貫百家天文地理。皇極太乙之學。無不通曉。已乃專精史事。與友人吳炎、共撰明史記未成。適烏程莊氏史獄起。參閱有檉章名、遂及於難。所著自史藁外、有松陵文獻、杜詩博議、星名考、壬林韭溪集、凡若干卷。碑傳集補逸民

清　張宿之、濮鎮人。精於卜筮。多奇中。所著有河洛圖書纂記。當時名士、咸贈以詩。光緒桐鄉縣志

清　朱蕁、蕁音純・蒓類植物・號小鶴。諸生。精堪輿家言。嘉慶庚午、著地理辨正補行世。姚銘三、嘉慶壬申、亦著有地理辨正合編。光緒嘉興府志藝術合編自序

81 **烏程縣**（秦置烏程縣．宋析其東南爲歸安縣．明清並爲浙江湖州府治．民國廢府並二縣爲吳興縣．縣產綿綢及紗．繭絲之盛．冠於蘇浙二省．又善製筆．世有湖筆之稱．）

唐 陸羽、字鴻漸。一名疾。字季疵。復州竟陵人。不知所生。或言有僧得諸水濱、畜之。既長。以易自筮。得蹇之漸。曰、鴻漸於陸。其羽可用爲儀。乃以陸爲氏。名而字之。上元初。隱苕溪。自稱桑苧翁。闔門著書。或獨行野中。誦詩擊木。徘徊不得意。時謂今接輿也。貞元末卒。羽嗜茶。著經三篇。言茶之原之法之具尤備。鬻茶者至陶羽形置煬突間。祀爲茶神。（光緒浙江通志寓賢）

明 溫體仁、字祥卿。大同人。精通陰陽術數之學。元末避兵。家於長興。耿炳文初下湖州。民心未附。祥卿杖策、以布衣進謁。炳文與語奇之。遂留贊軍事。爲炳文畫策。據要害。設戰具。爲守禦計。未幾、吳平。以畫贊功。累官兵部尚書。（光緒浙江通志寓賢）

明 朱行恕、字化凡。幼失明。天資敏慧。明萬歷中、浙士張星元最有名。行恕從之學卜筮。及李虛中術。盡得其傳。推占多奇中。鄰郡縣大姓。嘗越境來問。家以大饒。乃徙居蘇州、日來決疑者盈門。每晨起、至日昃不得食。自是朱行恕之名聞天下。行恕好學問精神強固日酬答來問者夜則精思易理有所疑必窮夜思索得其解乃已天明屬人書之所著有天機會集星學删正及參訂星元所撰易林補遺行於世清宜興吳德旋初月樓聞見錄

明　葉廣彬字大宜號月窗湖上人少聰慧日記萬言為舉子業甚精以親老兄為諸生遂輟業治田園雜事然誦讀自如經史百家下及陰陽算術無不淹貫貌甚謹樸若無能者見人疾言遽色應之益恭或有詈者即走匿帷中戒家人急閉戶毋外窺俟其人去乃聽出家大小皆笑其怯恬然安之父賈閩清邑有謝生貸百金計息當倍而謝生亡父憐其孤囑予之後次子往徵盡得其數分半歸公廣彬曰父囑之子受之耶違親獲利其失多矣堅不受事父母甚孝妻沒尚未艾竟不再娶有鄭士者嘗貸金不償更貸其子復不償往徵有謾語心不能無少望欲訟之官已思曰彼貧故負金急徵鬻田宅是禍之也檢券還之鄭與妻子泣且拜曰我無以謝公聞公未孫此鄉有九天一炁真人祠其神靈甚我夫婦朔望為公禱

以此謝公。逾年生孫。名臺山。大貴顯。廣彬晚年結社談詩。自題月窗曰、天光清淺夜如練。桂影高低月下明。坐向中宵猶白晝。却疑月窟在靈扃、喜熟寢。一日其子桂山問曰、寢安乎。曰安。殆將還造化矣。又曰、世人謂將死有鬼物。甚妄。我但覺氣盡。如五穀黃熟自歸。因自誦曰、八十年來識更眞。深知言行切脩身。謹言愼行無些過。細數吾鄉有幾人。已復泣下。子曰、怛化乎。（怛、音但。驚愕也。）曰、非也。吾今安坐待往。思吾父母沒時苦。故悲耳。遂起拜天地祖先。復臥。忽曰、吾逝矣。遂終。年八十二。居家儉素。課僕力耕。躬自飯牛。至老猶然。一日爲牛觸僵仆。子奎謂大人何不自愛。作此細事。廣彬曰、百里奚飯牛而牛肥。此細事耶。汝試使僕往。牛必饑。牛饑則無以耕。是廢農也。可不愼歟。（明湖上朱國禎湧幢小品）

清

沈重華、字亮功。吳興人。爲其先大父卜兆。遂究心於堪輿。選擇諸書。凡藏書家善本。靡不借觀。顧地之臧否。按圖覆舊。前人之遺跡猶存。學者潛心考驗。師資係焉。獨選擇一途。假捏之神煞。載在通書。不啻什居五六。後世鮮不爲其所惑。乾隆

辛卯、爰遵協紀辨方書、詳查考訂、輯通德類情十三卷行世。（通德類情序）

清　嚴可均、字景文、號鐵橋、烏程人。嘉慶庚申舉人、官建德縣敎諭、引疾歸、可均博聞強識。嘉慶戊辰、詔開全唐文館、可均以越在草茅、無能爲役、慨然曰、唐之文盛矣哉。唐以前、要當有總集。乃輯上古三代秦漢三國六朝人文、使與全唐文相接、多至三千餘人、成書若干卷。有子初墮地、可均自卜六齡當孤、命曰六孤、六孤者博。可均卒、圖書金石率償博進、亂後不知所終。（清史稿儒林　續碑傳集儒學）

82　歸安縣（宋析烏程東南境置、與烏程俱湖州郭下、明清爲浙江湖州府治、民國廢、幷爲吳興縣。）

明　施侃、字邦直、歸安人。肆力於學、經史之餘、凡陰陽律呂兵卜奇祕、無不鉤勘、有得輯書於册。爲古文雄渾深懋、詩先氣格意興、清遠與山人孫太初游、其詩才亦相當。嘉靖丙戌成進士、有菁山集。（光緒浙江通志文苑）

清　姚文田、字秋農、歸安人。乾隆己酉舉於鄉、甲寅高宗幸天津、召試第一、授內閣中書。嘉慶己未、一甲一名進士、授修撰、迭典廣東、福建、山東、順天鄉試、提督廣東、河南、江蘇學政。癸酉入直南書房。丁丑充會試總裁。歷戶兵工三部侍郎。道光丁亥七月、擢禮部尚書。十月卒於官、年七十。依尚書例賜卹、諡文僖。文田裕學識、負人倫鑒、屢典文衡、皆得士。以學行受知兩朝、特達之知。持己方嚴、涖官勤愼、學者盛談考據、往往尊漢儒、詆宋儒。文田特持正議、謂五代後、人道不致陵夷者、皆宋儒之力。至箸述小差、先儒皆有未足爲詬病。作宋儒論以詔學者。雖宗法宋儒、然漢學未嘗不究心。所著易原、春秋日月表、說文聲系、說文攷異、四聲易知錄、邃雅堂文集諸書、皆入許鄭之室。同時言漢學者、未能或之先焉。旁及天文五行雜占醫經、著內經脈法一卷、疑龍撼龍經注二卷、相宅一卷。嘉慶癸酉、林清之變未起。彗橫入紫微垣。道光辛巳、彗見南斗下。主外夷兵事。皆先事言之。人服其精識。清史稿本傳繆荃孫續碑傳集道光朝部院大臣葉恭綽清代學者象傳

清　仰思忠、歸安人。精堪輿家術。閱故方伯何公、先爲湖州守。其婿六合尹、林克正、知思忠、乃延之入閩、爲方伯擇葬地。而其姻某、亦欲葬父、因聘仰、爲得一地甚佳。

方點穴、而雨至。約天晴再往。是夜思忠夢一老者問曰、今日之地佳否。曰佳。曰切勿與之。此人爲考官鬻三舉子。當有陰禍。若葬此地。法當榮其子孫。非天意矣。遂覺。明日、思忠問克正曰、昨大尹公、先爲何官。宦業如何。曰、先爲某縣教諭。轉此官不久。遽卒。聞爲考官時、通關節。得賄甚多。鄉評以此少之。思忠惕然。遂托故辭歸。越三年、過其鄉。人問某大尹葬何所。人曰、因與勢家爭地。官事牽連。至今未葬。家業亦凋落矣。思忠益歎異之。（清褚人穫堅瓠祕集）

清　卞斌、字叔均。號雅堂。歸安人。弱冠、以古學受知阮文達公、補弟子員。嘉慶戊午舉於鄉。辛酉成進士、改主事。出爲江蘇常州知府。轉廣西左江道。擢光祿寺少卿。所至有聲績。斌治經之餘。復兼及天文五行壬遁醫筮堪輿。著易經通解。尚書集解。緯雅。詩文賦若干卷。（續碑傳集內閣九卿）

清　凌堃、字厚堂。歸安人。道光辛卯舉人。大挑、選授金華教諭。工古文。兼奇門醫卜。星相。無所不能。一望。即能決人貴賤壽夭。何宮保桂清、辛卯同年也。撫浙時、凌以敎職考驗。一見懽然握手。曰、君昔相我當封疆。今封疆矣。請再視我異日何若。對曰、昔觀公相甚善。今所留下部鬚、甚惡矣。於法當斬首。何大怒揮之出。越六年、何果以失守罪伏法。此外相雖間有不中者、然後來應驗者居多。嘗謂先大夫曰、大刼將臨。浙江無一片乾淨土。吾所相人多橫死者。獨公祖孫父子相皆善。不遭此刼。當是公厚德所致。又嘗昌言年屆庚申。京城有急。兵入而杭州亦破。數俱前定。莫可挽回。至己未歲、遂棄官歸。時余（即陳其元）爲富陽敎諭。舟遇城下。不入。貽書先大夫決別。語甚慘。而猶以子孫無害之說。慰先大夫焉。次年庚申、夷人果入京師。而杭城於二月間、爲粵匪所陷。皆如其言。自是余奔走兵間、無從得其消息。至乙丑歲、在盛澤、過其鄉人問之。乃知其歸後、居晟舍鎭。杜門不出。湖州陷之月。自卜賊匪當於某日到鎭。若過巳時、則無害。屆日、開門延友飲酒以待。至巳時、賊果至。執之以歸。僞王聞其名。將以爲軍師。大罵不肯。命之跪不肯。有賊帥爲之緩頰。曰、一揖、卽縱汝出矣。亦不肯。僞王怒、揮去殺之。延頸受刃。顏色不變而死。噫、厚堂亦可

謂非常人矣。海昌陳其元庸閒齋筆記

清

姚承輿、字正甫。應舉京師。肆其餘力。兼精衆技。著有陽宅正宗。以氣爲綱。以宅水路空檣形門向爲目。言簡法備。文淺義深。人人可曉。而前人未發之祕。卽具於是。知相宅者、樂其平易。大都驚爲創獲。道光己酉刊行。陽宅正宗季芝昌序

83 長興縣 晉分烏程縣地。置長城縣。五代吳越。避梁諱。改曰長興。宋升爲長興州。明改曰長安州。尋復爲長興縣。屬浙江湖州府。清因之。

晉

戴洋、字國流。吳興長城人。妙解占侯卜數。吳末爲臺吏。知吳將亡。託病不仕。人問洋曰、或言江南當有貴人、顧彥先、周宣珮、當是否。洋曰、顧不及臘。周不見來年八月。顧果以是年十二月十七日卒。十九日臘、周以明年七月晦日亡。時司馬颺爲烏程令。坐吏免官。洋曰、卿雖免官。更十一月當作郡。加將軍。至期爲太山太守振武將。颺賣宅將行。洋止之曰、君不得至當還。不可無宅。颺果爲徐龕所逼。不得之郡。其宅占驗甚多。年八十餘卒。具見本傳。今止取周顧之死。司馬之遷。以見一死一生。一官一職。一行一止。莫不先有定數。人力區區。皆無益也。使奔競進者觀

此。而稍安義命。不亦善乎。晉書藝術光緒浙江通志方技古今類事卜兆門

明　吳琉、字汝琇。世居呂山。宅傍有井泉甚甘。因自號甘泉。琉所出微。少孤。穎異絕倫。而不習舉子業。藏書數屋。建環山樓於董隖。鍵戶冥搜。積十年不下。遂精皇極經世之學。抉邵子閫奧。郡守劉太和、北面受業。劉之夫人、亦妙解推測。親執弟子禮。析義質疑。若柳惔之於道蘊也。宸濠以幣交。峻卻之。嘗遊白門。塗遇輿櫬纍纍。占有異。啓邏者發之。則逆瑾所寘兵器也。瑾謀自是折焉。其知幾如神類此。武宗詔徵。至中途遁歸卒。所著有元元集。皇極經世鈐解。太乙統宗。太乙陶金。六壬金鎖匙。天文要義等書。又三才廣志三百卷。史類六百卷。環山集六卷。光緒浙江通志文苑

清　吳慶奎、字聚之。道光丙午舉人。少承家學。通十三經。及天官河渠六壬奇遁諸書。而尤邃於易。嘗取漢唐諸家說。槻言鈲義。槻音規。鈲音霹。槻鈲。裁也。演暢妙旨。爲李鼎祚周易集解正若干卷。已燬於兵。又著若谿櫂歌百首。其書尚存。光緒長興縣志人物

84　德清縣　晉武康縣地。唐析置武源縣。尋改臨溪。又改德清。明清皆屬浙江湖州府。

清　陳雲鳳、字苞雯。德清人。康熙乙酉舉人。以何國宗薦、召至。蒙養齋纂修六壬書。又修周易兌宮卦。凡三百八十四篇。復被旨纂修命書。子廷炎、甥李賡臣、皆精算法。（同治湖州府志藝術）

清　范時行、（縣志作自行。）蘇州人。善文章。隱於相字。乾隆間、寓於邑之紫陽觀。所言不多。而義理明徹。吉凶禍福。指示若神。每日以得錢六百爲率。過此則垂簾謝客。頗有君平、謝石氣度。一營兵拈棋字、問終身休咎。范曰、凡圍棋之子、愈著愈多。象棋之子、愈著愈少。今所拈是棋字、非碁字。從木不從石。則是象棋子、非圍碁子也。恐家中人口日益凋零矣。其人曰、是也。然此非所問。問日後何如耳。范曰、觀爾服裝、是行伍中人。乃象棋中之卒也。卒在本界。止行一步。若過河、縱横皆可行。以是言之。爾外出方可得志。然卒過河、亦止行一步。亦不能大得志也。又有拈義字以問者、范問年若干。告之。范曰、然則生年屬羊也。義字從羊從我。是只一屬羊之我耳。終身孤隻。不能有妻子也。妻子且不能有。他何望焉。又有一人以風字、問妻所孕、爲男爲女。范曰、移中間虫字於右旁、則似虺字。詩曰、惟虺惟蛇。女子之祥。所孕必女矣。又有一業理髮者、盛冠服而往。拈村字問之。范曰、木以長材爲貴。一寸之木、亦何所用。其人以爲道其剃刀之柄也。驚而失色。范曰、凡事若能努力、則方寸之木。可使高於岑樓。君何必自墮其志乎。後其人果發迹致富。（德清俞樾右台仙館筆記 民國德清縣志藝術）

清 徐端、字肇之。一字心如。德清人。乾隆間以通判、官東河河工。嘉慶間、累官江南河道總督。明習河事。授吏程功。贏絀必如所計。民爲建立生祠。馨香俎豆以奉之。端姿性過人。弱冠下筆成文。著迴瀾紀要安瀾紀要二書。生平篤嗜壬課之學。以數十年之研求探討。又著六壬直指八卷。大學士彭公蘊章、序其謂洵發古人之祕。而爲後學心傳之師也。（直指彭序）

清 俞樾、字蔭甫。號曲園。德清人。道光庚戌進士。咸豐壬子授編修。乙卯簡放河南學政。丁巳罷官。歸僑居蘇州。著述不倦。主講杭州詁經精舍。至三十一年。爲一時樸學之宗。光緒丙午卒。年八十有六。著有春在堂全集。凡五百卷。而游藝錄一書。

言簡法備。尤爲治星命六壬及奇門相宅家所必讀。清史稿儒林春在堂集○春在堂隨筆云。金石文字。例不書初一初二。而書甲子乙丑。余案頭每置萬年書。以便檢尋。惟坊間所行小本萬年書。率多錯誤。余偶觀論合婚之法。以生氣天醫福德爲上婚。絕命游魂歸魂爲中婚。五鬼絕命爲下婚。託之呂才。未知然否。但以一三。三一。二七。七二。四九。九四。六八。八六。爲福德。則誤以天醫爲福德。以一七。七一。二三。三二。四六。六四。八九。九八。爲五鬼。則誤以絕體爲五鬼。此於吉凶尙未懸殊。至一八。八一。二四。四二。三六。六三。七九。九七。爲天醫。則誤以五鬼爲天醫。以一九。九一。二六。六二。三四。四三。七八。八七。爲絕體。則誤以福德爲絕體。吉凶不亦謬乎。總之。此數卽八卦九宮之數。坎一。坤二。震三。巽四。坤五。乾六。兌七。艮八。離九。是也。而八卦以坎離震巽爲東四宮。乾坤艮兌爲西四宮。凡兩數同宮者吉。生氣福德大吉。天醫歸魂次吉。兩數異宮者凶。絕命五鬼大凶。絕體游魂次凶。今以坎一艮八等爲天醫。則異宮者反吉矣。以坎一離九等爲絕體。則同宮者反凶矣。特此校正之。其理易見。余恐淺人爲小本萬年書所誤。故著之於此。其詳見余所撰游藝錄相宅篇。

85 鄞縣春秋越。東界鄞邑地。秦置鄮縣。晉又徙置句章縣。隋平陳。并鄞鄮二縣入句章。唐於句章縣置鄞州。尋廢。復改置鄮縣。五代梁改鄮縣曰鄞。宋爲慶元府治。元爲慶元路治。明清皆爲浙江寧波府治。清時浙江提督駐此。滬杭甬鐵路南段起點於此。城外甬江之岸。清道光二十三年。開作商埠。南京條約。訂開沿海五口之一也。與日本葡萄牙通商最早。唐時日本使人於此登陸。

宋

任炳、鄞縣人。精陰陽五行之學。言多中肯。眞文忠公德秀、爲文贈之。有云、以理論氣者。濂溪先生之學也。以理論數者。安樂先生之學也。鄮山鄮、音茂。山在浙江鄞縣東三十里。任兄炳。推演五行。必本於理。其殆有聞於二先生之學乎。識者毋以陰陽者流例目之。眞文忠公文集贈五行任君炳

宋　王應麟、字伯厚。慶元府人。（慶元府・即今之鄞縣・）自署浚儀。蓋其祖籍也。淳祐辛丑進士。寶祐丙辰、復中博學鴻詞科。官至禮部尚書。撰有六經天文編二卷。是編裒六經之言天文者。以易書詩所載爲上卷。周禮禮記春秋所載爲下卷。雖以天文爲名。而不專主於星象。凡陰陽五行風雨以及卦義。悉彙集之。採錄先儒經說爲多。義有未備。則旁涉史志以明之。亦推步家所當攷證也。（四庫子部天文算法類一）

元　王昌世、字昭甫。尚書應麟子。以恩補承務郎。未及祿而宋亡。尚書杜門不出。取經史諸書、講解論辨。昌世聽受無倦。自是於名理經制、治道之體。統古今禮典之因革。殊聞異見。靡不究悉。蓄書萬餘卷。燬於火。露鈔雪纂。至忘寢食。書以復完。爲文一發於本實。尤精於易筮占驗。如前知云。當世諸公薦章交上。昌世力辭曰、士之大節。嗣守爲難。敬身所以敬親。得讀父書。求己志以畢此生足矣。不願外也。性孝友。與友人交重然諾。亦不苟爲阿附。卒年六十一。（以上光緒浙江通志儒林）

明　袁珙、字廷玉。其先南昌人。後家於鄞。常游普陀洛伽山。遇異僧別古崖。授以相人。術。因令仰視赤日。待兩目盡眩。潛布黑赤豆於暗處。俾辨之。又夜懸五彩絨線。牕外映月。使別其色。皆無訛。然後相人。其法以夜中燃兩炬、視人形狀氣色。而參以所生年月。百無一謬。珙在元時。已有名。所相士大夫數十百。其於死生禍福。遲速大小。並刻時日。無不奇中。在鄞、南臺大夫普化帖木兒、由閩海道見珙。珙曰、公神氣嚴肅。舉動風生。大貴驗也。但印堂司空有赤氣。到官一百四十日。當奪印。然守正秉忠。名垂後世。願自勉。普署台事於越。果爲張士誠逼取印授。抗節而死。見江西憲副程徐曰、君帝座上黃紫氣見。千日內有二美除。但冷笑無情。非忠節相也。徐於二年後、拜兵部侍郎、擢尚書。又二年、降於明。爲吏部侍郎。嘗相陶凱曰、君五嶽朝揖。而氣色未開。五星分明。而光澤未見。宜藏器待時。不十年以文進、爲異代臣。官二品。其在荊揚間乎。凱後爲禮部尚書。其精類如此。洪武中、遇姚廣孝於嵩山寺。謂之曰、公目有三角。形如病虎。性必嗜殺。劉秉忠之儔也。幸自愛。後廣孝薦於燕王。召至北平。令使者與飲於酒肆。王雜類己者九人。操弓矢入肆。珙一見即趨拜。曰、殿下何輕身至此。九人笑其謬。珙言益切。王乃起去。召珙宮中諦視。曰、龍行虎步。日角插天。太平天子也。年四十、鬚過臍、即登大寶矣。已見藩邸諸校卒。皆許以公侯將帥。王慮語洩。遣之還。及即位。召拜太常寺丞。賜冠服鞍馬文綺寶鈔及居第。帝將建東宮。而意有所屬。故久不決。珙相仁宗曰、天子也。相宣宗曰、萬歲天子。儲位乃定。珙相人即知其心術善惡。人不畏義而畏禍。往往因其不善導之於善。從而改行者甚多。爲人孝友端厚。待族黨有恩。所居鄞城西。遶舍種柳。自號柳莊居士。有柳莊集。永樂八年庚寅卒。年七十有六。賜祭葬。贈太常少卿。（明史方技 光緒浙江通志方技）

明

袁忠徹、字靜思。柳莊子。能世其業。從父謁燕王。王宴北平諸文武。使忠徹相之。謂都督宋忠、面方耳大。身短氣浮。布政使張昺、面方五小。行步如蛇。都指揮謝貴、擁腫早肥而氣短。都督耿瓛、顴骨插鬢。色如飛火。僉都御史景清、身短聲雄。於法皆當刑死。王大喜。起兵意益決。及爲帝。即召授鴻臚寺序班。賜賚甚厚。遷尚寶寺丞。已改中書舍人。扈駕北巡。駕旋。仁宗監國。爲讒言所中。帝怒榜午門。凡東宮所處分事。悉不行。太子憂懼成疾。帝命蹇義、金忠偕忠徹視之。還奏東宮面色青藍。驚憂象也。收午門榜可愈。帝從之。太子疾果已。帝嘗屏左右。密問武臣朱福、朱能、張輔、李遠、文臣姚廣孝、夏元吉、蹇義、金忠等禍福。後皆驗。九載秩滿。復爲尚寶司丞。進少卿。禮部郎周訥、自福建還。言閩人祀南唐徐知諤、知誨。其神最靈。帝命往迎其像。遂建靈濟宮於都城祀之。帝每遘疾。輒遣使問神。廟祝詭爲仙方以進。藥性多熱。服之疾壅氣逆。多暴怒。至失音。中外不敢諫。忠徹一日入侍進諫。曰。此痰火虛逆之症。實靈濟宮符藥所致。帝怒曰。仙藥不服。服凡藥耶。忠徹叩首哭。內侍二人亦哭。帝益怒。命曳二內侍杖之。且曰。忠徹哭我。我遂死耶。忠徹惶懼。趨伏階下。良久始解。帝識忠徹於藩邸。故待之異於外臣。忠徹亦以帝遇己厚。敢進讜言。嘗諫外國取寶之非。武臣宜許行服。衍聖公誥宜改賜玉軸。聞者韙之。宣德初。覩帝容色。曰。七日內。宗室當有謀叛者。漢王果反。嘗坐事下吏。罰贖。正統中。復坐事。

下吏休致二十餘年卒年八十三世所傳軼事甚多其相王文謂面無人色法曰瀝血頭相予謙謂目嘗上視法曰望刀眼後果如其言忠徹著有古今識鑒四卷乃宣宗命採古來相人有驗者裒爲一書至景泰二年辛未始奏進所錄上自三皇下迄明代又自作象人賦一首附之又有人相大成鳳池吟稿符臺外集等書

明史方技閒中今古錄四庫子部術數類存目一〇明吳興陳霆雨山墨談云·晉陳訓相甘卓曰·頭低視仰·相名盼刀·後爲王敦所殺·景泰中·袁忠徹嘗謂人曰·少保于公·何不早退·人詢其故·曰·于頭下而視上·在法名望刀眼·未幾被戮·人咸神之·今觀訓之相卓如此·知袁之本於舊法耳·諺云·父命推於子祿·夫壽可以妻延·永樂中·順天尹王公驥·忠傷寒·忠徹往視其疾·神色俱變·不可入目·亟請其妻出視之·云·疾雖云甚·大事無妨·夫人之貌·直到一品命婦·已而疾果愈·後王公以征麓川功·封靖遠伯·是則一品命婦之言不爽·而夫壽而以妻延之諺不誣矣·〇清南昌彭配堂閒處光陰云·明永樂間·尙寶卿袁忠徹侍上·觀歷代帝王像·至宋太祖曰·果然面方耳大·英武之主·其眞宗而下·則曰諸像清癯·如今時太醫樣一般、皆秀才皇帝·見元世祖像曰·北人南相·其他諸帝·皆是吃綿羊肉郎主·末及順帝·曰·此又如太醫樣·何也·忠徹不能對·乃備述於符臺外集·竊以順帝非明宗子·文宗詔旨·已直言之·宋遺民錄所載·亦必確有見聞·是其語朝野相傳·由來已久·意明宗取帝於瀛國·年當少壯·或不即以爲嗣·故不深祕其事·而帝乃利於繼襲·甘心背本·痛恨人言·詎知貌與心殊·清癯似祖·使之然者·得非天耶·文宗后·忍舍己子而立帝·豈亦天假之耶·水東日記載余應詩曰·皇宋帝十六飛龍·元朝降封瀛國公·元君召公尙公主·時承賜宴明光宮·酒酣伸手扒金柱·化爲龍爪驚天容·元君含笑語羣臣·鳳雛豈與凡禽同·侍臣獻謀將見除·公主泣淚霑酥胸·幸脫虎口走方外·易名合尊沙漠中·是時明宗在沙漠·締交合尊情頗濃·合尊之妻夜生子·明宗隔帳聞笙鏞·乞歸行宮養爲嗣·皇考崩時年甫童·元君降詔移南海·五年乃歸居九重·憶昔宋主受周禪·仁義綽有三代風·至今兒孫主沙漠·吁嗟趙氏何其雄·〇海昌陳其元庸閒齋筆記云·夏考功彝仲·謚忠節·曾舉天下清官第一·子舍人完淳·謚節愍·年十六·遭國難·作大哀賦·論者謂不減庾信之哀江南·先後與公抗節死。公豹目蜷髮。雙目上觀。爲盼刀眼。與于忠肅同居。恆攬鏡曰。比頭終當爲誰斫。於順治丁亥。筮得明夷。五月遂遇難。

明

倪光、字應奎。少受易時時沈玩先天。忽朗然內覺。若有神授。自知不良於功名。遂悉棄去。觀消息盈虛。輒能前知。遨游二京。名動諸公卿。皆爭致說易。一日在楊公文懿所、忽中貴使至。光見一雀自庭樹集於地。已復還集樹。卽謂其使曰、汝來得非失馬乎。六日當復。使大驚。文懿問故。光曰、雀踴躍、物也。去樹而集於地。舍所依也。已還集樹、復歸其所也。其集樹也、自北而南、水數六也。故曰馬失而六日復。因復問馬色。光曰、以北水剋南火。當赤。而近於黑。皆悉驗。人咸以小康節呼之。後閣老萬安、欲薦官之。光遽辭歸。旅宿臨清。中夜聞叩戶聲、棘而辭哀。光厲聲曰、汝作歹、將匈生耶。其人吐實。光謾曰、南北東西、皆汝路也。旦起、市已獲盜。有產子者至而傘裂。其人失色。光曰、傘裂而小人見。汝細君已育子。可喜矣。年八十、生而舉殯。擬淵明自祭、杜牧志墓事。爲詩自挽。其達生委命如此。人皆稱爲味易先生。所著有味易詩集、凡十二卷。光緒浙江通志方技

明　楊少坡、忘其名。鄞人。善唐舉術。萬歷辛丑、張肆於京師長安西街。爲人落拓。無威儀。常衣敝衣。曳無跟履。蹣跚造人家。故京師人稱爲楊風子。是年廷試過、尚未殿唱。外譁傳太倉王辰玉衡狀元。雖王亦有所聞。自以爲狀元也。楊適過余邸。余即徐福祚。偶問、狀元王公乎。楊曰否。那得兩狀元。狀元爲華亭張公以誠。王公父子榜眼也。余戲之曰、莫風、若無耳耶。不聞外人傳語耶。我今報汝。若見王公、莫作是言。楊曰、我已與王公言之矣。渠贈我一扇。言驗後、持此索謝。余索扇展玩。乃題詩二句云、楊君許我爲榜眼。未卜何人作狀元。余笑語之曰、此詩徵示不足汝意。臚唱後、何面目見之。次日放榜、張果狀元、王榜眼。獨楊在京不甚知名。何以奇中如此。

明徐福祚花當閣叢談

明　胡宏、字任之。寗波人。少時。受術於日者張生。力學勤苦不厭。正統初、遊杭。遇老翁自稱汴人。深於易理。宏從之遊。盡得其祕。由此以卜筮名。景泰初、從張都御使楷征閩。遏鄧茂七。在軍中所言多奇中。後與蘇士大夫遊、多從問休咎。儒士杜瓊、年暮數失子。筮得鼎初爻。云子爻逢旺。當有二男。趙御使忠。筮得坤之師。云。當發策決科。司風憲。至某年月罷官。且生子。祝參政灝。筮得比。二五爻動。云。君臣慶會。必居黃門近侍。轉任大藩。後皆驗。楊尙書翥。筮得復之六二。言公至中年。方有奇遇。若官至三品。壽九十。官二品。則差減四五年。有子。亦沾祿。未幾。果以潛邸舊恩。累進大宗伯。卒年八十五。子亦以蔭授吳縣主簿。如此千百皆中。宏尤善相字。嘗有士人應試。書串字。宏云。君不惟中舉。兼中進士。串字者。二中也。別一士聞其語。亦書串字以問。宏云。君且勿言科名。當憂疾病。其後二人一聯捷。一得重疾。幾不起。或曰。所問者字同。而吉凶何以相反。宏曰。問者出於偶爾。從而效之。則有心矣。串下加心。故應得患也。常著筮書。曰黃金尺。明陸燦庚巳編光緒浙江通志方技

明

樓楷。號南沙。鄞縣人。撰通書捷徑。是書成於嘉靖癸亥。以世行選擇通書。有彼此背馳。棄取違戾者。故作此以正之。其似吉而有犯。本凶而有解者。咸爲辨析。蓋亦當時坊行之本。四庫提要子部術數存目二

清

陳昌泗、字孔塘。鄞人。少卽有志洛閩之學。奮然思承其緒。與宗人裕齋、互相討論。時時以正議扶末俗。家貧甚。教授所入泉粟不足以給家人之衣食。乃以京房易傳賣卜。巧發神中。其持論如蜀莊。必依於孝弟忠信。不徒以休咎禍福動人。秉通方書時亦應人之求。不謀利。鶉衣藿食終其身。（吳德旋初月樓續聞見錄）

86 慈谿縣（唐析鄮縣地、置慈溪縣。明改溪曰谿。屬浙江寧波府。清因之。滬杭甬鐵路經之。）

明

陳茂禮、字履卿。慈谿人。博綜墳典。至太乙奇門。無不通曉。嘉靖進士、授工部主事。倭蹂江南、改兵部郎、參謀軍務。以功擢江西兵備副使。改備兵瓊州卒。（光緒浙江通志武功）

北齊書方技傳。易曰定天下之吉凶。成天下之亹亹。莫善於蓍龜。是故天生神物。聖人則之。故太史公著龜策日者傳。所以廣其聞見。昭示後昆。

歷代卜人傳卷八終

周書藝術傳。仁義之於教大矣。術藝之於用博矣。徇於是者。不能無非。厚於利者。必有其害。詩書禮樂。所失也淺。故先王重其德。方術技巧。所失也深。故往哲輕其藝。夫能通方術而不詭於俗。習技巧而必蹈於禮者。豈非大雅君子乎。

史記日者傳。自古受命而王。王者之興。何嘗不以卜筮法於天命哉。其於周尤甚。及秦可見。代王之入。任於卜者。太卜之起。由漢興而有。

又龜策傳。自古聖王將建國受命。興動事業。何嘗不寶卜筮以助善。唐虞以上。不可記已。自三代之興。各據禎祥。塗山之兆從。而夏啓世。飛燕之卜順。故殷興。百穀之筮吉。故周王。王者決定諸疑。參以卜筮。斷以蓍龜。不易之道也。

中國歷代卜人傳卷九

潤德堂叢書之八

鎮江袁阜樹珊編次

浙江省三

87 奉化縣（唐析鄮縣地置。元升爲州。明改州爲縣。屬浙江寧波府。清因之。）

明

吳國才、奉化白巖人。悉心唐舉之術。言屢巧中。遠游歸。訪縣中故舊。某不値。其孫開肆。乃索紙筆爲書緘別而去。某歸。孫曰。頃有吳叟留書。啓視之曰、此吳國才先生也。風鑒入神。書中云。相汝色。汝婦當有粉骨碎身之災。其愼之。及期。俾婦宴坐新室。竟日不出。抵暮。食旣至廚。啓檻取水。虎爪之入山以食。門人袁廷玉。嘗侍太宗。一日問其受業之自。以國才對。召至。試之果驗。將寵賜以官。國才以福薄辭。亡何、果卒。（光緒浙江通志方技）

88 鎮海縣（唐鄮縣地。五代梁時吳越置望海縣。宋改曰定海。清康熙二十六年。於舟山別置定海縣。改故定海爲鎮海。屬浙江寧波府。）

清　劉赤江、字慕農。蛟門人。蛟門山、在浙江鎮海縣東海中、去岸約十五里、古稱蛟門虎蹲、著有六壬粹言六卷。道光丙戌刊行。六壬粹言序

89　象山縣　唐析寧海及鄮縣地置、以縣有象山名、明清皆屬浙江寧波府、其地爲半島、深入海中、外寬闊而內曲屈、內與大陸相連處、有狹長形之地頸、縣治所在、即半島之寬闊處也、

明　劉端、泗州人。景泰丙子、由選貢丞象山。以節愛稱。令缺、署篆久。民甚德之。雅善堪輿。曰、象山仁里也。遂卜居城北入籍焉。光緒浙江通志寓賢

90　山陰縣　漢置山陰縣、後漢爲會稽郡治、隋又析置會稽縣、宋置紹興府治此、元爲紹興路治、明清皆爲浙江紹興府治、民國廢府、併山陰會稽爲紹興縣、其地居民善釀酒、有名於世、

漢　謝夷吾、夷一作彝、字堯卿。會稽山陰人。少爲郡吏。學風角占候。太守第五倫、擢爲督郵。時烏程長、有贓釁。倫使收、案其罪。夷吾到縣。無所驗。但望閤伏哭。一縣驚怪。不知所爲。及還。白倫曰、竊以占候。知長當死。遊魂假息。非刑所加。故不收之。月餘、果有驛馬齎長印綬。上言暴卒。倫以此益禮重之。舉孝廉。爲壽張令。稍遷荊州刺史。遷鉅鹿太守。所在愛育人物。有善績。及倫作司徒、令班固爲文薦夷吾曰、推考星度。綜校圖錄。探賾聖祕。觀變歷徵。占天知地。與神合契。豫尅死日。如期果卒。敕其

子曰、漢末當亂。必有發掘露骸之禍。使懸棺下葬。墓不起墳。（後漢書方術光緒浙江通志方技）

吳　闞澤、字德潤。山陰人。家世農夫。至澤好學。居貧無資。爲人傭書。所寫既畢。誦讀亦遍。追師論講。究覽羣籍。兼通曆數。由是顯名。察孝廉。除錢塘長。嘉禾中爲中書令。加待中。晉拜太子太傅。每朝廷大議。經典所疑。輒諮訪之。以儒學勤勞。封都鄉侯。初魏文帝卽位。權嘗從容問羣臣曰、曹丕以盛年卽位。恐孤不能及之。諸卿以爲何如。羣臣未對。澤曰、不及十年。丕其沒矣。大王勿憂也。權曰、何以知之。澤曰、以字言之。不十爲丕。此其數也。文帝果七年而崩。魏黃初元年庚子、七年丙午。（三國志吳書本傳及注）

唐　沈七、越州人。（越州・卽今紹興縣・）善卜。天寶乙未、王諸應舉、欲入京。於七處、卜得純陽卦。下四位動變觀卦。沈云、公今應舉、得此卦。觀國之光。利用賓於王。本是嘉兆。然爻動羣陰。咸陽下成。乾卦上變。至四又不至五。五是君位。未得利見大人。恐此行不至京而回。果至東京。屬安祿山反。奔走、卻歸江東。（光緒浙江通志方技）

元

張德元、號乘搓。至正間、嘗爲諸暨州吏目。避亂居山陰。有奇術。善觀字。知吉凶。生一子。名之曰槐。忽謂友人云、是兒必死。槐字木傍鬼。非死兆耶。未幾兒果卒。其友病、以豐字示之德元曰、死矣。明日訃至。或問其故。德元曰、豐字山墓所也。兩丰、封樹也。豆祭器也。墓旣成矣。倘欲生乎。或以命字揖德元、使占人病。德元曰、己死。君持命字以揖。垂命之兆也。已而果然。嘗飲劉彥昭。曰、今夕復有客。已而客至。問之。德元曰、吾聞滌器聲故知耳。康熙紹興府志方技

明

張景岳、名介賓。別號通一子。父爲定西侯客。介賓年十四。從游京師。時金夢石工醫。介賓從之學。盡得其傳。爲人治病。沈思病原。單方重劑。莫不應手霍然。一時謁請者輻輳。沿邊大帥、皆遣金幣致之。其所著類經。綜覈百家。剖析微義。凡數十萬言。歷四十年而後成。著景岳全書六十四卷。於醫之外、象數星緯堪輿律呂。皆能究其底蘊。在遼陽道中、聞御馬者歌聲聒耳。介賓曰、不出五年。遼其亡矣。介賓返越。年五十八。又二十年卒。嘉慶山陰縣志藝術

明　周述學、字繼志。號雲淵子。山陰人。素負經濟。尤邃於易歷。南遊楚。北抵燕趙。徧識天官氏之術。聞郭太史弧矢法、以圓求圓。循弦宛轉。極與天肖。名曰弧矢經。時荊川唐太史博研古算。箬溪顧司馬精演例法。欲求弧矢不可得。述學竭其心思。撰補弧矢。又續中經。纂歷議歷學。而歷法遂爲完書。嘗著圖書。較理論。以彰易之體。極爻象著易義。以達易之用。集京。邵之文。諸元。韻之聲。用占經世象識吉凶。其他輯會占而參以命法。纂通志。而徵以世紀準晷極、而定道里之數。本山河、而敍流峙之支。水陸遠近有程。以備行兵。都省區域有界。以表形勝。星命砂水。太乙六壬。遁甲演禽風角鳥占。靡不洞其元微。合所纂擬、凡千餘卷。總題曰、神道大編。嘉靖中、錦衣陸炳、禮聘述學至京。薦之兵部尚書趙錦、錦就訪邊事。述學曰、今歲主有邊兵。應在乾艮。艮爲遼東。乾則宣大二鎮。京師可無虞也。已而果然。錦將荐諸朝。仇鸞聞其名、欲致之。述學識其必敗。乃還里。以布衣終。（明史方技　光緒浙江通志方技）

明　季本字明德。山陰人。正德丁丑進士。官至長沙府知府。撰易學別錄四卷。分內外二篇。外篇雜論術數之數。如皇極經世易林京房易傳火珠林太元、潛虛、洪範九九數參同契之類、皆辨之。又發明蓍法。大旨定爲占辨、占例、占戒、占斷、合卜筮論爲內篇。（四庫經部易類存目一）

明　朱燮元、字懋和。山陰人。萬歷壬辰進士。歷官四川左布政使。天啓中、以永寧奢崇明及貴州安邦彥反。加燮元兵部尚書、兼督貴州雲南廣西諸軍務。移鎭遵義、以平賊功。加少保。崇禎戊寅、卒於官。年七十三。燮元長八尺。腹大十圍。飲啖兼二十人。治事明果。行軍務持重。不妄殺人。苗民懷之。卒諡襄毅。燮元初官陝西時、遇一老叟。載與歸。盡得其風角占候遁甲諸術。將別。語燮元曰、幸自愛。他日西南有事。公當之矣。（明史本傳圖書藝術典術數部紀事）

清　趙振芳、字香山。山陰人。撰有易原。列古本易經爲首卷。列諸圖與說爲次卷。所載圖說。自河洛蓍法。五行卦氣而外。並及天行地勢之類。（四庫經部易類存目三）

清　沈燡燔、（燡音亦。燔音煩。）字孝瞻。山陰人。乾隆己未進士。天資穎悟。學業淵邃。著有子平眞詮。長安趙展如中丞舒翹爲之序。刊行世。謂爲發揮命理。文暢識確。其論陰陽生剋。及干支異同。用神宜忌。外格用舍。尤爲綦詳。從事斯學者。莫不奉爲圭臬。（清趙中丞展如序）

清　沈義方、字塗山。古越人。著有星平大成。對於夜子時、與子時之推法不同。敍述詳明。足補其他星命書之不逮。至論五行、五星、雖多陳言。尚屬簡括可觀。（星平大成序）

清　潘爾杲、（杲。音縞。明也。）字旭初。山陰人。精於易占。卜無不驗。隱居教授。著竹齋卜筮要旨。卒無子。（乾隆紹興府志方技）

91 會稽縣（隋置。明清時與山陰並爲浙江紹興府治。民國改併爲紹興縣。）

宋　鄒淮、紹興人。長於星曆。官太史。著有百中經。臨邛（邛。音蛩。冬韻。州名。秦置臨邛縣。即今四川邛崍縣治。）魏了翁序其書曰、百中經者、所以紀七政四曜之躔次也。七政之說、既見於上古之書。暗曜者何。人之生也。歲月日時。各有所直之休咎。而以是推測焉耳。或曰、古所謂六物吉凶。我辰安在者。疑卽此類。然恐不若是之拘拘也。越人鄒淮、長於星曆。以其能食太史氏之祿有年矣。其續此書自紹興十四年甲子始。每歲加以太陰入宿入宮度分視舊行百中經精密有加焉。雖然、古人之爲是星曆也亦曰天命不已。物生無窮。不爲之品節財正焉則混淪茫昧。靡所端倪。於是仰以觀於日星寒暑之度。俯以察諸草木鳥獸之變。以氣命律以律起曆以曆正時。以時授事。凡以建兩儀而命萬物盡吾之職分焉耳。堯、舜、相授。禹、箕子、相傳。夫孰非是道。而中世以降。乃有假之以爲推驗人生通塞之術者。人與天地一本而生。是身也爲陰陽之會。爲五行之端。則吉凶之義。驗諸祲禪。關諸風氣。見乎蓍龜。亦理之所當有。然星曆之初。意爲不止是也。程正公嘗言三命是律。五星是曆。前輩大儒似亦不廢其說。然亦卽其末流以遡其源。非謂律曆之果見乎此也。今是書斷自紹興甲子、以下存之。以其他別爲一書。而聽用者之所擇。則是書之行。庶幾不混於末流之說。而余亦有辭於學者焉。故更願與鄒君商之。（鶴山文集百中經序）

宋　徐吉甫、會稽人。世精剋擇。奇驗頗多。文山先生曾贈詩贊之。東望會稽山。穆陵鬱岩嶤。卜壤藏劍履。伯也昭其勞。昔者遊仙人。龍耳致君王。君家世其傳。芳踵疇可量。青囊落君手。辯語如流河。尋雲履高阜。湯湯俯長波。朔風渺天垂。萬里草離離。安得接芳軌。爲君起遐思。文信國公集附刻擇徐吉甫

元

韓性。字明善。紹興人。博綜羣籍。自經史至諸子百家。靡不極其津涯。究其根柢。而於天文地理醫藥卜筮浮圖老子之書。亦無所不通。平居不問家有無。自奉簡約。而好周人之窮。買地數百畝於山陰巖谷中。死無所歸者。結以棺櫝聚瘞其處。完顏公貞、分持使節出按屬部。聞性名。舉爲慈湖書院山長。性謝曰、幸有先人之敝廬。可庇風雨。薄田可具饘粥。讀書砥行。無媿古人足矣。祿仕非所願也。受而不赴。暮年愈自韜晦。而未嘗忘情斯世。張公昇、王公克敬、于公九思、前後爲郡。皆良二千石。政事有所未達。輒虛已咨訪。性從容開導。洞中肯綮。多所裨益。有陰被其賜者矣。天曆中、平章政事趙涼公、首以先生名聞于上。後十餘歲。門人季齊、以進士第一。爲御史南臺。又力舉其行義。而性於至正元年辛已逝矣。享年七十有六。

著有五雲漫藁等書。元黃溍文集韓先生墓誌銘

清　孫文、字文若。號水月老人。會稽人。明末諸生。入國朝、隱於杭。所居爲梅園。在艮山門外之百步塘。老人性簡靜。一介不取。間爲歌辭以自娛。問其年。輒曰九十。以其髮盡禿。故呼之爲僧。康熙初、范忠貞公承謨、撫浙。老人固預知之。蓋老人與其大父雅故。忠貞幼時、嘗撫其頂。曰、兒當建節吾土。至是忠貞奉母命、物色而得之。屏騶從往謁。尋爲出俸修塘。時浙西多虎。老人輒語之。曰、山上大蟲任打。門內大蟲休惹。忠貞尋奉命督閩。瀕行。老人誡之曰。耳後火發時。須有主意。門內蟲、閩也。耳後火、耿也。蓋指閩藩耿精忠也。康熙甲寅、閩藩變作。忠貞死焉。人遂以老人爲能前知。爭趨之。老人避去。不知所終。土人乃改其居爲水月菴。肖其像。若僧。募僧奉之。清稗類鈔方技

清　鍾之模、字式林。會稽人。自少博極羣書。天文地理。以及陰陽象數。無不通曉。康熙丁酉科、舉於鄉。己亥歲、以通明曆法、奉聖祖特旨。應補五官正。候催主政。其明

年、更以奇門膺特薦。分纂御書房。書成藏之祕府。又明年成進士。數年來、出入禁近。極深研幾。乃復偕同邑聞人鏡曉先生、兩次奉命往外藩、相度形勢。歸來林下優游。出其緒餘。雍正甲辰、著爲宅譜等書。並有相地戒約八則。妥先意輕、利後念重。爲不孝。拘執官位。利己爲先。不顧同氣。爲不悌。力小圖大。非分干求。爲不忠。以耳爲目。怵於成心。爲不信。不送關約。專務虛文。妄邀情面。爲無禮。越祖遷墳。盜葬謀占。欺天理。違王法。爲無義。貪得無厭。或妄圖而停柩。或既葬而輕移。爲寡廉。不力行善事。培植根本。輒思善地。以求富貴。爲鮮恥。宅譜董隱涯序。嘉慶山陰縣志藝術○皋按。縣志僅載鍾之模爲康熙諸生。並不知其丁酉舉於鄉。辛丑成進士。其爲未見宅譜原書可知。

清　王先生、紹興人。精於占課。幕中人敬信之。時王文端公未第時。館於山西某中丞幕府。秋間將歸應試。意未決。請先生定行止。先生占畢起賀。手書一紙。封固藏之曰、他日請驗。公必欲得之。不許。正相持間。主人至。問何事。告之故。主人曰、如此我當代爲收之。及歸就試。榜發中副車。仍至館。責先生曰、何以誑我。先生曰、息壞在彼。可驗也。因向主人索觀。及拆封、有中式副榜第八名七字。公奇之。庚辰秋試、又問卜於先生。先生曰、今科正榜無疑。但似元非元。得魁爲妙。榜發中第七名。是科解元、則雷爾杰也。辛巳春、至京會試。甫下車。先生亦至。問中式名次。甚喜。因令占會試若何。曰、斷不可得會元。如中第十名、則大魁可必。從此前程遠大。福壽無量。公曰、吾年非少壯。得一京職。已爲萬幸。敢妄想耶。先生曰、此理數自然。不可强也。是年公會試中式第十名。廷試第一。官至東閣大學士。省厓同年相國。爲予言之。吳縣潘世恩芝軒思補齋筆記

92 蕭山縣 秦置餘暨縣。三國吳改永興。唐改蕭山縣。明淸皆屬浙江紹興府。

清

毛奇齡、一名甡。字大可。號秋晴。一曰初晴。又以郡望、稱西河。蕭山人。康熙己未、以廩監生召試博學鴻詞。授檢討。乙丑充會試同考官。尋假歸。遂不復出。卒年九十一。撰春秋占筮書三卷。其曰春秋者、攗春秋傳所載占筮。以明古人之易學。實爲易作。不爲春秋作也。自漢以來、言占筮者不一家。而取象玩占。存於世而可驗

者。莫先於春秋傳。奇齡既於所著仲氏易。三十卷。推易始末四卷。諸書。發明其義。因復舉春秋內外傳中、凡有得於筮占者。彙記成書。而漢晉以下、占筮有合於古法者、亦隨類附見焉。易本卜筮之書。聖人推究天下之理。而即數以立象。後人推究周易之象。而即數以明理。義文周孔之本旨如是而已。厥後象、數、理、歧爲三家。而數又歧爲數派。孟喜、焦贛、京房以下。其法不可殫舉。而易於是乎愈雜。春秋內外傳所紀、雖未必無所附會。而要其占法、則固古人之遺軌。譬之史書所載、是非褒貶。或未盡可憑。至其一代之制度。則固無僞撰者也。奇齡因春秋諸占，以推三代之筮法。可謂能探其本。而足關諸家之喙者矣。清史稿四庫提要經部易類六春秋占筮書

清　宋錫蘭、字德交。少穎悟。於方術諸書。靡不窺覽。明季隱士王震澤、精天文兵法。從之學。益有所得。康熙中、客閩中永春縣幕。見飛魚懸署後槐樹上。驚曰、此兵象也。不數日、昏夜賊兵數千臨城。錫蘭募壯士突圍告急。援兵至、內外夾擊破賊。當事上其功。薦爲縣令。以親老辭。後客鎮國將軍馬三奇帳中。偶步舍外。見白氣自

西南來曰、不數月當有兵變、未幾、果有大嵐山妖僧一念之亂。性嗜游覽。足跡徧歷秦粵黔燕蜀之郊。又精星學、謂太歲在申當死、遂歸里、果以是年卒。能詩、著有素菴詩草。（民國蕭山縣志方技）

清

陸心鑑、蕭山人。精子平命理、並善占六壬。在都中琉璃廠設卜肆。冠蓋雲集。談休咎、每多奇中。（寄蝸殘贅）

93 諸暨縣（秦置。越王允常所居。境有諸山暨浦。因名。五代初改名暨陽。尋復故名。明清皆屬浙江紹興府。）

明

周瑾、字孟瑾、諸暨人。自號守一道人。生有異質。於星歷筮卜雜算音律儒釋異國之書。無不通究。前知如神。每言吉凶禍福、多奇中。人擬之臨川張鉄冠。然深自峻晦、縝密不言。當建文帝時、或勸之仕、瑾曰、俟三年後、當更議之。及靖難兵起、瑾遂決意不仕。永樂元年癸未、詔令內外諸司、各舉所知。郡縣交辟之、不就。以青囊隱。夜分輒登高處觀天。晝則入深山中、竟日不出。同邑王鉦欲薦之、固辭。瑾終以地理成名。其所著地理指迷一書、未梓、購得者必手錄之。珍爲枕祕。俗傳瑾初投陳友諒。既而寧王聘之。皆大謬不然。考周氏譜牒、瑾以洪武庚申生。永樂辛卯卒。永樂府志誤作成化。壽僅三十二歲。前後皆不同時。焉可誣也。乾隆紹興府志方技

明　馮汝賢、諸暨人。永樂中任蒲臺縣丞。善觀字之形體。參伍錯綜。以知人之休咎。所言無不奇驗。光緒浙江通志方技紹興府志方技

94　餘姚縣　秦置。舜支庶所封。舜姚姓。故曰餘姚。隋省入句章。唐復置。元升州。明復爲縣。屬浙江紹興府。清因之。

吳　虞翻、字仲翔。餘姚人。少好學。有高氣。爲孫策功曹。出爲富春長。曹操辟不就。孫權以爲騎都尉。嘗與孔融書、示以所著易注。融答書曰、聞延陵之理樂。覩吾子之治易。乃知東南之美者。非徒會稽之竹箭也。又觀雲物。察應寒溫。原其禍福。與神合契。可謂探賾窮通矣。關羽既敗、權使翻筮之。得兌下坎上節。五爻變之臨。翻曰、不出三日。必當斷頭。果如翻言。權曰、卿不及伏羲。可與東方朔爲比矣。皐按。本書卷首載伏羲氏。卷九載東方朔。今以孫權二語證之。吾似不爲妄矣。　翻數犯顏諫爭。權不悅。多見謗毀。遂徙翻交州。雖處罪放。而講學不倦。門徒常數百人。在南十餘年。年七十卒。歸葬舊墓。妻子得還。著有易注、

老子論語國語訓注、皆傳于世。三國吳志本傳

宋　程迥、迥、音垌。窵遠也。字可久。初家寧陵之沙隨。後徙餘姚。受經於嘉興聞人茂德、嚴陵喻樗、隆興癸未進士。嘗爲德興丞。事跡具宋史儒林傳。撰周易古占法一卷。古周易章句外編一卷。前卷周易古占法、凡十一篇。後卷雜論易說、及記古今占驗。其說本邵子加一倍法。據繫辭說卦。發明其義。用逆數以尚占知來。後朱子作啓蒙。多用其例。吳澄謂迥於朱子爲丈人行。朱子以師禮事之云。四庫經部易類三

明　孫陞、字志高。餘姚人。都御史燧、季子也。嘉靖乙未進士及第。授編修。累官禮部侍郎。嚴嵩枋國。陞其門生也。獨無所附麗。會南京禮部尚書缺。衆不欲行。陞獨請往。卒贈太子少保。諡文恪。陞嘗念父死宸濠之難。終身不書寧字。亦不爲人作壽文。居官不言人過。時稱篤行君子。明史附子鑨傳○明張瀚松窗夢話云。季泉孫公陞。忠烈季子也。乙未歲。余上春官。孫邀鄉人同事者飲。飲中。各問生辰。孫一坐算不言。頃之衆起離席。孫私語余曰。吾與兄爲同年友。在坐只吾二人也。但中年運限不利。未知究竟若何耳。尋爲余細推。復云無妨於身命。第西方二十年。宦途淹滯。行至南方。輒通顯矣。夫以數十年之遲速顯晦。決於八字之間。公之精於術數如此。孫是歲登一甲。余附二甲。孫先卜餘年爲宗伯。余後十餘年爲冢宰。

明 楊日東、字子升。少業儒。凡陰。陽。醫。卜。兵。家。攻。守。之術。無不畢窺。里有余某、精堪輿術。多奇驗。日東悅之。遂盡其術。後又遇異人於玉笥山中、口授地理祕訣數篇。豁然大悟。以營壽宮。宰相余有丁、薦日東。徵爲欽天監博士、主其事。壽宮成。例當增秩。日東謝病乞歸。士大夫高之。時越有三相。余有丁、沈一貫、朱賡、其父兆皆日東所占云。（光緒餘姚縣志方技）

清 黃宗羲、字太沖。餘姚人。明御史尊素、長子。康熙初、薦修明史。以老疾未赴。宗羲之學出於蕺山。聞誠意愼獨之說。縝密平實。嘗謂明人講學。襲語錄之糟粕。不以六經爲根柢。束書、而從事於游談。故問學者必先窮經。經術所以經世。不爲迂儒。必兼讀史。讀史不多。無以證理之變化。多而不求於心。則爲俗學。故上下古今。穴穿羣言。自天官。地志。九流。百家之敎。無不精研。學者稱爲梨州先生。年八十六卒。著有南雷文定等書。其易學象數論六卷。前三卷論河圖洛書。先天方位。納甲、納音、月建、卦氣、卦變、互卦、筮法、占法、而附以所著之原象爲內篇。皆象也。後三卷論外玄、乾鑿度、元包、潛虛、洞極、洪範數、皇極數、以及六壬、太乙、遁甲、爲外篇。皆數也。大旨謂聖人以象示人。有八卦之象。六爻之象。象形之象。爻位之象。反對之象。方位之象。互體之象。七者備而象窮矣。後儒之爲僞象者。納甲也、動爻也、卦變也、先天也。四者雜而七者晦矣。故是偏崇七象而斥四象。而七者之中。又必須求其合於古。以辨象學之譌。又遁甲、太乙、六壬三書。世謂之三式。皆主九宮以參詳人事。是偏以鄭康成之太乙行九宮法、證太乙。以吳越春秋之占法、國語冷州鳩之對證六壬。而云後世皆失其傳。以訂數學之失。其持論皆有依據。蓋宗羲究心象數。故一一能洞曉其始末。因而盡得其瑕疵。非但據理空談。不中窾要者比也。清史稿儒林傳

四部提要經部易類六
光緒浙江通志儒林

清　黃宗炎、字晦木。餘姚人。忠端公第二子。常偕其伯兄梨州、受業戢山劉忠正公之門。明崇禎中貢生。明亡後。以賣藥自給。不足則以古篆爲人鐫花乳印石。又不足則以季恩訓、趙伯駒二家畫法、爲人作畫。又不足則爲人制硯。賈値皆有定。世

傳其賣藝文。語多玩世。宗炎於象緯律呂軌革壬遁之學。皆有密授。既自放。乃著周易象辭三十一卷。尋門餘論二卷。圖書辨惑一卷。力闢陳搏之學。謂周易未經秦火。不應獨禁其圖。至爲道家藏匿二千年始出。又著六書會通。以正小學。謂揚雄但知識奇字。不知識常字。不知常字乃奇字所自出也。又有二晦山棲諸集。以故居被火。俱亡。康熙丙寅卒。年七十一。（清史稿儒林附黃宗羲傳 吳德旋初月樓續聞見錄）

清　孫光𣊬、字丹扶。餘姚人。順治辛卯副榜貢生。官槀城縣知縣。撰有晝筮圖一卷。撼龍經一卷。約取諸家之論氣脈者、附以己說。起原脈。終火耀。爲目二十有四。專論龍脈。非游談無根者比。（四庫子部術數類存目二）

清　勞史、字麟書。餘姚人。世爲農。少就傳讀書。長躬耕。養父母。夜則披卷莊誦。讀朱子小學、中庸序。慨然發憤、以道自任。舉動必依於禮。繼讀朱子近思錄。立起。設香案。北首稽首曰。吾師在是矣。其論學始於不妄語。不妄動。而極諸至誠無息。接後學委曲盡誠。學者稱餘山先生。得壽五十有九。實康熙癸巳正月三十日也。麟書三年前、即知全歸之期。至期從容飭家政。別親舊。無疾而終。平素覘機占事。無不奇中。數根於理。非若京房、管輅、郭璞等專精數學可比。蓋從源頭貫徹。故百家支流。如納音、納甲、星經、葬經、醫卜之類。一覽而曉。門人桑調元、爲刻其遺書十卷。其書謂易之爲道。細無不賅。遠無不屆。故多本易理以推人物之性。無穿鑿之弊也。

清史稿儒林、碑傳集理學中

清　顧鳳威、餘姚人。於市上買得抄本書一帙。乃算命訣也。後云萬歷六年戊寅、零陽道人手錄。得於嵩山僧者。顧朝夕推究。竟得不傳之祕。所談無不奇驗。嘗云人生富貴貧賤。悉由於命。即身後榮辱。亦命中所註。世人羣尊關帝。設於在曹之日。或遇害或病歿。後人誰亮其心。烏知其忠肝義膽。冠絕古今哉。至秦檜之惡。萬世唾罵。然上書二帥千餘言。慷慨激烈。必欲立趙氏之後。即令李若水輩執筆爲之。亦不過如此。設當時觸怒被殺。得不指爲宋室忠臣乎。關帝不死於曹。以成其忠。秦檜不死於金。以成其奸。命中早定。人自不知耳。其持論可謂奇闢。後至常州、推劉文定命造、躊躇再四、似不能解。劉詢其故曰、異哉子造也。當以翰林入仕。官至一品。然細較生平、竟無科第之分。殆不由舉人進士出身乎。後果以博學鴻詞授編修、官至大學士。其言始驗。顧殁後其書不傳。紀昀閱微草堂筆記

清　黃炳垕、號蔚亭。餘姚人。同治舉人。幼凝靜。有神解。精歷算星命堪輿之學。左宗棠撫浙時、爲測造沿海經緯輿圖。一時當道爭延致。輒辭不往。惟就寧波辨志精舍之聘。遂開浙東算學。光緒中、續修會典。炳垕已老。尚爲之參定條例。著有黃忠端年譜、黃梨洲年譜、誦芬詩略、交食捷算、五緯捷術、測地志要等書。清史稿載入天文算法類、推步之屬。餘姚縣志

清　周梅梁、字會極。餘姚人。得外祖范公眞傳。精硏堪輿。著地學仁孝必讀六卷。首載發凡數則。尤爲明白。光緒丁丑刊行。地學必讀序

95 上虞縣 秦置。本漢司鹽都尉治。地名虞賓。舜避丹朱於此。故以名縣。隋省入會稽。唐復置。明清皆屬浙江紹興府。

後漢　王充、字仲任。上虞人。少孤。鄉里稱孝。後到京師。受業太學。師事扶風班彪。好博

覽。而不守章句。家貧無書。常游洛陽肆。閱所賣書。一見輒能誦憶。遂博通。衆流百家之言。後歸鄉里。屏居教授。好講說。始若詭異。終有理實。以爲俗儒守文。多失其眞。乃閉門潛思。絕慶弔之禮。戶牖牆壁。各置刀筆。著論衡八十五篇。二十餘萬言。刺史董勤。辟爲從事。轉治中。自免還家。永元中卒。論衡、命祿篇云、凡人遇偶、及遭累害。皆由命也。有死生壽夭之命。亦有貴賤貧富之命。自王公逮庶人。聖賢及下愚。凡有首目之類。含血之屬。莫不有命。命當貧賤。雖富貴之、猶涉禍患。命當富貴。雖貧賤之、猶逢福善。故命貴、從賤地自達。命賤、從富位自危。故夫富貴若有神助。貧賤若有鬼禍。命貴之人、俱學獨達。並仕獨遷。命富之人、俱求獨得。並爲獨成。貧賤反此。難達、難遷、難成。獲過受罪。疾病亡遺。失其富貴貧賤矣。孔子曰、死生有命。富貴在天。魯平公、欲見孟子。嬖人臧倉毀孟子而止。孟子曰、天也。孔子聖人。孟子賢者。誨人安道。不失是非。稱言命者、有命審也。淮南書曰、仁鄙在時不在行。利害在命不在智。賈生曰、天不可與期。道不可與謀。遲速有命。焉識其時。高祖擊黥布、爲流矢所中。疾甚。呂后迎良醫。醫曰可治。高祖罵之曰、吾以布衣、提三尺劍、取天下。此非天命乎。命乃在天。雖扁鵲何益。韓信與帝論兵、謂高祖曰、陛下所謂天授。非智力所得。揚子雲曰、遇不遇、命也。太史公曰、富貴不違貧賤。貧賤不違富貴。是謂從富貴爲貧賤。從貧賤爲富貴也。春夏囚死。秋冬旺相。非能爲之也。日朝出而暮入。非求之也。命義篇云、墨家之論、以爲人死無命。儒家之議、以爲人死有命。言有命者見子夏言死生有命。富貴在天。言無命者、聞歷陽之都。一宿沉而爲湖。秦將白起、坑趙降卒於長平之下、四十萬衆。同時皆死。春秋之時、敗績之軍、死者蔽草。尸且數萬。饑饉之歲、餓者滿道。溫氣疫癘。千戶滅門。如必有命何其秦齊同也。言有命者、夫天下之大。人民之衆。一歷陽之都。一長平之坑。同命俱死。未可怪也。命當溺死、故相聚於歷陽。命當壓死、故相積於長平。猶高祖初起。相工入豐沛之邦。多封侯之人矣。未必老少男女俱貴、而有相也。卓礫時見。往往皆然。而歷陽之都。男女俱沒。長平之坑。老少並論。萬數之中。必有長命未當死之人。遭時衰微。兵革並起。不得終其壽。人命有長短。時有盛衰。衰則疾病被災蒙禍之驗也。宋衛陳鄭。同日並災。四國之民。必有祿盛未當衰之人。然而俱災。國禍陵之也。故國命勝人命。壽命勝祿命。人有壽夭之相。亦相貧富貴賤之法。俱見於體。故壽命修短皆稟於天。骨法善惡。皆見於體。命當夭折。雖稟異行。終不得長。祿當貧賤。雖有善性。終不得遂。項羽且死。顧謂其徒曰。吾敗乃命。非用兵之過。此言實也。實者項羽用兵過於高祖。高祖之起。有天命焉。卜筮篇云。世人言卜筮者多。得實誠者寡。論者或謂蓍龜可以參事。不可純用。夫鑽龜蓍揲。兆數輒見。見無常占。占者生意。吉兆而占謂之凶。凶數而占謂之吉。吉凶不效。則謂卜筮不可信。周武王伐紂。卜之而龜⿰兆焦。占者曰凶。太公曰、龜⿰兆焦以祭則凶。（⿰兆焦字彙補、音未詳。）以戰則勝。武王從之。卒克紂焉。魯將伐越。筮之、得鼎折足。子貢占之以爲凶。何則、鼎而折足。行用足。故謂之凶。孔子占之以爲吉。曰、越人水居。行用舟。不用足。故謂之吉。魯伐越。果克之。夫子貢占鼎折足以爲凶。猶周之占卜者謂之逆矣。逆中必有吉。猶折鼎足之占、宜以伐越矣。

夫卜筮非不可用。卜筮之人占之誤也。後漢書本傳論衡

吳

吳範字文則上虞人。以治曆數知風氣聞於郡中。舉有道會孫權起於東南。範委身服事。每有災祥。輒推數言狀。其術多效。初權在吳、欲討黃祖。範曰、今茲少利。不如明年。明年戊子。荊州劉表亦身死國亡。權不聽。卒不克。明年軍出。行及潯陽。範見風氣。詣船賀。催兵急行。至卽破祖。祖夜亡。權恐失之。範曰、未遠。必生擒祖。五更中果得之。劉表竟死。荊州分割。範又嘗言、歲在甲午。劉備當得益州。後呂岱從蜀還。遇之白帝。備部衆離落、死亡且半。事必不克。權以難範。範曰、臣所言者、天道也。而岱所見者、人事耳。備卒得蜀。權與呂蒙謀襲關羽。議之近臣。多曰不可。權以問範。範曰得之。後權與魏爲好。範曰、以風氣言之。彼以貌來。其實有謀。宜爲之備。劉備盛兵西陵。範曰、終當和親。皆如其言。權以範爲騎都尉、領太史令。數從訪問。欲知其訣。範祕惜其術。不以至要語權。權恨之。初權爲將軍時。範嘗言、江南有王氣。應在亥子之間。權曰、若終如言。以君爲侯。及立爲吳王。範時侍宴。曰、昔在吳中。

嘗言此事。大王識之耶。權曰有之。因呼左右、以侯綬帶範。範知權欲以厭前言。推不受。及後論功行封。以範爲都亭侯。詔當出。權恚其愛道於己也。削除其名。範爲人剛直。與親故交接有終始。素與魏滕同邑相善。滕嘗有罪。權責怒甚嚴。敢有陳者死。範謂滕曰、與汝偕死。滕曰、死而無益。何用死爲。範曰、安能慮此、坐觀汝耶。乃髡頭。（髡、音坤。去髮也。古刑法之一種。）自縛詣門下。使鈴下以聞。鈴下不敢。曰、必死。不敢白。範曰、汝有子耶。曰、有。曰、使汝爲吳範死。子以屬我。鈴下曰諾。乃排閤入。言未卒。權大怒。欲便投以戟。逡巡走出。範因突入。叩頭流血。言與涕並。良久。權意釋。乃免滕。滕見範。謝曰、父母能生長我。不能免我於死。丈夫相知。如汝足矣。何用多爲。黃武五年丙午、範病卒。先知其死日。權追思之。募三州有能舉知術數如範者。封千戶侯。卒無所得。（三國吳志本傳）

明

蔡山人、上虞人。蚤嘗習進士業。試不利。卽委分田野。無競於時。中年。難於生事。乃以五行書推人生年月日所直日辰。而有以勸之。於其富貴者。勸其不溢不危。

於其貧賤者。勸其不諂不濫。於其壽夭禍福。勸之以不偷活。不傷生。不足欲。不蹈險。爲人言命而所勸若是。非以君子之道處己處人者歟。不然。何其不專尙乎術數之學也。余久處貧賤者也。今年春遇山人田野間。聞其言。知其有志乎君子之道。而心竊喜焉。故以序贈之。（皇明文衡宋玄僖序）

明

許璋。字半圭。上虞人。淳質苦行。潛心性命之學。白袍草履。挾一衾而出。欲訪白沙於嶺南。至楚、見白沙之門人李承箕。質疑問難。語之以靜坐觀心。不至嶺南而反。陽明自江右歸越。每相訪。菜羹麥飯。信宿不厭。璋歿。陽明題其墓曰、處士許璋之墓。於天文地理。靡不究心。正德中、嘗指乾象、謂陽明曰、帝星今在楚矣。已而世宗起於興邸。（光緒浙江通志儒林）

清

夏聲、字承韶。幼穎異。善讀書。慷慨有大志。聞英夷搆釁。投筆歎曰、習此雕蟲技。腐儒耳。遂棄舉業。鍵戶讀韜略。旁涉星卜遁甲奇門陰陽五行家言。惜終無有知之者。及甯郡陷。鄰邑震恐。聲告戚里曰、吾夜占星象。災不及斗分。越、斗分也。惟餘姚不免。然亦不爲害。後果如其言。嘗夏夜聚棹爲臺。置胡床於上。坐觀星。忽喟然曰、蚩尤已見。二十年後。天下當遭兵刼。蓋應在粵賊也。一日、遊村外。有漁者舉網過。請曰、先生善占。今將漁於河。所得幾何。聲占之曰、今當得二鯉。然身必跌。且溼衣。漁者至河岸。失足於水。不踰時、果得二鯉而歸。

清

錢曰濬、字心泉。邑諸生。善易。通奇門遁甲之學。推測如神。不輕語。晚年益祕默。尤精地理。甯郡士大夫、多從之遊。有延之者、但勸以勿停葬。毋爲吉兆所惑。嘗語人曰、造福地易。造心地難。著有堪輿精言等書。兵燹後、多散佚。孫愛蓮、亦精地學。

以上上虞縣志方技

96 嵊縣

本漢剡縣地。吳越改爲贍縣。宋更名嵊縣。明清皆屬浙江紹興府。

宋

姚寬、字令成。嵊縣人。以父舜明任補官。至樞密院編修。博學强記。於天文推算尤精。完顏亮入寇。中外以爲憂。寬獨推太乙熒惑所次。爲賊必滅之兆。亮果自斃。上以其言驗。召對移晷。疾作。仆於榻前。寬詞章之外。頗工篆隸、及工技之事。著有

五行祕記西溪叡話等書。（光緒浙江通志文苑）

97 新昌縣（漢剡縣地。五代時吳越析置新昌縣。故城在今縣東。後移今治。明清皆屬浙江紹興府。）

明 楊宗敏、彩烟人。永樂靖難時、有異僧扣門。其父館穀之。僧見宗敏聰慧。傳以堪輿之術。登山隔十里許。即知結穴坐向及倒杖毫釐不爽。決吉凶消長若影響然。今邑中諸大家墳墓發福綿遠者。皆其所扦穴也。至今稱爲楊地仙云。（光緒浙江通志方技康熙新昌縣志方技）

歷代卜人傳卷九終

清知不足齋刊唐李淳風注釋孫子算經云。今有孕婦行年二十九。難九月。未知所生。答曰生男。術曰置四十九。加難月。減行年。所餘以天除一。地除二。人除三。四時除四。五行除五。六律除六。七星除七。八風除八。九州除九。其不盡者。奇則爲男。耦則爲女。

禮記表記。子言之。昔三代明王皆事天地之神明。無非卜筮之用。不敢以其私褻事上帝。是故不犯日月。不違卜筮。卜筮不相襲也。大事有時日。小事無時日。有筮。外事用剛日。內事用柔日。不違龜筮。子曰。牲牷禮樂齊盛。是以無害乎鬼神。無怨乎百姓。子曰。后稷之祀易富也。其辭恭。其欲儉。其祿及子孫。詩曰。后稷兆祀。庶無罪悔。以迄于今。子曰。大人之器盛敬。天子無筮。諸侯有守筮。天子道以筮。諸侯非其國。不以筮。卜宅寢室。天子不卜處太廟。子曰。君子敬則用祭器。是以不廢日月。不違龜卜。以敬事其君長。是以上不瀆於民。下不褻於上。

中國歷代卜人傳卷十

潤德堂叢書之八

鎭江袁阜樹珊編次

浙江省四

98 臨縣海三國吳置。爲臨海郡治。尋徙郡治章安。以縣屬焉。隋省章安入臨海。明清皆屬浙江台州府治。民國廢府。

宋 黃樸、臨海人。自號白雲山人。以藝游四方。推人始生歲月日辰。攷步五行五星。知其性行氣質貴賤壽夭。輒奇中。嘗謁孫應時、一日閱數十人。道往事悉驗。應時友葉養源、久困場屋。樸曰、是來歲必第進士。及言陳用之、亦然。至餘人、或[illegible]銳自負。或郡士所推許。明年皆如其言。樸爲人疎野。喜面折。不顧忌。不伺人辭色爲高下。或逢盛怒。終不改。久而皆信。又時時能切指心術行事得失。爲勸戒。不與他日者比。民國台州府志方技

明 周景一、臨海人。性躭山水。得青囊之祕。人以地仙稱之。著有地理指迷第一卷

首論巒頭爲本。爲全編立言大旨。分斂、仰覆、向背、合割、四篇。概論開面、縱橫、收放、偏全、聚散、四篇。概論地步。二卷分論開面。三卷分論地步。後以開面、地步、包括形勢星辰。爲山法諸篇結束。饒減、挨棄、倒杖、淺深四篇。爲立穴定向之準繩。所以補葬法之未備。四卷專論平陽。承山龍開面說起。以山洋異同爲總結全書。乾隆丁未刊行。民國台州府志方技山洋指迷序例

台州 春秋越地。三國吳置臨海郡。唐置海州。尋改曰台州。因天台山爲名。尋復曰臨海郡。五代又改曰台州。宋曰台州臨海郡。明初改台州府。屬浙江。清因之。民國廢。治所即今臨海縣。

宋

王卿月、台州人。乾道己丑進士。常提刑蜀中。從邵雍後人傳其易學。通音律卜筮。論人窮達壽夭。甚中。初仕祕書郎。權中書舍人。直學士院。掌制誥。所草詞百餘篇。深得代言之體。嘗草胡詮制云、吾寧深蹈東海。獨魯仲連不肯帝秦。至今名重泰山。徽藺相如何以存趙。時論多之。除太府卿、卒。著有醒庵集。光緒浙江通志文苑台州府志方技

明

邱良仁、台州人。正德間、推命多奇中。百戶陶炳、以命叩之。云、將星入命。禦敵必得奇功。當陟二級。世襲千戶。時承平無虞。人笑之。八年癸酉、開化江西寇起。總制

陶琰、輿炳將才。從參帥李隆、勦寇有力。果陟一級。世襲。炳作洞徹玄機卷。求縉紳詩文以贈之。（光緒浙江通志方技）

100 黃巖縣（漢回浦縣地。後漢爲章安縣地。隋爲臨海縣地。唐置永寧縣。尋改曰黃巖。元升爲州。明仍爲縣。屬浙江台州府。淸因之。設海門鎭總兵駐此。）

宋

陳際叔、黃巖人。儒家子。少而喜游。能相人。其術亦奇。際叔爲人倜儻。有直氣。坐逢鄙夫俗子。瞪目拂衣不語徑起。雖大官貴人盛氣勢邀致。欲其陽浮諛悅。不可得。孫應時撰序贈之。（皋按。孫應時。字季和。鄞人。師事陸九淵。登進士第。朱熹重之。官常熟縣。著燭湖集。）稱其能不敗於利欲。不陷於卑辱。故其術精明能過人。（民國台州府志方技）

元

戴胄、字養和。黃巖人。通周易。精推驗測究之法。醫藥兵刑律歷。皆習知之。自奇其才。走燕京。謁左丞帖木兒。一見語相投。留教其子。時以計干之。帖木兒、輒稱善。號之曰鵬飛先生。將薦於朝。胄以數推之。知中原將亂。遂以母老辭歸。益攻其舊學。曰。吾非不欲聞達。吾才非不如人。然而不得者。有命也已。而亂果起。至正二十三年癸卯卒。年七十三。（民國台州府志方技）

明　林心月、黃巖人。年八十餘。寓西橋。善易數。預知吉凶。洪武間、承方寇之後。黃巖頑敝殊甚。嘗爲人言後此五十年。有周令者來。民始安。果有周旭鑑者。貴溪人。以學行。三楊薦知縣事。凡九年。縣以大治。父老憶其歲月、正合。羣訴請留。即陞台州通判。仍縣事。即陞知台州府事。又加右參政。掌府事。前後凡三十餘年。台人賴之。黃巖遂爲善邑。（明湖上朱國禎湧幢小品）

明　陶宗儀、字九成。黃巖人。少舉進士不第。即棄去。務古學。於書無所不窺。工詩文。家貧。教授自給。洪武初、屢徵不就。晚年有司聘爲教官。常客松江。躬親稼穡。暇則休於樹陰。有所得、摘葉書之。貯一破盎。（盎、烏去聲。瓦器盆也。）久之。取次成帙。名曰南村輟耕錄。凡三十卷。所載安命法。以日月五星。及羅計炁孛四餘氣、躔度過宮。遲留伏逆。推人之生年。月日時。可以知休咎定壽夭。又解釋納音所起、及遇龍則化。尤爲明晰。學者多宗之。（輟耕錄光緒浙江通志文苑）

101　天台縣（漢回浦縣地。三國吳置始平縣。晉曰始豐。隋省臨海。唐復置始豐縣。後改曰唐興。吳越改曰天台。石晉改爲台興。宋復曰天台。明清皆屬浙江台州府。）

元　陳應潤、字澤雲。天台人。延祐間、由黃巖文學、起爲郡曹掾。至正乙酉、調桐江賓幕。撰周易爻變義蘊四卷。是書所注、用王弼本。惟有上下經、六十四卦。據春秋傳之某卦例。如乾之姤、曰潛龍勿用。乾之坤、曰見羣龍无首吉之類。故名曰爻變。其稱一卦可變六十四卦。六爻可變三百八十四爻。卽漢焦贛易林之類。蓋亦因古占法而推原其變通之義。非臆說也。每爻多證以史事。雖不必其盡合。而因卦象以示吉凶。以決進退。於聖人作易垂訓之旨。實有合焉。（四庫經部易類四）

元　胡振卿、天台人。性聰敏。通陰陽術數之學。任本縣陰陽學教諭。卒年九十。（民國台州府志）

方技

元　徐仲遠、天台人。善推祿命。劉基贈以序言。曰、世之所謂禍福通塞者。果由於命耶。聖人罕言命。命果不足道耶。孔子曰、道之將行也與命也。道之將廢也與命也。自古固有不仁而安榮、守道而戮辱者。庸非命乎。古之人以壽、富、康寧、攸好德、考終命、爲福。而不言貴。今之論命以官爵之大小品高下。豈古之所謂禍福與今異耶。好德無踰於仲尼、則厄窮而在下。顏淵亞聖、三十以死。曹孟德、司馬仲達、位在人上、而以壽終、且及其子與孫。禍耶、福耶、當何以斷之哉。易曰、窮理盡性以至于命。孔子曰、不知命無以爲君子也。今之言命者、其果有合於古人否乎。天以陰陽五行生爲人也、陰陽五行之精、是爲日月水火土金水之曜。七曜運乎上、而萬形成於下。人也者、天地之分體、而日月水火土金水之分氣也。理生氣、氣生數、由數以知氣、由氣以知理。今之言命者之所由起也。夫氣、母也、人、子也、母子相感、顯微相應、天人之理也、則亦何可廢哉。日至而麋鹿解、月死而蠃硥瞧。（蠃、音羅、蚌屬、本作螺。硥同硥、武項切。音傂、石貌。）溫風動、而薺麥死。清霜降、而豐鐘鳴。物理相通、不可誣也。天台徐仲遠、以七曜四餘、推人生禍福、無不驗。予甚異之、而贈以言。若夫吉凶利害之所趨避、則吾聞之孟子矣。（誠意伯文集、參民國天台縣志方技）

明

王奇、字世英、天台人、爲諸生、通天文星數卜筮之學、或曰、有異傳焉。遊金陵、成化中、三原王公在兵部、方爲權貴所厄、屬奇筮之、曰、公歸矣。越三載、其起當銓衡乎己而果然。刑部逸重囚。奇筮之。遇恆之大過。曰、五為囹圄。賊入矣。其為逃之計其獲日與時皆不爽。陳指揮妻死、將斂。其女病問命於奇。奇曰、女固無恙。其母亦未死。後當生二子。卽欲斂。其必越午。至午時、妻復生。後果生二子。王郎中應奎問命。奇曰、是火氣太盛。若官之南、所至必有火災。後守台州。郡中災、十室九燼。嘗遊歡谷山中、仰見星象。嘆曰、客星主急變。奈何。越三日。復觀焉。則喜曰、無事矣。未幾、逆瑾敗。此數事、其尤異者。奇性至孝。宥所得、付其弟以養母。母年九十餘。奇為嬰兒以悅之。有佳果必袖衣奉。然介甚。苟非義、雖千金不顧也。終身不受室。以猶子宗元為之子。光緒浙江通志方技○集成卜筮部名流列傳云、王奇為邑庠生。以星命占筮之術稱于人。言禍福輒應。年八十、終於京師。時館人以事坐誣繫獄。奇為直之。其妻招夜飲。閉門不赴。明天徙去。人以為難。無錫邵尚書深愛重之。為志其墓。

明

裘魯恭、天台人。通相術。言人生死壽夭禍福富貴貧賤。數十年後多應。一時神之。至今父老猶能詳言其事。圖書集成相術部名流列傳

102 寧海縣 晉析鄞縣地置。隋省入章安。故城在今浙江寧海縣東北。唐初復置。治海游。尋省。永昌初復置。治廣度里。卽今縣治。明清皆屬浙江台州府。

宋　羅一新、寧海人。以星度之學。推人壽夭亨窮。如指諸掌。紹定時薄遊閩浙。眞德秀作敍贈之。（民國台州府志方技）

金　郝大通、寧海人。隱於卜筮。後從王嘉學道。修眞崑崙山。年七十三羽化。有太古集、太易圖示教眞言。元至元中、贈廣寧通玄太古眞人。（寧海縣志方技）

明　葉兌、字良仲。寧海人。得象、孫。博通經史。尤精天文地理卜筮之書。以經濟自負。元末、知天運有歸。以布衣獻書太祖。列一綱三目。言天下大計。時太祖已定寧越。規取張士誠、方國珍。而察罕兵勢甚盛。遣使至金陵。召太祖。故兌書於三者籌之爲詳。太祖奇其言。欲留用之。力辭去。賜銀幣襲衣。後數歲、削平天下。規模次第。略如兌言。（明史列傳民國寧海縣志隱逸）

103　太平縣（明析黃巖縣地置。屬浙江台州府。清因之。民國改爲溫嶺縣。）

明　江萬紀、本名麟臺。字以明。松門人。性耽學。手不輟披。精堪輿。兼知天文象數。言多驗。自號鈎玄子。天台張侍郎太素深奇之。或薦於時相馬士英。笑曰、觀彼所爲。

豈能作文天祥。江南且破矣。挈妻子、遁琥溪山中。（嘉慶太平縣志隱逸）

清　王佺、字玉田。太平人。習星學。每爲隱語定人咎休。有奇驗。嘗推一朝貴云。明年更得君王寵。臨行又贈一車斤。人以爲誤書金爲斤。其人後竟被戮。始悟字意。其所推多類此。臨歿、出一丸、屬家人研灌其屍。香聞滿室。或云佺、少習舉業。出顧迴瀾門。就試錢塘、見一人乘繖渡。佺揖之。遂授以書。所著醉醒子集十段錦之類。今星家皆祖之。

清　方略、字賢濟。號筠溪。太平人。性穎敏。博覽羣籍。精六壬數。旁及地理諸技。尤長於畫。品格在黃公望、倪瓚間。興至自寫意。不輕爲人作。與同里沈及齋善。沈贈詩、有立言皆見道。作畫怕知名之句。雍正間、捕妖黨方濟賢、甚嚴。略誤被逮至杭。沈爲求杭人吳玉士白其冤。既出獄。沈吳交賀。略笑曰、未來尚有九日災。過此無事矣。已覆鞫果如所言。吳留之遨遊湖山。十餘年畫益進。卒葬錢塘門外。沈爲之傳。（以上民國台州府志方技）

104 衢州（春秋越姑蔑地・三國吳至隋・皆屬東陽郡・唐置衢州・以州有三衢山而名・改曰信安郡・復曰衢州・元升衢州路・明初改龍游府・尋復曰衢州府・清因之・屬浙江省・治西安縣・民國廢府・改西安曰衢縣・）

宋　張鬼靈、三衢人。其父使從里人學相墓術。忽自有悟見。因以鬼靈爲名。蔡安世先墓。在富春白昇嶺。其兄宏延鬼靈至墓下視之。謂宏曰、此墓當出貴人。然必待君家麥甕中飛出鵪鶉。（鵪・音諳・鶉・音純・鵪鶉・鳥名・形如雞雛・色黑・）爲可賀也。宏曰、前日某家臥房米甕中、忽有此異。方有野鳥入室之憂。鬼靈曰、此爲克應也。君家兄弟有被魁薦者。卽是貴人。是秋安世果爲國學魁選。

宋　余聽聲、三衢余山人。善相氣色。又工聽器物聲。嘗至婺源邑士李熙仲家、試其術。使立戶外。而自登廊上鼓梯。執兩椎敲擊數四。乃呼入問之曰、鼓有雙聲。當應二子弟喜慶事。是歲淳熙十三年丙午、及秋試、二子皆薦名。（以上光緒浙江通志方技）

明　祝宗元、西安厚川人。從趙緣督先生遊。（阜按・緣督・卽龍遊縣所載之趙友欽也・）精象緯遁甲諸書。元季兵至。聚鄉勇自保。寇來輒迷所向。皆遁去。行省以聞。授衢州府同知。不受。後以劉基、宋濂薦。召爲司天監靈臺郎。非其志也。乞歸。賜五品服。年九十三卒。（嘉慶西安縣志方技）

清　趙世對、字襄臣、衢州人。撰易學筮貞四卷。茲編論易爲卜筮之書。故經秦火而獨存。命之曰筮貞。謂以筮而貞萬世之變也。不載經文。惟采先儒議論。分類編輯。一卷曰綴集本旨。曰易學源流。曰圖書節要。二卷曰蓍法指南。三卷曰占變詳考。四卷曰易道同歸。論筮法與占變、條理頗爲詳明。蓋純以數言易也。（四庫提要經部易類存目三）

105　龍遊縣（春秋越姑蔑地。漢太末縣。隋并入金華縣。唐分信安金華二縣地。改置龍丘縣。吳越改曰龍遊。明清皆屬浙江衢州府。）

南齊

徐伯珍、字文楚、太末人。少孤貧。學書無紙。嘗以竹箭箬葉甘蕉學書。山水暴出。漂溺宅舍。村隣皆奔走。伯珍累牀而坐。讀書不輟。積十年、研精經史。游學者多依之。又好釋氏老莊。兼明道術。歲嘗旱。伯珍筮之。如期而雨。後移居九巖山。州郡禮辟、皆不就。兄弟四人。皆白首相對。時人呼爲四皓。建武四年丁丑、卒年八十四。受業生、凡千餘人。（南齊書南史隱逸）

元　趙友欽、宋宗室。鄱陽人。或曰名敬。字子恭。或曰友欽其名。弗能詳也。世因其自號稱爲緣督先生。習天官遁甲。鈐式諸書。一日坐芝山酒肆中。逢修眉方瞳者。索酒飲。異而卽之。相與談玄。頗久。出囊中九還七返丹書遺之。臨別。問姓名。曰、吾扶風石得之也。自是往東海上、獨居十年。注周易數萬言。復棄去。乘青騾、往來衢婺山水間。旅中之費。未嘗乏絕。竟不知爲何術。倦遊而休。泊然而化。葬於龍游之雞鳴山。宋濂、劉基、昔皆從之遊。所著僅存革象新書。王禕手校傳世。（清統志浙江省衢州府志流寓浙江通志仙釋）

明　朱暉、字德明。善天官家。少從鄱陽趙友欽學。得其革象新書。日夜研究。業遂精。大將軍胡大海、取金華。暉獻平天下三策。大海異之。命領兵從攻衢州。所撰有三辰顯異經。子謙齋、尤精卜筮。以術授方明。明後以地理聞。所葬多驗。（光緒浙江通志方技康熙龍游縣志）

明　章濬、字季明。精天文書。得趙朱源委。受知明太祖。擢任欽天監中官正、稱職。有勅令寶誥之賜。後其裔世官司天。四代孫章懷珠、有志理學。辭司天蔭。讀書談道。悠然自適。巡按吳公遵常、以詩貽之。嘉其高節。（康熙龍游縣志方技）

106　常山縣（漢太末縣地。後漢分置定陽縣。隋廢。唐改置常山縣。以縣南有常山名。故城在今浙江常山縣東南。尋移今治。宋改曰信安。元復改曰常山。明清皆屬浙江衢州府。產紙。）

清　毛書有、邑庠生。精青烏術。年登耄耋。履高涉險。必窮其脈。二十一歲喪偶。終身

不娶。尤人所難。光緒常山縣志方技

107 **開化縣** 宋置開化場，詩升爲縣，明清皆屬浙江衢州府。

明 吾謹、字惟可、開化人。正德丁丑進士。總角能吟詩。博綜經傳子史。天文地理兵家陰陽釋道等書、過目不忘。李夢陽奇之、曰、今之李賀也。志輕軒冕、得第後、歸隱少華山、與何仲默、孫太初、李崆峒、相頡頏。光緒浙江通志文苑

清 戴敦元、字金溪、開化人。幼有神童之譽。乾隆進士。由刑部主事、累官刑部尚書。性廉潔、卒之日、笥無餘衣、囷無餘粟、庀其產不及百金。庀：普比，具也，治也。諡簡恪。敦元、喜天文歷算、討論有年、而星命之學尤精、爲人推測恆多驗。一日、奇想天開、屬玩具肆中人製小泥孩若干、並記其捏成之年月日時、於背爲之推算、以記於別紙、製成攜歸、給家中小兒使佐嬉、及其碎壞、出別紙證之、驗者乃十而八九。清史稿本傳、清稗類鈔方技

清 汪承烈、字丕成、號耐圃、厚岡人。弱冠入庠、天姿英敏、淡於仕進、爰究心醫卜星相之書、尤善測陰陽、諏吉課、邑城附貢、宋嗣僖、其姻戚也。年六旬、艱子嗣。烈爲相

宅於丁方。並擇丁吉構造。嗣舉丈夫子二。應驗如響云。

清　陳光瑞、字華五。彩川儒童。穎敏淹通。兩試歲科不售。遂習青烏術。徉山水以自娛。凡錦囊玉髓諸經。靡不精探奧窾。故生平所攢吉壤。多發祥者。徽廣陵郡諸鉅族。來聘者屨恆滿。年八十四。堂弟光堯。尤得其祕鑰。以上光緒開化縣志方技

108　金華縣、後漢置長山縣。隋改曰吳寧。又改曰東陽。後改曰金華。唐改曰金山。尋復曰金華。明清皆屬浙江金華府治。其地出醃豚蹄。俗名金華腿。又名南腿。爲有名特產。

宋　蔡碧雲、耆相鄭忠愍公剛中贈序云。紹興辛亥冬十月、有相士姓蔡者、自號碧雲道人。訪予於金華。予時已冒禮部。蔡道人云、廷試當在第三。春試當爲第一。留小詩一絕。其末云、學館色如藍。不作鰲頭亦第三。余不敢領。又坐貧無以酬之。因其求詩。謾書以付之。俟道人術信、則持此書以見余。皋按、據公年譜云、紹興二年壬子賜進士及第。蔡道人之豫言、誠不虛也。北山文集

宋　何巨源、善推祿命。王編修質、贈以詩云。何君巨源、婺女人。即今浙江金華縣。與范右史元卿有連。其談五行、歷歷可聽。自富川過蘄春、將之武陵。塵埃中試求公卿。當有雷

霆一世者。自墮胞胎裏。難逃造化中。一毫皆有數。三昧卽無窮。消息深深見機緘了了通。君能希八九。亦足問元功。（宋王質雪山集）

宋　盧鴻、字碩父。舉進士。善仙卜。鄉人周師銳、旣中省問之。曰、當魁多士。且曰、須熟讀程易師卦。師銳從其言。已而廷對問師律之旨。遂舉第一人。（光緒浙江通志方技）

宋　葛好問、精星度。賣卜於婺州衙前。（婺州、卽今金華縣治。）嘗爲蘇子容推命。謂爲全似杜祁公。今以行事觀之。杜祁公爲相不及百日。以少師致仕。年八十而薨。子容在相位不及一年。以少師致仕。年八十有二。與祁公出處始終略同。好問之言信不誣也。（宋袁文甕牖閒評　蘇頌譚訓）

元　厲周卿、婺州人。精卜術。天曆間、遊京師。一日楊琚、寫一上字卜之。厲卽對本鈔錄姓名出處之說。皆如所見。後一段云、商量更改事佳會。喜金羊寅巳同申至。好事喜非常。其應果在十年後。豈非萬事皆分也。（光緒浙江通志方技）

元　許謙、字益之。其先京兆人。由平江徙金華。謙數歲而孤。甫能言。母陶氏口授孝經論語。入耳輒不忘。稍長。立程自課。雖疾不廢。既乃受業金履祥之門。居數年。盡得其奧。謂學以聖人爲準的。然必得聖人之心。而後可學聖人之事。聖賢之心具在四書。四書之義。備於朱子。顧其辭約意廣。讀者安可以易心求之乎。其他若天文地理典章制度食貨刑法字學音韻醫經術數之說。亦靡不該貫。嘗謂學者孰不曰闢異端。苟不深探其隱。而識其所以然。能辯其同異。別其是非也。幾希。延祐初。謙居東陽八華山。學者翕然從之。嘗曰。已有知。使人亦知之。豈不快哉。至元三年丁丑卒。年六十八。嘗以白雲山人自號。世稱爲白雲先生。朝廷賜謚文獻。（元史儒學光緒浙江通志儒林）

元　鄭謐。字彥淵。金華人。晦迹衡門。不求聲譽。攻陰陽曆數之學。嘗注郭璞葬書。以爲獨詣。後聞其友葉儀、范祖幹之論。方知正學。刻苦研窮。晝夜不輟。有心學圖說。蘇伯衡、胡平仲爲之序。（光緒浙江通志隱逸）

明　劉日新。金華星者。太祖下婺。召推命。曰。極富極貴。太祖怒其不言官職。劉請屏左右曰、極富者、富有四海。極貴者、貴爲天子。上喜。洪武四年辛亥、召至。問所欲。富貴皆對不欲。惟欲求一符遍遊天下。太祖以手所揮白扇題曰、江南一老叟腹內羅星斗。許朕作君王。果應神仙口。賜官官不要。賜金金不受。持此一握扇。橫行天下走。識以御寶。劉持之遍游焉。光緒浙江通志方技圖書集成星命部名流列傳

109 蘭谿縣唐分隋金華縣地置。因蘭溪爲名。元升爲州。明復爲縣。屬浙江金華府。清因之。

宋

葉容、字可大。橫山鄉人。博通羣書。貫穿史籍。嘗從鄧太史、習天官之學。事之數十年。精於其業。言天象休咎。證應毫釐無失。所著有太乙三辰顯異經十卷。浙江通志方技光緒蘭谿縣志藝術

元

金履祥、字吉父。蘭谿人。其先本劉氏。避錢武肅王嫌名。更爲金氏。履祥幼而敏睿。比長、益自策勵。凡天文地形禮樂田乘兵謀陰陽律歷之書。靡不畢究。及壯、知向濂洛之學。事同郡王柏。登何基之門。自是造詣益邃。時宋之國事、已不可爲。履祥遂絕意進取。德祐初、以迪功郎史館編校起之。辭弗就。屏居金華山中。兵燹稍

息。則寄情嘯詠。視世故。泊如也。至與物接。則盎然和懌。訓迪後學。諄切無倦。何基、王柏之喪。履祥以義制服。觀者始知師弟子之繫於常倫也。著有通鑑前編大學疏義等書。學者稱爲仁山先生。至正中。賜謚文安。（元史儒學光緒浙江通志儒林）

明　方拱之。善星命。得異人傳先天之數。談吉凶定死生。往往奇中。足迹所至。人爭叩之。學士吳公沈、贈以序文。（光緒蘭谿縣志藝術）

明　陸位。字斗南。以汪雲陽原本果老星宗、輯刊行世。萬歷癸巳。南京戶部尚書、博羅韓擢序言有曰、陸生操季主之術。挾果老之奇。而遊於世。惡所適而不可哉。庶幾無負汪君意已。（果老星宗韓擢序）

明　楊子高、蘭谿人。跛一足。挾相人術。走天下。其辨人貴賤窮富。歷歷如見。名遂大譟。家致萬金。嘗至閩、一見朱中丞運昌、而謂其必死。一日至某齋中、坐客不期而集者二十許人。或文學。或布衣。或掾史貰郎丹青地師。辨析無毫釐差謬。人疑其有它術。某間叩之。曰、此無它。但閱人多耳。（五雜組）

明　章懋、字德懋。蘭谿人。成化丙戌進士第一。授編修。疏諫元夕張燈。廷杖謫官。累遷福建按察司僉事。尋致仕歸。屏跡不入城府。奉親之暇。以讀書講學爲事。世稱楓山先生。每對諸生云、甲子以後。天下必多事。乙丑、孝宗皇帝賓天。（弘治十八年）果有劉瑾擅權之禍。豈心靈預識。抑別有術數致之耶。正德庚午、起爲南京太常卿。皆力辭不就。晚年三子、一孫、盡死。年八十二生少子接後。以廕爲國子生。世宗嗣位。（嘉靖元年己酉）卽家進南京禮部尚書致仕。其冬遣行人存問。而懋已卒。年八十六。贈太子少保。諡文懿。著有楓山語錄。楓山集。（明史本傳明朱國禎湧幢小品○西清筆紀云・章楓山・位尚書・無子・撫二姪爲嗣・日者推命云・公必有後・但稍遲耳・年八十適値迎春・僮僕俱往觀・公獨坐小齋・一婢名春香・送茶至・公不覺情動・遂與私通・因有孕・過三月・婢泣告公・恐二公子見疑・潛爲所害・公啓書匣・得銀一封・重八十兩付之・今備日用・另移置密室中・屬毋輕出・且書一絕云・八十新年遇看春・豈知弄假却成眞・生女賠奩來嫁出・生男家產合平分・書押印記・付婢執照・後果生子・名揖・公亡・二兄誣其來歷不明・將逐之而吞其產・婢執公詩赴官・斷令遵公治・命平分・後揖用恩蔭・爲中書舍人・楓山禮樂名臣・宜天下不蘄其後・）

110　東陽縣（唐置・五代梁改曰東場・宋復曰東陽・明清皆屬浙江金華府・）

隋　舒綽、東陽人。宰相楊恭仁欲遷葬。會陰陽家五六輩。皆海內知名。恭仁未之決。

遺人馳往取葬地四隅土各一斗。方面形勢悉書於歷。密緘之出土示衆。言人人殊。獨綽定一土。泚筆識之。與恭仁所書之歷無毫髮差。綽曰、此土五尺外、有五穀。得其一卽是福地。世爲公侯。恭仁延綽至其處。掘地七尺得一穴如五石甕。貯粟七八斗。是地昔爲粟田。蟻啄之入穴故然。時以綽爲聖。（光緒浙江通志方技）

元

張去非、東陽人。少警敏。有大志。任江浙官醫提舉。其爲術深超經詣。精驗如神。然不專于爲人已疾。尤善太素脈。言人吉凶貴賤壽夭。率皆奇中。去非自號實堂。人罕用爲其所稱。而直以藝配其姓。稱之曰張太素云。天歷元年戊辰卒、享年八十有三。（元黃學士文集江浙官醫提舉張公墓誌銘）

明

王娗、號鶴泉。三十八都人。爲庠先計。殫心地理。未常鬻術以取利。然偶一爲之。其應如響。嵊邑則葬喻尚書養初祖地。永康則葬程農部開業祖地。本邑則葬上湖呂氏蜘蛛結網。嘉靖庚申、由麗川遷居金盤。又卜兆於南澗。皆驗。著地理纂要行世。今其書採入雪心賦。後有蔡星槎、精堪輿術。有元囊集行世。（道光東陽縣志方技）

歷代卜人傳卷十終

中國歷代卜人傳卷十一

潤德堂叢書之八

鎭江袁阜樹珊編次

浙江省五

111 義烏縣漢烏傷縣・唐分置烏孝華川二縣・尋并改爲義烏・明清皆屬浙江金華府・

元 朱震亨、字彥修。烏城人。少讀書。師事許謙爲高第弟子。嘗有志當世。充賦有司。不合。退而業醫。猶幸濡沫及人也。著有局方發揮。金匱鉤玄、格致餘論。人多傳之。而震亭之醫遂名海右。時稱丹溪先生。震亨又以陰陽家多忌諱。不知稽諸古也。復著書數千言。曰、風水問答。發明地理之學。金華胡翰序之頗詳。集成藝術典堪輿部藝文胡仲子集

清 金光、字公絢。義烏人。少好學。凡天文地理及方術醫卜等書。靡不窮究。客尚可喜幕。凡五十年。尚之信謀叛。脅光從。力拒被殺。生平好臨海、解日出。嘗屬弟輝生、爲寫像立吳山望大江、觀日出云。義烏縣志方技

112 浦江縣（唐分義烏及蘭谿富陽三縣地，置浦陽縣，吳越改名浦江，明清皆屬浙江金華府。）

宋　吳德先、李常容命書之法，善推祿命，著有災祥書一卷。鄭公剛中序其書曰、李常容於中卷論五行最密，浦江吳德先獨得其傳，言人貴賤貧富壽夭，如季咸之言死生也。前日來謁某曰、予欲爲今年貢士爲災福書，既豫言逆料，可以驗其術，又可取薄資以周吾貧，如是可乎。某曰、言人分定，恐好勝者怒，取人金資，恐愛財者鄙，公其審之。德先曰、命係五行，自有定論，書取二緡，未爲傷廉，子姑爲我序之。某曰唯。（北山文集）

元　柳貫、字道傳，浦陽人，器局凝定，端嚴若神，嘗受性理之學於蘭谿金履祥，必見諸躬行，自幼至老，好學不倦，凡六經百氏、兵刑律歷、數術方技書，靡所不通。作文沈鬱舂容，涵肆演迤，人多傳誦之。始爲江山縣教諭，仕至翰林待制，著有文集等書。年七十三卒。（元史附黃溍傳、光緒浙江通志儒林）

明　戴良、字叔能，浦江人，通經史百家，暨醫卜釋老之說。良歲除示姪詩，有云、卜賣遵公術醫鈔陸姓方暇仍硏史冊間亦愛詩章初習科舉業已棄去至正中以薦擢儒學提舉公見事不可爲避地吳中依張士誠久之知士誠不足與謀挈家浮海至膠州欲間道投擴廓軍會道梗不達僑居昌樂數年元亡洪武六年癸丑始南還變姓名隱四明山明太祖物色得之十五年壬戌召至京師欲官之以老疾固辭忤旨踰年暴卒蓋自裁也年六十有七良世居金華九靈山下自號九靈山人有九靈山房集明史文苑九靈山房集

清　朱家佐幼穎異好讀書家貧墾蓺負販以供甘旨後父歿未葬母病目力究青烏黃岐諸術兼通星卜尤精醫施治多效長子寀邑諸生性孝友承父業卒年七十五

清　王宗臣字道輔深溪人邑廩生通青烏術詳明理氣作青囊心印與天玉經註二書藏於家以上光緒浦江縣志方技

113 建德縣三國吳分富春地置孫皓初封建德侯即此隋廢入金華縣唐復置明清皆爲浙江嚴州府治

唐　孫晤、家於七里瀨。善葬法。尤妙相墳。即知其家貴賤貧富官祿人口數。亦知穴中男女老少因某病而卒。兼精三奇。楊集、統師收復睦州。睦州、即今建德縣。至一巖下砦軍次。砦、音寨、藩落也。山居木柵爲砦。忽一大石盤陊下。陊、音柁、落也。楊占之曰、此巖上有二十五人點兵收之。獲居民二十人、還。楊曰、合有二十五人。何欠五人也。民曰、某等初聞大軍將至。遂與二十五人同避於此內。一人孫晤善卜。到時立草舍畢。有雙雌飛下。孫曰、軍至此矣。宜往別處。不然遭擒。某等不順其言。有信之者、四人相隨去矣。楊曰、得此人可師事之。新定平後、晤復在瀨上漁。瀨、音賴、水流沙上也。○光緒浙江通志方技建德縣志方技

唐　孫生者、不載其名。善相人。因至睦州。郡守、令遍相僚吏。時房琯爲司戶。崔渙爲萬年尉。貶桐廬縣丞。孫生曰、此二公位至台輔。然房神器大寶合在掌握中。崔後爲杭州刺史。某雖不覩。然尚蒙其恩惠。既後房以賫册文、自蜀至靈武、授肅宗。崔果爲杭州刺史。下車訪生。則已歿旬日矣。因署其子爲牙將。以綵帛贈恤其家。太平廣記相類

宋　黃某、自號山人。贈太師葉助、時爲建德尉。年壯無子。問命於黃某。黃云、公嗣息甚貴。位至節度使。然當在三十歲以後。若速得之。亦非令器也。助不樂。後官至拱州。黃又至。令以周易筮之。得賁卦。黃曰、今日辰屬土。土加賁爲墳字。君當生子。但必有悼亡之戚。果生男數歲、而晁夫人卒。其子卽少蘊也。既擢第、爲淮東提刑。周種壻。周嘗延黃山人。少蘊命之筮。遇晉卦。黃曰、三年後。當孿生二女。晉之卦、坤下離上。二陰也。晉之字從兩口、爻辭曰、晝日三接。三年之象也。俟此事驗。當以前程奉告。少蘊深惡其說。已而果然。自維揚歸吳興。復見之。少蘊曰、君昔所言果中。異時休咎。盡以告我。黃曰、公貴人也。自此當徧議清要。登政府。終於節度使。宜善自愛。少蘊異之。以白乃父。父曰、憶三十年前。有客亦姓黃。爲吾言得汝之期。且謂當建節鉞。豈非此人乎。試使召之。眞昔所見者。父子相視而笑。待黃生如神。建炎中、少蘊爲尚書左丞。紹興十六年。年七十。上章告老。自觀文殿學士、除崇慶軍節度使。致仕二年而薨。竟如黃言。

清　張鳳藻、字九儀。廩生。博學多能。精青烏術。以毗陵高侶嵩、聘刻鉛彈子書。乃攜次子遷居無錫。年八十。授全州吏目。越五年、歸錫山。卒。著有四書插註、河洛辨義、康熙乙卯、四彈子註。砂水要訣。增釋琢玉斧儀度六壬穿透眞傳等書行世。以上民國建德縣志方技

114 淳安縣　漢歙縣地。三國吳析置始新縣。隋改曰新安。又改曰雉山。唐又改曰新安。尋改曰還淳。又以避諱。改曰青溪。五代因之。宋改曰淳化。又改曰淳安。明清皆屬浙江嚴州府。

明　吳覲光、字文卿。號耿齋。晚更號貞一居士。世居淳安太平鄉之雲村。弱冠餼於庠。崇禎庚午、中副榜。癸未、以明經廷對。授刑部司務。遷福建司主政。時天下大亂。棄官歸雲峯山。不復出。覲光偉幹豐髯。博涉經史。旁通堪輿家言。卜葬雙親自塋壽藏。皆躬自審定。尤精於醫。每歲施給方藥、全活甚衆。順治庚子、卒。享年七十四。所著麟經衷旨青雲軒筍草幼科心裁地理正印羅經奧旨諸書藏於家。清遂安方象瑛健松齋續集外王父耿齋吳公墓志銘

清　方翁尙節、字石卿。青溪人。即今淳安縣治。少入家塾。受經書。時時睡、不聽。語及卜筮則

意解。有道士者、不知其所從來。一見翁、卽注目。曰、是子風骨當得半仙。授以郭璞易洞林。則喜心翻倒。嗣是遂學爲卜。卜亦遂時得八。尤游郡城。依白山宋公維藩、爲東道主。連歲或不歸。方春始和。白山必令翁卦以占歲祥。一日卜畢。忽呼奇奇。語白山曰、今歲當有人自天子所來召君者。謹識之。白山囅然。曰、所以煩君卦者。姑以問安否何如耳。窮閭隘巷。與外間絕。孰爲我翰音登於天者。而有命自天乎。君無乃爲佞乎。翁曰、書言之固然。謂予不信。則卦書不可用也。是爲康熙戊午。是歲也天子開制科。有刁公子者。豪舉士也。舊與白山爲碩交。方壯游時、縻白山金錢無算。已乃別去。闊焉不聞問者歷年。會制科開。公子念白山厚意。久不報。自從其所屬相知有氣力者。以白山名上。遂登辟書。白山初不知也。辟至。乃嘆翁神。遠近好事者。爭請得客舍養之。然翁非身力不以衣食。自垂簾肆中。約日可千錢。許則下簾。翁不善作家。亦自卦命薄。不肯治生產業。歲中所得手滿錢。卽緣手散去。其歿也、至不能名一錢。翁卒。後有鄭君明暹、能以六壬占。然時時失之。去翁遠甚。

耆舊類徵初編

115 遂安縣 漢歙縣地。三國吳置新定縣。晉曰遂安。故城在今浙江遂安縣西。唐徙今治。明清皆屬浙江嚴州府。

明　余德、字懋之。方伯復、高祖也。元末、負才不仕。偏游江淮。尤精堪輿之學。祖父孫曾、及衢嚴名墓。多其裁定。識見出人意表。

明　周望、一名儼。贈甯武知府觀濤、嫡祖也。抱奇才。尤工廖賴之術。性純孝。明初、父顯彰、遠官卒。時望甫八齡。不克奔喪。哀號欲絕。越四載。乃往歸父骸。路遇異人、授以青囊。由是其術益精。涓地以葬其親。涓。音娟。擇也。 又爲親族卜吉。語多奇中。亦能醫。全活人甚衆。惜早歿。未盡所長。然其後裔、爲遂邑巨族矣。

清　汪起鰲、字躍鱗。十八都人。幼通經史。明季時、因祖父未葬。遂弛儒。究心青囊經。先是祖商邱令瀚、著有楊郭集。啓奧揣摩久之。乃得眞詮。爲先人卜兆。偏遊蘇松淮揚亳泗間。徐俞彭諸大家、爭延堪輿。名重江左。晚年增編四元妙訣。藏於家。

清　余肇椇。椇。音矩。木名。 武山人。舉人余良厚、冢孫。家世業儒。椇獨善青烏術。深得賴氏

祕傳著地理要訣、約萬餘言、藏於家。以上乾隆遂安縣志方技

116 壽昌縣漢富春縣地。三國吳、分立新昌縣。晉改曰壽昌。隋廢。故城在今浙江壽昌縣西。今名故城坂。唐復置。徙治郭邑里。尋徙治白艾里。在今縣東北七里。後復還郭邑里。即今治。明清皆屬浙江嚴州府。

清 張官德、字次功、壽昌人、著六壬辨疑四卷、咸豐辛亥、刊行於世。六壬辨疑序

117 溫州漢初為東甌國。三國吳屬臨海郡。晉為永嘉郡。唐置溫州。宋曰溫州永嘉郡。元置溫州路。明曰溫州府。清因之。民國廢。故治即今浙江永嘉縣。清光緒二年。煙台條約。訂定開放。街市寬廣。貿易未盛。

宋 薛叔似、字象先、永嘉人、遊太學、解褐國子錄、對論稱旨、除樞密院編修、時倣唐制、置補闕拾遺、孝宗自除叔似左補闕、遂劾首相王淮、去位、光宗受禪、歷權戶部侍郎、韓侂胄開邊、除兵部尚書宣撫使、叔似亦以功業自期、而委任失當、侂胄誅、謫福州、久之、許自便、嘉定中、卒、諡恭毅、叔似雅慕朱熹、窮道德性命之旨、談天文地理鐘律象數之學、無所不通、有藁二十卷。宋史本傳

宋 林君奇、寧廟時、寧廟。即寧宗朝。以風鑑名京師。即今浙江杭縣。日閱十人、則捲簾撤肆而飲、穆陵在側微詣焉、君奇熟視不對、肆將撤、君奇延至所居曰、某閱人多矣、未見有如官者、時在嘉定十二年己卯。後五年當為天下主、今雖貧、去此六十日、必富且貴、因徵詩為他

日證穆陵拈筆書曰、許負昔往矣、天綱今何之、誰知千載後、復遇林君奇、後果封成國公、（時在嘉定十七年、甲申八月、）以濟王廢、入繼大統、（皐按、此即理宗、在位四十年、於端平二年、詔議胡瑗、孫明復、邵雍、歐陽修、周敦頤、司馬光、蘇軾、張載、程顥、程頤等、十人、從祀孔子廟庭、升孔伋十哲、）君奇取詩飾以龍錦、標諸肆、時相史彌遠索詩、（皐按、史彌遠、矯詔廢皇子竑、立理宗、專任憸壬、貶斥君子、雖區區卜者、亦不見容、可歎孰甚、）給爲人奏官之明日、贈以錢二萬、（即今二十千文、）放令歸鄉、（宋史理宗本紀　光緒永嘉縣志）

藝術

宋　馮一德、字貫通、永嘉人、精研相術、暇輒涉獵書傳及唐人詩、誠齋在衡湘中識之、其言今湖南漕使者、直閣鄭公、最奇中、以是名益聞、（楊誠齋集送馮相士序）

元　陳相心、永嘉人、以拆字名於公卿間、推原禍福、考索成敗、無不驗、會稽楊維楨爲文贈之、見東維子文集、（光緒浙江通志方技）

元　張庸、字存中、溫州人、性豪爽、精太乙數、會世亂、以策干經略使李國鳳、承制授庸、福建行省員外郎、治兵杉關、頃之、計事赴京師、因進太乙數圖、順帝喜之、擢祕書少監、命庸團結房山、遷同僉將作院事、又除刑部尚書、仍領團結會諸寨、既降、庸守駱駝谷、遣同事段禎、請援於擴廓帖木兒、不報。庸獨堅守拒戰。衆將潰。庸無去志。已而寨民李世傑、執庸出降。以見主將。庸不屈。與禎同被殺。元史附忠義朴賽因不花傳

清

童中模、字哲初。號羅顛山人。嘉慶戊午歲貢。祖振聲、舉人。中模少習舉業。凡諸子百家。靡不通曉。尤精句股壬遁術。家貧。恆辟穀。旬餘無所苦。好游山。不備芻糧。久而忘返。人咸以仙目之。巡道李公鑾宣、延主東山書院講席。嘉慶壬戌、夏大旱。鑾宣問計於中模。乃於六月九日、設壇書院。禱三日。曰、十三日午時、當雨。及期果大雷雨。四野霑足。酬以金。不受。時處州亦大旱。知府王績、著麗水令張吉安、禮聘往禱。中模閉門三日。曰、未申之日未申時。大雨滂沱。雷電馳。莫道天公容易測。桑林且費七年思。至七月初二、未日未時。初三、申日申時。皆驗。酬以金。亦不受。歸二子冠倫、冠儒。皆諸生。光緒永嘉縣志藝術

118 處州 隋置。治括蒼。在今浙江麗水縣東南七里。尋改曰括州。又改曰永嘉郡。唐初曰括州。改曰縉雲郡。又改曰處州。唐末遷治小括山上。在麗水縣西二里。宋治因之。元爲處州路・移今麗水縣治・明爲處州府。清因之。民國廢。清處州鎮總兵駐此。

宋　賴文俊、字太素、處州人。嘗宦於建陽。好相地之術。棄職浪游。自號布衣。故世稱曰賴布衣。所著有紹興大地八鈐及三十六鈐。今俱未見。惟催官篇二卷通行於世。是書分龍、穴、砂、水四篇、各爲之歌。於陰陽五行、生剋制化、實能言之成理。視悠謬無根之侈言休咎而不能明其所以然者。勝之多矣。四庫提要子部術數類二〇皐按。圖書集成藝術典堪輿部名流列傳。引地理正宗云。賴文俊寧都人。乃曾文辿之壻。與此稍異。

119　括蒼縣　隋置。唐更名麗水。故城在今浙江麗水縣東南。

宋　吳正叟、括蒼人。精研堪輿。善推祿命。眞西山先生、贈以序言曰、詩云、卜云其吉。終然允臧。此擇地之說也。又曰、天之生我、我辰安在。此論命之說也。然則二者、蓋謂有之矣。括蒼吳正叟、兼此二技。見稱士林間。或云、命不可以力而移。地可以求而得。是不然。天下萬事、其孰非命。求地而獲吉、與求而弗獲。皆命也。人力烏乎與哉。謂命不可移是矣。謂地爲可求。是不知命也。世間自有可移者存。而人莫之移。自有可求者存。而人莫之求。此聖賢之所以嘆息也。眞西山文集

宋 劉夢求、括蒼人。未嘗得邵氏先天數而知人休咎。說冥昧中事。如燭照而面詰也。或曰有術。或曰是有神焉。劉術行於三衢。今遂爲衢人士大夫之過衢者。以不問夢求易卦爲恨。劉亮撰文贈之。（光緒浙江通志方技）

宋 張宗昌字曜之。括蒼人。精卜醫。明地理。眞文忠公曾贈以序。其言曰、括蒼張宗昌、曜之。幼嘗涉獵書傳。以貧不得盡力而於洞林之要旨。錦囊之祕訣。秦扁治療之法。甘石巫咸之占。皆究心焉。甚哉、其富於技也。以吾道律之。固不免致遠恐泥之譏。而究其所長。亦有不可廢者。紹定三年、庚寅冬。招捕使陳公、提師出劍汀間。曜之、實從。用其推占之術。曰、某日出師。某日破賊。其應若響答然。他如相地。如治疾。又皆余嘗試而驗者。然則曜之所能。其可以小道廢之乎。雖然、以曜之之敏悟。使獲畢力於學。其所就詎止於此。良可惜也。

宋 張元顯、括蒼人。善推祿命。眞文忠公德秀、嘗撰文贈之。有云、括蒼張君元顯。五行家之巨擘者也。予欲其勉人以毋命之恃。而惟命之安。故爲之說如此。（以上眞文忠公集）

明　杜璇。精於星命言禍福貴賤無不驗。名著遠邇。當道士大夫皆信重之。（光緒處州府志）

明　120　青田縣（唐析括蒼縣地置・明淸皆屬浙江處州府・縣南方山・有圖書洞・產石可鐫印章・世稱靑田石・）

劉基、字伯溫。青田人。幼穎異博通經史於書無不窺。尤精陰陽象緯風角之學。西蜀趙天澤論江左人物首稱基以爲諸葛孔明儔也。至順庚午（年二十）舉進士。官高安丞。有廉直聲後棄官歸。至正庚子、（年五十）太祖下金華。定括蒼。聞基名以幣聘基。未應。總制孫炎、再致書邀之。基始出。至金陵。陳時務十八策。太祖大喜築禮賢館處之。自是佐太祖滅陳友諒。執張士誠。降方國珍。北伐中原。遂成帝業。授太史令。累遷御史中丞。諸大典制、皆基與李善長、宋濂、計定。封誠意伯。洪武四年辛亥、（年六十一）館學士致仕。基佐定天下。料事如神。惟性剛嫉惡。與物多忤。爲胡惟庸所構。憂憤卒。時八年乙卯、年六十五。正德中、追謚文成。所著有郁離子。覆瓿集。犁眉公集。國初禮賢錄。堪輿漫興。（載入圖書集成堪輿部彙考）靈棋經解。清類天文分野。佐元直指賦等書行世。其他占誌象緯諸書。基啓手足時。命其子獻諸朝。具在金匱石室。靡可得窺云。明史本傳四庫子部術數類○明吳興陳霆兩山墨談云．少聞之故老．劉基伯溫．初亡命吳中．歲久游杭．與客飯西湖．會有紫雲起西北．照湖水中．衆以慶雲見．將賦詩．劉候望良久．謂衆曰．此天子氣也．淮楚之分．當有眞主出．翌日．具囊襆．託推星命．走淮泗．旁求遍訪．遇太祖皇帝於濠州．遂傾心附之．與謀戰伐之事．予考開國功臣錄．基之出．乃由孫炎堅挽．其聘使往返至再至三．而後就．蓋有莘野三聘之風．續綱目書曰．大明克處州．以書幣徵劉基．章溢．葉琛．宋濂等至建康．斯實錄矣．○明陸粲庚巳編云．鄱陽之役．兩軍接戰方酣．太祖據胡牀坐舟端．指揮將士．誠意伯劉公侍側．忽變色發謾言．引手擠上入舟．上方愕然．俄一飛礮至．擊胡牀爲寸斷．上賴而免．戰勝之前一日、上疲極．欲引退．公密奏曰．姑少須之．明日午時．吾氣旺矣．已而果以翌午克捷．○集成選擇部紀事云．誠意伯嘗過吳門．中夜聞撞木聲．以問左右．曰．某人上梁也．又問其家貧富．及屋之豐儉．曰．貧者數楹屋耳．公嘆曰．擇日人．術精乃爾．又曰．惜哉其不久也．左右問故．公曰．此日此時．上梁最吉家當大發．然必巨室乃可．若貧家驟富．則必更置此屋．旺氣一去．其衰可待也．後其家生計日裕．不數歲藏鏹百萬．果撤屋廣之．未久．遂貧落如故．○集成堪輿部紀事．引樂郊私語．括蒼劉伯溫．多才多藝．能詩文．尤善形家言．嘗以儒學提舉．得相見於錢塘．後十年餘．劉已解官．復見於海鹽之橫山．把臂道故．至於信宿．謂余曰．中國地脈．俱從崐崙來．北龍中龍．人皆知之．惟南龍一支．從峨嵋並江而東．竟不知其結局處．頃從通州泛海至此乃知海鹽諸山。是南龍盡處。余問．何以知之．劉曰．天目雖爲浙江鎭山．然勢猶未止．蜿蜒而來．右束黟浙．左帶苕霅。直至此州長牆桑駐之間而止．於是以平松諸山爲龍．左抱以長江淮泗之水．以慶紹諸山爲虎．右繞以浙江曹娥之水．率皆朝拱於此州．而後乘潮東出．前後以日本朝鮮爲案．此南龍一最大地也．余問此何人足以當之曰．非周孔其人不可．然而無有乎爾．吾恐山川亦不肯自爲寂寞若此也．○明姚福淸溪暇筆云．本朝青田劉公．潛溪宋公．皆雄才博雅．宋公既出．當制作之任．故其篇章富贍．劉公在元末。幽憂悲憤．一寓於詩．且以術數稱．故所作無幾．今觀所著郁離子．廣引曲譬．雄辨不可當．非宋公龍門子所及也．然其言則積年精思之可到．而龍門子．則以八十八日而成．此其所以優劣歟．○清褚人穫堅瓠八集．劉伯溫辭職自遺．作詩云．買箇黃牛學種田結間茅屋傍林泉．因思老去無多日．且向山中過幾年．爲吏爲官皆是夢．能詩能酒即登仙．世間百事都增價．老了文章不値錢．

明

諸伯遠、十六都人。世業儒。通天文地理卜筮之學。洪武間、應薦任本縣陰陽學

訓術。長子彥賓、初以天文生、入欽天監。永樂間、任本監主簿、陞中官正。卒於官。次子彥熊、復舉任訓術。（光緒青田縣志）

清　端木國瑚、青田人。青田故產鶴。國瑚生而清傲似鶴。其大父字之曰鶴田、阮元、督學得之。恆誇示人曰、此青田一鶴也。國瑚天才穎異。嘉慶時、捷鄉榜、官歸安學博。後以精究地理、爲禧尙書恩所薦、召相山陵、敘勞官中書。道光癸巳成進士、選用知縣。性不耐劇、投牒就原官。著有周易指、太鶴山人詩文集。又著楊氏地理元文四卷、附周易葬說一卷。清史稿載入術數類、相宅相墓之屬。（清史稿文苑二附宋大樽傳陸以湉冷廬雜識）

121　縉雲縣（隋括蒼縣地・唐麗水永康二縣地・尋析置縉雲縣・並置縉雲郡・宋以後郡廢・明清皆屬浙江處州府・）

唐　范越鳳、字可儀、號洞微山人。縉雲人。楊筠松高弟。精堪輿術。作尋龍入式歌。蘇粹明、號靈一。師事越鳳。著地理指南二卷。（藝術典堪輿部名流列傳）

宋　田君右、字良臣。幼習舉子業。嘗一舉不合時文尺度、遂隱居著書。有太極通書。說易。春秋管見。性理七篇。河圖洛書。大衍揲蓍。太元準易說。參同契辨。律呂天文

地理精考、諸史類考、共若干卷。（光緒浙江通志文苑）

明

鄭葆、字仁佑。善天文星緯之學。元季時、劉文成基、偕胡仲淵、葉景淵等、訪仁佑於桑潭。酒酣。仁佑曰、五星纏北斗。將有聖人出矣。公等宜速去。文成遂謁太祖於金陵。耿再成鎮黃龍。舉爲縣尉。保障有功。後諸公交辟不起。（道光縉雲縣志隱逸）

122 松陽縣後漢治。縣有大松。因取爲名。故域在今浙江松陽縣西二十里。唐徙今治。吳越改爲長松縣。石敬改爲白龍縣。宋復曰松陽。明清皆屬浙江處州府。

宋

項安世、字平甫。松陽人。（其先括蒼人。）淳熙乙未進士。除祕書正字。累官湖南轉運判官。著有周易玩辭十六卷。自序謂易之道四。其實則二。象與辭是也。變則象之進退也。占則辭之吉凶也。不識其象。何以知其變。不通其辭。何以決其占。又著有項事家說十二卷。其第一卷論揲蓍之法。尤爲詳盡。（宋史本傳四庫總目經部易類三項世家說）

元

張夢庚、松陽人。遇異人授易。元末召居將幕。推步有驗。後復垂簾於市賣卜。一日有葉姓者無子。多娶妾。求卜夢庚。以詩二句授之曰、不是桃花貪結子。更敎人恨五更蜂。持歸。謂此老風字且不識。何談理數乎。其人養蜂數十櫃。一旦蜂逸冒雨收之忽集其面蝥而死。蝥、音釋、蛇類、及昆蟲類之含有毒腺者、用毒牙或尾針刺人、曰蝥、人以爲神。圖新集成藝術典卜筮部名流列傳浙江通志方技

123 龍泉縣唐析遂昌松陽之龍泉鄉置、宋改曰劍川、尋復故、明清皆屬浙江處州府、馳名中外之龍泉窰瓷器、即產於此、其瓷青瑩、純粹無瑕如美玉、雖一瓶一鉢、值數十金、又有一種、曰百圾碎、淺白斷文、尤爲名貴、今已不能多得、又縣南龍淵、相傳爲歐冶子鑄劍處、

宋　王汲、字肇卿、一字孔彰、其先汴人、祖訥、因議王朴金雞歷有差、衆排之、貶居江西贛州、汲幼務舉業、再舉不利、浪遊江湖、愛龍泉山水清勝、遂家于松泉、明管郭地理之學、納交于何管鮑張諸家、爲之卜葬、隨有何太宰、管樞密、鮑制置、張諫議者出、卒後門人葉叔亮、傳其所著心經及問答語錄、范公純仁跋之略曰、先生通經博物、無愧古人、異乎太史公所謂陰陽家者矣。浙江通志方技光緒龍泉縣志藝術

宋　嚴道者、受地理之術于王汲、他日嘗爲人點穴、拔竹簪插地、比汲至、抉土數寸、正插銅錢眼中、蓋汲預埋以試之、術可謂精矣。

明　季董、龍泉清坑人、善星命、洪武末、遊京師、見成祖于藩邸、即知天命有在、永樂初召見、授御史中丞。光緒龍泉縣志藝術

明　葉子奇、字世杰。號靜齋。龍泉人。從王毅遊。聞理一分殊之旨。知聖賢之學。以靜爲主。明初以薦、官巴陵主簿。撰太元本旨九卷。元文艱澀。子奇能循文闡發。使讀者易明。又著草木子。靜齋集。（四庫子部術數類一　龍泉縣志藝術）

明　張太極、號莘野。醫理明澈。尤精堪輿。貧者不計酬。直撫院道府交獎之。邑令張、贈以聯云。爲看好山因采藥。每逢佳客便談玄。年八十卒。（以上光緒龍泉縣志藝術）

124 慶元縣（唐龍泉縣地。宋慶元三年。析龍泉之松源鄉置。以紀元爲名。明清皆屬浙江處州府）

元　俞竹心、術士。居慶元。嗜酒落魄。與人寡合。順其意者。卽與推算。醉筆如飛。略不搆思。頃刻千餘言。道已往之事極驗。時皆以爲異人。至元己卯間、婁敬之爲本路治中。嘗以休咎叩之。答曰、公他日直至一品便休。婁深信其說。棄職別進。値壬午更化。俯就省掾。陞除益都府判。改換押字再、宛然眞書一品二字。未幾卒於官所。

元陶宗儀輟耕錄　光緒浙江通志方技

125 景寧縣（唐以後爲靑田縣地。明析置景寧縣。屬浙江處州府。清因之）

宋　潘翼、字雄飛。治經史及天文地理之學。所著有九域賦。星圖證驗。爾雅釋補註、韻略。一名韻補 樂清王十朋出其門。後十朋知泉州。欲刊其著述。會召不果。同治景寧縣志儒修

清　梅冬魁、字夢雲。底堡人。少好讀書。以貧故棄文就武。爲縣學武生。屢應鄉試。賣卜以供資斧。中咸豐甲午舉人。署本邑把總。歷署溫州泰順管塘存城各汛。民國景寧縣志

126 續仕

瑞安縣 漢回浦縣地。後漢爲章安縣地。三國吳析置羅陽縣。孫皓改曰安陽。晉改曰安固。隋省入永嘉。唐復置安固縣。後改曰瑞安。元升爲州。明復降爲縣。屬浙江溫州府。清因之。

宋　溫州隱者某、居於瑞安之陶山。所處深寂。以耕稼種植自供。易筮如神。每歲一下山賣卜。卦直千錢。率十卦卽止。盡買歲中所用之物以歸。好事者或齎金帛經月邀伺。然出未十里。卦已滿數。不復肯更占。郡人王湨仙、本書生。讀書不成。決意往從學。値其出。再拜於塗。便追隨入山。爲執奴僕之役。稍稍白所求。隱者亦爲說大概。又舉是歲所占十卦。使演其義。王疲精竭慮。似若有得。彼殊不以爲能。曰、汝天分止此。不可彊進也。遣出山。然王之學。固已絕人矣。有以墓域訟者。求決焉。其

卦遇賁。曰、爲墳欠土。此不勝之兆。後踰月。前人復來。又筮之。遇蒙。曰、兆非先卦比。冢上有草。當卽日得直。既而盡然。西游錢塘。時杭守某、喜方技。館遇加禮。遂詢前程休咎。對曰、今年某月某日午時。召命下。守固篤信者。至期延幕僚會飯。王生預席。守曰、王先生謂吾今日忝召節。諸君試共證之。食罷及午。寂無好音。坐客皆悚。既過四刻。王趨立庭下。觀日影。賀曰、且至矣。須臾郵筒到。發封見書。果召赴闕。守謝以錢百萬。約與偕入京。王曰、俟送公上道。暫還鄉。持所賜與妻子。然後北上。守許之。既行。或問其故。曰、使君雖被召。殆難面君。守未至國門。乃別除郡。踰年而卒。王生不知所終。宋洪邁夷堅志

明

鄭希誠、年十八入山。遇異人與語。授以果老五星一秩。爲別。自此意見旋發。舉五星推之。輒驗。求推者塡門。其法問人生辰。卽書所生之七政四餘。及干支化曜於盤上。倒懸之。仰觀至旬月。人之壽夭禍福窮通。歷言之。錙銖不爽。嘗與友對飲。談及生命。鄭曰、明日我與汝各有官刑。汝更倍之。其友素信鄭。乃拉避寶香山寺。

鄭曰、不可避也。第爲之。至期。果有縣尉詣寺。覓僧不至。索得兩人。怒以爲僧侶。各杖之。友私念奇驗。顧鄭而笑。尉奴倍杖之。其占應率類此。卒後書不傳。所撰占詞七十二張、行世。永樂中、汪庭訓效其術。亦多取驗。光緒浙江通志方技

清 孫希旦。字紹周。自號敬軒。瑞安人。學務博覽。穎異絕人。自天文地輿歷算卜筮之書。無不研究。年十二、補縣學生。乾隆壬午舉浙江鄉試。戊戌科成進士。以一甲第三及第。授翰林院編修。充武英殿分校官。丙辰年卒。年僅四十有九。遜學齋文鈔敬軒先生行狀

清 孫衣言。字邵聞。號琴西。瑞安人。道光進士。端雅好學。善談經濟。咸豐戊午。解易至明夷而有出守安慶之命。反覆象辭。益信易可前知。自此人事日多。恐未能竟其業。後官至太僕寺卿。乞休歸。著有遜學齋詩文集。遜學齋詩鈔

127 樂清縣 漢回浦縣地。後漢永寧縣地。晉析置樂成縣。隋廢。唐復置樂成縣。五代梁時。吳越改曰樂清。明屬浙江溫州府。清因之。

元 劉仲彬、善數學。以年月日時推人吉凶。多中。後爲玉環養眞道院黃冠。平陽陳進士高、撰序贈之。

元

陳雲平、以能相人稱、林彥贈之以詩。以上光緒樂清縣志雜藝

128 平陽縣漢回浦縣地，後漢章安縣地，三國吳爲安陽縣地，晉置始陽縣，尋改曰橫陽，隋省入永嘉縣，唐復置橫陽縣，元升爲州，明復降爲縣，屬浙江溫州府，清因之。

宋

朱相士、杉橋人、朱黼族孫、云得劉碧雲相法、永嘉葉忠定公適贈以詩云、南蕩書林長砌蘿、碧雲鞵底曬庭莎、鞵，音諧，屩也。從今湖海須行徧、眼法雖親要看多。民國平陽縣志

方技 129 泰順縣明析瑞安平陽二縣置，屬浙江溫州府，清因之。

清

劉崇濬、字禹川、邑諸生、沈潛簡默、敏悟絕倫、通星歷之學、嘗自製渾天儀、窺曜管、以測天文、特爲奇闢、以五星斷人壽夭貴賤、無不驗、精醫理、旁及音律、靡不得其體要、晚受琴於林鶚、十日卽能旁通、遂製琴自娛以終。泰順分疆錄方技

歷代卜人傳卷十一終　丹徒華企雲校

北魏書術藝傳、蓋小道必有可觀、況往聖標歷數之術、先王垂卜筮之典、論察有法、占候有傳、觸類長之、其流遂廣。

尙書洪範。七稽疑。擇建立卜筮人。乃命卜筮。曰雨、曰霽、曰蒙、曰驛、曰克、曰貞、曰悔、凡七。卜五。占用二。衍忒。立時人作卜筮。三人占。則從二人之言。汝則有大疑。謀及乃心。謀及卿士。謀及庶人。謀及卜筮。汝則從。龜從。筮從。卿士從。庶民從。是之謂大同。身其康彊。子孫其逢吉。汝則從。龜從。筮從。卿士逆。庶民逆。吉。卿士從。龜從。筮從。汝則逆。庶民逆。吉。庶民從。龜從。筮從。汝則逆。卿士逆。吉。汝則從。龜從。筮逆。卿士逆。庶民逆。作內吉。作外凶。龜筮共違於人。用靜吉。用作凶。

中國歷代卜人傳卷十二

潤德堂叢書之八

鎭江袁阜樹珊編次

安徽省一

安徽省、在我國中部偏東。禹貢揚州、及徐、豫二州之域。春秋時、爲皖國。故別稱曰皖。後分屬吳、楚。秦爲九江、泗水、潁川等郡地。唐分屬江南、淮南、河南、諸道。宋爲江南、淮南、京西北三路。元分屬河南、江浙行中書省。明屬南京。清初屬江南省。康熙間、析置安徽省。以安慶、徽州二府之首字得名。民國仍之。其地跨長江及淮水。東北界江蘇。東南接浙江。南鄰江西。西南連湖北。西北毗河南。省會曰懷寧縣。

懷寧縣

漢皖縣地。晉置懷寧縣。南宋爲安慶府治。即今安徽潛山縣。端平三年。元兵入安慶。尋引去。時以城去江遠。控禦爲難。徙治羅刹州。在今貴池縣界。又徙楊槎州。在今縣西南。尋改築宜城。即今治。南宋後。皆爲安慶府治。清時兼爲安徽省治。民國因之。城瀕長江左岸。江水三面繞城。一遇淫潦。輒致暴漲。諸山水又從高地徙落。距江不遠。一瀉無餘。其流易涸。不利舟楫。故雖於清光緒二十八年。中英

續議通商行船條約、允闢爲商埠、而商業仍未發達、

明　葛啓俊、字中谷、懷甯人。安貧力學。鈔纂六經四書典義。居父母喪。泣血盲一目。學醫。察色知病處。方輒效。善六壬占。甚驗。（光緒安徽通志方技）

明　丁塤、（塤與壎同、音喧、樂器也、）字孟章。孝友性成。少喪父母。塋兆未卜。研究青囊。精通祕奧。出覽山川形勢。凡龍性穴情。砂水作用之法。動與古會。其遺記藏之子孫。亦往往獲吉壤焉。故丁氏世富厚。數百年簪紱緜延。於皖族稱望云。所著有地理奧旨家訓詩詞文集。俗傳塤與江西術士辜繼楊同時。相與商權云云。其實繼楊晚出。與塤時勢不相及也。

明　蔣紹岐、天資明敏。博學洽聞。尤精數學。貫穿太乙奇門六壬之書。於事多前知。時兵氛四熾。隣里避難者。或請指所嚮方。如其言皆獲免。由是人共神之。

清、郝繼堡、明布衣。通天文術數之學。磊石爲陣圖。輒有驗。尤精堪輿術。徧游江淮齊魯間。所至皆有圖說。明鼎革。杜門不出。終日偃臥。隱居山之窪、（窪、音蛙、低下地也、）人

以癡顛目之。著有地理指南一卷。遺稿藏邑人董自芳家。秘爲至寶云。

清　方迎報、字振藻。諸生。觀書領取大意。後厭棄舉業。究心堪輿之學。凡形家著述。靡不研究。足迹徧大江南北。山谿阻絕。無所不達。於世家大族。先塋發祥者。必流連瞻眺。以爲山川靈淑。與前賢圖記相印合。一時推爲絕技。爲人篤實。無城府。所施不求報。遇童穉無失禮。鄉有爭者。出酒食召而解之。親屬子弟貧者。爲延師教讀。增置學舍。供其修膳。門內整齊嚴肅。既歿。而子弟猶守遺規焉。

清　丁曰曾、號鏡然。精形家言。不自炫。間有知者。求卜多獲奇驗。著天機類成書。以上民國懷寧縣志道藝

清　馬守愚、字古墟。懷寧人。少孤力學。實事求是。自墳籍以至國家掌故。及算數醫卜星命。堪輿樹藝畜牧。究心編錄。而治經尤以禮爲主。光緒安徽通志儒林

清　潘用清、字濳庵。晚號滎陽笠叟。諸生。父愼生、舉人。用清性眞率。工詩。精醫理。家無儋石儲。日手一篇。過目輒不忘。年七十。憶少時所誦習者。猶能朗朗出諸口。以

方劑活人無算。富者求、多不應。術數爲當道所見許。然從不事干謁。以故終於貧。著有雙峯草堂詩稿四卷。札記二卷。六壬一卷。醫學十卷。

清　程珝文、（珝。音詡。麌韻。石之次玉者。）號健庵。諸生。喜讀宋儒性理書。尤研究於易。幷精堪輿學。嘗與同邑楊鑾坡鄧藝孫輩、游山水。縱談徹夜。遇當意處輒購之。戚友中有以營葬求者。指示亦不吝。但不肯效形家之泛應云。

清　程容光、字葆堂。諸生。博覽羣書。尤精於易。遠法程子。而近則焦氏。嘗謂伏羲繫易。其卦有八。文王演之爲六十有四。周公、孔子、不能增減其數。所謂引而伸之。觸類而長之。天下之能事畢矣。朱子窮變卦之奇。略理而言數。雖發明進化之例。人心惟危可懼哉。程子言易必折衷以理。至焦氏尤闡發其微。此易學之正宗也。著周易平議、都二十卷。即寓此意。晚歲默察世變。曰、某歲八月之交。清其沼乎。以清之運、於易爲臨。臨至八月、有凶。辛亥之役。人皆服其先見。是容光之易言理。未嘗不精於數。特不欲筆之於書。以炫世耳。工古文辭。以非所好。篇帙散亂。故不傳。以上

清 咎晚訥、名某。懷寗人。徙桐城椶川之梅渚。晚結茅杏花村。筮之得坤之萃。曰、括囊。无咎无譽。因自號晚訥。書其壁曰、飽吾嬉焉爾。臥吾寧焉爾。目吾陶陶焉爾。又曰、惟愼無憂。惟靜長安。惟儉長足。晚訥明季諸生。博綜經史。旁及醫藥卜算諸書。老而愛釋典。恆語其子曰、吾前身來自雪中。吾死亦必雪夜。及卒、天果雪。清吳德旋初月樓聞見錄 民國懷寗縣志道藝

清 曹天寵、字蓼滑。滑音謂、語韻、盛貌。懷寧人。明季補諸生。精象緯之學。巡撫張國維、聞其名。訪之引見。與語大悅。待以賓禮。蓼滑以家徙於鄉、謂戚友曰、城內不可居也。乙酉皖城果潰於左良玉之師。蓼滑著有春秋三傳纂註。藏於家。吳德旋初月樓續聞見錄

清 陳世鎔、皖郡進士。以易推人生命。得某卦一爻。以爲之主。復以次推諸卦。每卦當三年。每二爻當一年。卽以爻辭卜流年吉凶。自謂創造。桐城方東樹、註援鶉堂筆記云、宋史掌禹錫傳、禹錫喜命術。自推其命、當易之歸妹困震。初中末三卦云云。其法與此大致相同。

明

131 桐城縣（春秋時桐國。漢置樅陽縣。隋改縣曰同安。唐改名曰桐城。清屬安徽安慶府。清方苞、姚鼐、皆桐城人。其古文自成一派。繼起者宗之。世稱桐城派。）

史仲宏、桐城人。少習形家言。遇異人以青烏祕訣授之。遂臻其妙。嘗卜投子山陡嶺一穴法當大貴。於除夜行衢巷暗聽之。有機杼聲讀書聲嬰兒聲者。君卽授之。惟方得益家兼此。卽以畀之。（畀。音比。賜也。與也。）而爲之卜三峯山葬。三十年。科甲蟬聯不絕。（光緒安徽通志方技）

清

章攀桂、字淮樹。安徽桐城人。乾隆中。官甘肅知縣。累擢江蘇松太兵備道。有吏才。多術藝。尤精形家言。謂近世形家諸書。理當辭顯者。莫如明張宗道地理全書。爲之作注。稍辨正其誤失。大旨本元人山陽指迷之說。專主形勢。攀桂既仕顯。不以方技爲業。自喜其術。每爲親族交友擇地。貧者助之財以葬。妻吳。故農家。自恨門第微。攀桂爲購佳壤葬其親。擇子弟秀異者撫教之。遂登進士第。爲望族。高宗敷南巡。自鎭江至江寧。江行險。每由陸。詔改通水道。議鑿句容故破岡瀆。攀桂相其地勢。謂茅山石巨勢高。縱成瀆。非設閘不可成。儲水且多勞費。請從上元東北攝山下。鑿金烏珠刀鎗河故道。以達丹徒。工省修易。遂監其役。瀆成謂之新河。百年來賴其利便。攀桂亦因獲優擢。晚年居江寗。耽禪理。歿時預知期日。兼通日者術。括協掛辨方精要為一書。曰選擇正宗。行於世。清史稿藝術◯阜按。光緒朝華亭顧鍾秀。亦輯有選擇正宗八卷。

清　張裕葉、字侍喬。桐城副貢。官歙縣教諭。滁州學正。湛深經術。博綜鄭賈。旁及天文算術射法醫理星相堪輿。莫不洞曉。著有爾雅補注。爾雅刊誤。又嘗撰開方捷法一書。凡算中積求邊者。不過一乘一加。而所得之邊與古法等。最為精妙。又嘗以己意。創為燥溼表。能預知晴雨。學者稱為華巖先生。光緒安徽通志文苑

清　錢澄之、原名秉鐙。字飲光。自號田間老人。桐城人。世學易。撰田間易學十二卷。其學初從京房邵康節入。故言數頗宗。後乃兼求義理。參取王弼注。孔穎達疏。程子傳。朱子本義。而大旨以朱子為師。其說不廢圖。蓋圖中奇耦之數。乃揲蓍之法。持論平允。義尤明暢。四庫經部易類六

清　章西五、桐城人。精星學。言多奇中。士大夫爭延致之無虛日。蚤歲喪父。事母以

孝聞。日禮斗祈母壽。一夕夢一白幡、自天垂下。書一糖字。西五喜曰、天賜我母八十八庚也。後果然。（宜興吳德旋初月樓續聞見錄）

清　方東樹、字植之。桐城人。諸生。博覽經史。中歲研究義理。一宗朱子。著漢學商兌。書林揚觶。一得拳膺錄。儀衞堂文集等書。其撰管異之墓志有云。始余自推星命。不利卯年。君與姚君石甫嘗豫爲之作挽詩。嗚呼。孰知君竟先余而逝也。（清史稿文苑續碑傳集文學管異之墓志銘）

132　宿松縣（漢初皖縣地。後爲松茲侯國。後漢省。南朝梁置高塘郡。隋廢郡。改縣曰高塘。又改爲宿松。屬安徽安慶府。）

清　石盤山、通紫微斗數。光緒癸巳甲午間客安慶。決科名得失。無不驗。名大噪。縣人黃波頃、時爲諸生。盤山推其命。當得六品京朝官。而不由科第。不由捐納。黃果由陸軍部錄事。敍勞升科員。秩視六品。甲午鄉闈前。爲太湖余經權推算。斷爲丁酉舉人。余不懌。既而喜曰、甲午之前有癸巳恩科。應甲午中者、已提前一科。應丁酉中者、亦然。予命本應丁酉中。提前一科。則今科必中。君所論者命之常。予所言

者數之變也已而余果以甲午中式。（民國宿松縣志方技）

133 太湖縣（南朝宋初置・縣在龍山太湖水之側・元嘉末・以縣居山嶮・移就平原・即今治・隋改曰晉熙・尋復故・清屬安徽安慶府・）

清 宋自應、字德孚、郡增生、敦品勵行、博涉典墳、尤精於易、凡有占驗、應如影響、嘗通其意以論醫於陰陽剛柔消息盈虛之理、無不闡發精微、遂以醫名於世、所著有婦科專門纂輯前人名方、又著痰火七十二症、名曰醫學折衷、凡數卷、命其徒彭顯周傳於世、又聞其精演禽數、亦多奇驗云。（民國太湖縣志方技）

134 潛山縣（春秋時皖國・漢置皖縣・晉改置懷寧縣・元改置潛山縣・清屬安徽安慶府・）

梁 何點、字子晳、灊人也、方雅眞素、博通羣書、善談論、遨遊人世、歷宋及齊、與兄並絕婚宦、時人號爲通隱、雅有人倫識鑒、多所甄拔、知吳興邱遲於幼童、稱濟陽江淹於寒素、悉如其言、點與武帝有舊、及踐阼、賜以鹿皮巾、欲拜爲侍中、辭疾不赴、天監三年甲申卒、時年六十八、（梁書處士）

清 王延造、字深之、潛山人、博習羣書、工詞賦、嘗上六書於史可法、又游黃道周、譚

貞默之門。晚築博易齋。專事著述。有周易講義。兼山堂集。史學三筆。醫家圖說。星卜要訣行世。（光緒安徽通志文苑）

清　劉若宜、號泰齋。潛山人。聞滇南吳三桂之變。海內震動。時皖中大擾。民爭避出城。城外騷然。劉筮之。得明夷初爻。笑曰。無能爲也。其占不宜動。動必有災。鄰人信之。皆不動。已而果無事。遠徙者皆中途被掠奪。大困而還。由是閭閻之間。皆視劉爲安危。（清稗類鈔方技）

清　金馬、字玉堂。一字曉亭、幼聰穎過人。博覽經籍。而尤邃於易數。學名於省垣。副將某以吉凶問。曉亭據數以對。曰。明日午刻大凶。戒勿乘馬。某哂之。翌辰。某以事至撫轅。回時屆午刻矣。騎馬經曉亭門。示以數之不靈也。忽轅門礮轟。馬逸。某墜而氣絕。人驚爲神。官民就占者。其門如市。判之無不驗。（民國潛山縣志方技）

清　汪伯樂、字在中。剛方正直。才識過人。尤精堪輿之學。名山大川。罔不裹糧遊遍。邑城南、文河奔潰。流破生方。言於學博潘、及通庠老成者。詳陳邑侯鄭。力請濬河築堤。捐貲爲倡。身先督率。勞怨不避。不數月而河之淤者開。潰者鞏。自是邑少囘祿。居民安堵。官茲土者先後遷擢。丙午、己酉科、兩有捷者。皆樂預決之也。事詳河堤碑中。子世清、邑庠有聲。（民國潛山縣志方技）

135 望江縣（漢皖縣地。東晉置新冶縣。隋改縣曰義鄉。又改曰望江。清屬安徽安慶府。）

清　沈鎬、字六圃。號新周。望江人。康熙己丑進士。耕經芸史之餘。遍覓堪輿書。蒐其堂奧。又羸糧躡屩。窮幽勝所見古蹟旣多。亦間遇山翁奇士。短長相劘切。（劘。音劑。磋磨也。）久之。乃會羣說而折其中。集衆長以成一是。著地學二卷。康熙壬辰刊行。（地學自序）

136 合肥縣（漢置。淮水與肥水合。故曰合肥。東晉更名汝陰。隋復名合肥。清屬安徽廬州府。今縣北有合肥故城。蓋卽漢縣。今治或隋時移治也。）

晉　隗炤、（隗。危上聲。賄韻。高也。又音危。灰韻。）汝陰人。善於易。臨終書版授其妻曰、後當大荒。雖窮愼勿賣宅。後五年有詔使龔姓、來頓此亭。此人負吾金。卽以此版責之。炤亡。其家大困。不敢賣宅。至期果有龔使者止亭中。妻賚版責金。使者惘然。沉吟良久。曰、汝夫何善。曰、善易。使曰、噫。我知之矣。乃取蓍筮之。卦成。撫掌歎曰、妙哉隗生。所謂含明隱迹者也。因告其妻曰、吾不負若金。汝夫自有金耳。知亡後必暫窮。故藏金以待。所以不告兒婦者。恐金盡而困無以已也。知吾善易。故書版寄意。金有五斤。在堂屋東頭。去壁一丈。入地九尺。還掘之。皆如其卜。（晉書藝術乾隆江南通志藝術）

宋　馬亮、字叔明。合肥人。舉進士。仁宗時、官至工部尚書。以太子少保致仕。謚忠肅。亮善相人。爲夔路監司日。呂文靖父爲州職官。一見文靖。即許以女嫁之。妻劉恚曰、君嘗以此女爲國夫人。何爲與選人子。亮曰、非爾所知。此所以爲國夫人也。（宋史本傳宋孫升談圃）

宋　袁溉、字道潔。汝陰人。（即今合肥縣治）嘗問學於二程。舉進士。建炎初。集鄉民爲保聚。抗金人。屢克其衆。衆謀奉之爲主。乃逃於金房山谷間。尋移居富順。從賣香薛翁學。所爲益純粹近古。後家荆州。病沒於二聖寺。溉之學。自六經百氏。下至博弈小數方術兵書。無所不通。於易禮說尤邃。人稱厚德君子。（薛士龍浪語集）

元　楊守業、字君愛。合肥人。少遇異人。授以占筮之學。言事輒驗。世居棗香村。率其子弟耕鑿自安。不入城市。而戶履常滿、子朝元能傳其業。王公大人多往招之。談言微中。其應如響。一時名士贈詩盈帙。寓公王蒙齋、有贈棗香居士四首云。高人卜築愛林泉。雞犬桑麻日晏然。閒坐蔾牀讀周易。知君原是大羅仙。庭蓋成陰展破苔。人人盡問棗香來。鄉莊不比成都市。只爲先生姓似雷。緯繣心情費評量。繣音卦。又音劃。緯繣乖戾也。每將爻象卜行藏。自從一覩靈氛後。龜筮何須論短長。鄉關迢遞信音乖。每望雲山輒卦懷。兩字平安君說與。始知天道不安排。觀此足見其生平矣。圖書集成術數部名流列傳

明　蘇萬彙、字敏生。合肥人。明季諸生。隱居讀書。精於卜筮。嘗言知三奇而不知六壬。雖得守貞之要。料事無剔姦發隱之能。知六壬而不知三奇。雖有知人之術。非難無全身遠害之方。著有遵古奇門陰陽正典。光緒廬州府志藝術

清　季友賢、字輔皇。合肥人。淹貫經史。兼精六甲。明末、大司馬史可法羅致幕下。父艱歸里。隱于黃山。乾隆江南通志隱逸

清 王世璦、字橘州。合肥人。性簡易。究心甘石之術。（魏石申夫。與齊國甘。公皆掌天文之官。）中年得足疾。家貧恥干人。課徒賣卜以自給。貧賤壽夭言多驗。晚歲客壽州。著有六壬擇要。（光緒廬州府志）

清 王星軫、字柳湖。合肥人。性穎悟。研究經義。弱冠補諸生。陳白雲大令、深器重之。（藝術）嗣屢試不第。旁通堪輿岐黃。不屑行其術。貧人求之、亦樂往治。不能具其藥。給資購之。晚精六壬。所占多驗。里有寠人欲離婚者。出粟助錢止之。著尊樂堂集待梓。（民國合肥縣志）

清 秦堅、字屹高。合肥人。習天官家言。嘗入欽天監。得聞西洋利瑪竇、湯若望、諸星法。及天文諸書。後遊江浙。言人禍福壽夭皆奇驗。客蘇州。自知死期。命子瑞麟、具湯沐。至期無疾而逝。（光緒安徽通志方技）

清 徐子苓、字西叔。合肥人。一字毅甫。晚號龍泉老牧。道光舉人。工詩文。兼通醫卜相人之術。以醫文遊公卿間。性介特。有能名。晚歲選授和州學正。聞學師爭諸生

贊金曰、是尙可爲耶。逕走不顧。著敦艮吉齋詩文存。光緒廬州府志藝術續碑傳集文學

後漢

137 廬江縣古廬子國・春秋時舒國・漢置舒縣・隋改曰廬江。清屬安徽廬州府・

王景、字仲通。樂浪誹邯人。誹・乃甘切・音聃・樂浪郡・有誹邯縣・漢武帝滅朝鮮所置・西晉之末・爲高句驪所併・少學易。又好天文術數之事。深沈多技藝。明帝時、治水數有功。官終廬江太守。初景以爲六經所載。皆有卜筮。作事舉止。質於蓍龜。而衆書雜糅。吉凶相反。乃參紀衆家數術文書。冢宅禁忌。葬送造宅之法・若黃帝靑烏之書也・堪輿日相之屬。前漢書藝文志・堪輿金匱十四卷・許愼云・堪・天道也・輿・地道也・日相・謂日辰王相之法也・適於事用者。集爲大衍玄基云。易曰・大衍之數五十・其用四十有九也・後漢書循吏傳

吳

王蕃、字永元。廬江人。博覽多聞。兼通術藝。始爲尙書郎。孫休即景帝・即位。爲散騎中常侍。加駙馬都尉。時論淸之。遣使至蜀。蜀人稱焉。還爲夏口監軍。孫皓初、復入爲侍常。甘露二年丁丑、爲嬖臣所譖毀。蕃氣體高亮。不能承順。以直忤被斬。丞相陸凱上疏曰、常侍王蕃。黃中通理。知天知物。處朝忠蹇。斯社稷之重鎭。大吳之龍逢也。昔事景皇。納言左右。景皇欽嘉。嘆爲異倫。而陛下忿其苦辭。惡其直對。梟之

殿堂。戶骸暴棄。郡內傷心。有識悲悼。其痛蓄如此。死時年三十九。三國志吳書本傳

晉　杜不愆、廬江人。少就外祖郭璞學易卜。屢有驗。郄超年二十。郄、音隙。姓也。一作郤。得重疾。試令筮之。不愆曰、案卦言之。君所苦尋除。然宜於東北三十里上官姓家。索其先養雄雉。籠盛置東檐下。却後九日。辰加午。必當有野雌雉飛來與交合。既畢雙飛去。若如此。不出二十日。病卽愈。年且八十。位極人臣。若但雌逝雄留者。病一周方差。年半八十。名位亦失。超時正羸篤。慮命在旦夕。笑而答曰。若保八十之半。便有餘矣。超依其言。索雉果得。至期果有雌雉飛入籠與雄交而去。雄雉不動。超歎曰。雖管郭之奇。何以尙此。超病踰年果起。年至四十。卒於中書郎。不愆後爲桓嗣建威參軍。晉書藝術光緒安徽通志方技光緒廬州府志藝術

明　吳鵬、廬州人。習堪輿家言。萬歷時、礦稅忽開。奸人欲偏發霍廖金斗諸山。中官暨祿、率黨數十人、入郡城。人心惶惶。鵬爲危論動之。全廬得免發掘之擾。所著有五寶經。光緒安徽通志方技

舒城縣 春秋羣舒地・漢龍舒縣・唐置舒城縣・清屬安徽廬州府・

晉　韓友、字景先、廬江舒人。受易於會稽伍振。善占卜。能圖宅相冢。亦行京費厭勝之術。神效甚多。消殃轉禍。無不皆驗。干寶問其故、友曰。筮卜用五行相生殺。如按方投藥治病。以冷熱相救。其差與不差。不可必也。友以元康五年乙卯、舉賢良。元帝渡江。以爲廣武將軍。永嘉末癸酉卒。晉書藝術 光緒安徽通志方技

清　瞿東海、習天官家言。曾得異傳。賣卜於市。每於歲除。儲水於釜。以紅絲繫瓢柄。置水中。占歲豐歉。多奇中。嘉慶中、歲久不雨。邑令熊載陞、問卜於東海。斷曰、明日午刻當風。未刻雨。至期果驗。熊贈以額。子蘭譜、有父風。道光五年乙酉、爲邑令欒堅卜疑獄。如言立剖。亦贈以匾。孫運炎、運功、曾孫守明、守榮、守華、守富、皆世其業。又沈兆鴻、亦善卜。多奇驗。光緒舒城縣志藝術

清　余禮方、舒城人。善星象。天時旱潦。先期諭鄉人預防。屢驗。人稱之如神。光緒廬州府志藝術

清　朱英、束英、二人俱精風水之說。朱著有地理眞傳十卷。束號濟菴。庠生。工書法。

著有地理辨二十四卷。大約以天地吉壤固難得。葬親者祗宅其心之安。假以邀福非孝也。

清　童超佐、習堪輿家言。手著陰陽摘要二集。行世。國學生許鳳儀、堪輿之術。亦與超佐等。邑中望族。多延請之。以上光緒舒城縣志藝術

清　黃宜之、字子君。一字義門。舒城人。年七十。應廬州府試第一。補博士弟子員。困於鄉舉。援例需次福建縣丞。大吏器之。檄署詔安。題補惠安知縣。咸豐丙辰、改官山西。檄署靈邱。旋補文水。光緒丁丑、卒。年七十有九。宜之少年雄視文壇。老益好學。尤熟於風鑑書。窮通壽夭。一望而知。鄭親王端華、爲侍郎時、使閩。慕宜之名。使相焉。出而密告所親。曰、是滿面殺氣。萬無善終。理五臺徐松龕中丞繼畬、罷官。宜之謂之曰。公必再起。年登大耋。後皆驗不爽。其他禽遁地理諸家。涉獵殆徧。非近世俗學所及。著書兵燹遺失。續碑傳集守令

巢縣　夏商時。南巢地。周爲巢伯國。後屬楚。爲居巢邑。秦置居巢縣。晉改居巢。置蘄縣。淯改蘄縣曰襄安。唐改縣曰巢。清屬安徽廬州府。

明　徐體乾、巢縣人。占易用左邵法。與焦氏易林相符契。其天文得之劉誠意。所著易解、焦竑序之。光緒安徽通志方技

清　陳夏聲、號禹門。巢縣人。邑廩生。品學兼優。以授徒爲業。門下多知名士。尤精易理。凡疑難請卜之吉凶判斷不爽。士林服之。光緒廬州府志藝術

清　李大珍、通形家言。以縣治、水不繞城。著有改河議。道光巢縣志方技

140 無爲州 本無爲鎮。曹操征孫權。築城於此。攻吳無功。因號無爲城。尋爲無爲監。宋建無爲軍。又析巢廬江二縣地。置無爲縣爲軍治。元升軍爲無爲路。尋降無爲州。明洪武中。以州治無爲縣省入。屬廬州府。清因之。屬安徽省。民國改州爲縣。

清　謝應寬、無爲人。尚孝友。崇信義。讀書不倦。精堪輿。尤精卜筮星命之學。多奇驗。人咸以君平目之。

清　黃益齋、無爲人。少孤貧。壯遊江浙。精術數星命卜筮。往往多奇驗。以上光緒廬州府志藝術

清　朱觀乾、通志。乾作象。無爲人。清介端方。不營生產。衣荷食橡。援琴自適。博通今古書畫。堪輿理數諸祕。皆探微入奧。光緒廬州府志藝術 光緒安徽通志方技

清　邢步欒、無爲人。庠生。素習六壬。尤精堪輿之術。通經史百家。鄉里咸稱爲積學之士。

清　徐登雲、字忠齋。無爲人。爲人正直。精堪輿。子德鏞、世其學。好義疏財。鄉里德之。

清　蔣一鎧、號半山。無爲人。庠生。通經史。精堪輿。著有地理備要。以上光緒廬州府志藝術

141　和州　漢置歷陽縣。晉置歷陽郡。北齊以兩國通和置和州。隋復改爲歷陽郡。唐曰和州。宋曰和州歷陽郡。元升爲和州路。尋復降爲州。明初省歷陽縣入州。尋廢州爲歷陽縣。旋復爲和州。清直隸安徽省。民國改州爲縣。

晉　陳訓、字道元。歷陽人。少好祕學。天文算數。陰陽占候。無不畢綜。尤善風角。孫皓以爲奉禁都尉。皓政嚴酷。訓知其必敗。而不敢言。時錢塘湖開。或言天下當太平。皓以問訓。訓辭不知。退而告人曰、非吉祥也。吳亡入晉。隨例內徙。拜諫議大夫。俄而去職還鄉。知陳宏必敗。周亢必貴。甘卓爲歷陽太守。訓私謂所親曰、甘侯頭低而視仰。名爲盼刀。又目有赤脈。自外而入。不出十年。必以兵死。卓果爲王敦所害。丞相王導多病。每自憂慮。以問訓。訓曰、公耳豎垂肩。必壽。亦大貴。子孫當興於江

東。咸如其言。訓年八十餘卒。晉書藝術光緒安徽通志方技

元

尹堯道、字道夫。和州人。父京、字景山。咸淳乙丑進士。初筮尉興化。數年、平反疑獄有政。譽遷廬州教授。入元朝、晦跡弗仕。堯道自丱歲卽有志。欲以明經取上科。莆田周君、合肥汪君、夏君、號名師儒。堯道悉從之游。習爲詩。以襲家學。年甫十五。而場屋事廢。遂絕意仕進。屏居黃山。率其弟舜道、事親以孝。廣田園以供伏臘。間出游江淮。操奇贏以自潤。有餘資則周其族姻里黨。不以自豐殖也。堯道爲人多材能。有幹局。持身莊重。而遇事通敏。博涉羣書。至於陰陽方技。無不通其說。以善自韜默。人鮮有能知之者。大德十一年丁未、卒。享年四十有六。元黃學士文集贈承事郎尹公墓誌銘

142 六安州 隋爲霍山。歸化二縣地。唐改霍山置盛唐縣。宋改盛唐爲六安縣。元改爲州。明廢縣入州。清直隸安徽省。民國改州爲縣。縣境產茶極著。色香味俱佳。世稱六安松蘿。

明

朱雲成、本徽州人。居六安。衣衫藍縷。人與之言形家。卽精形家言。言日者。卽精日者言。人莫能測。酒後發狂。哭笑亂語。其後輒驗。郝進士謁選。問之。雲成誦曰、得仙人之舊館。及官新建。署內有亭曰仙人舊館。郝尊生、少穎異。雲成愛之。每見必

哭。曰、水仙子。郝竟覆舟彭蠡死。崇禎壬午、獻賊圍城。令卜之。哭曰、我在數中。後城陷。屠戮殆盡。雲成遇害。（光緒安徽通志方技）

明　彭訓民、字化欽。號易庵。順天庠生。後居六。性狷介寡合。與人言、侃侃有正氣。精通。易理卜筮之學。每有奇驗。（同治六安州志方技）

清　葉鉏、字耕雲。六安歲貢。工詩。與程汝薐、（薐同萱。）胡熹等、相唱和。著有將就山房詩草。旁通奇門之術。占驗多中。（光緒安徽通志文苑）

143　霍山縣（春秋潛國。漢置潛縣。南朝梁置岳安縣。隋改曰霍山。宋省爲鎮。入六安。明復置縣。屬六安州。清因之。）

清　吳廷棟、字彥甫。號竹如。晚號拙修老人。霍山人。道光乙酉拔貢。授刑部七品小京官。同治乙丑、官至刑部右侍郎。丙寅告歸。遂寓金陵。日食不給。處之晏然。癸酉閏六月朔、卒。年八十有一。廷棟學務實踐。清操絕俗。湛深宋五子書。由雒閩而上溯鄒魯。取諸家撰述。辨晰毫芒。求其性分所固有。職分所當爲。期與古人相合。其他天文術數之學。靡不窮源竟委。於醫則抉河間丹溪兩家閫奧。於地理則合楊

會。廖。賴。而得其精微。著拙修集十卷。詩一卷。續碑傳集同治朝部院大臣

144 蕪湖縣 漢置．後漢建安初．孫策破劉繇．太史慈遁蕪湖山中．自稱丹陽太守．晉咸和二年．蘇峻陷姑孰．宣城內史桓彝．起兵進屯蕪湖．實江津之要．唐武德以後爲鎮．故城在今安徽蕪湖縣東．南唐割宣城當塗二縣復置．即今縣也．淸屬安徽太平府．設皖南鎮總兵駐之．地當本省東北江濱．淸光緒二年．中英煙臺會議條約．允開爲商埠．皖南北商貨．咸以此爲萃集之所．米市與茶市甚盛．湘贛木商至此．必改編木筏．木市亦盛．商業之盛．爲全省冠．擬築之蕪廣鐵路．即以此爲起點．

淸 蕭雲從、字尺木。蕪湖人。明崇禎己卯副榜貢生。年八十時、撰有易存。是書以數言易而其文乃以律呂歷算爲宗。旁及於三命六壬之術。前列易存四學一條稱學者先讀易卦爻詞、大傳著法。次學卦氣。以及支干陰陽五行生尅、氣運衰旺。次學算歸除因乘。次學詞曲聲調管弦。以及翻切諸法。方得其說也。四庫經部易類存目二

145 繁昌縣 東晉置．南朝梁廢．故城在今安徽繁昌縣東北．南唐復置．即今治．淸屬安徽太平府．縣境有煤田鐵田．

明 從任、字子重。以諸生入太學。授江西按察司照磨。二年、陞湖廣黃州府經歷。負奇氣。兼嗜異書。於天官律歷戰陣醫藥太乙奇門遁甲六壬。皆探得其要。嘗與太史焦竑同舟至潯陽。暮有傍舟相尾。知爲盜也。一舟皆懼。任占之曰、漏下三刻盜

且去。頃之果如其占。在黃州、諸生薄試期。占者十七人。任獨占方民昭、耿子健、得雋。（雋、音晉、與儁。俊、通、異也。）是科果登賢書。卜數之驗多類是。焦竑嘆曰、子重之技、嵩眞隗照。不能稱絕矣。（乾隆江南通志藝術、參光緒太平府志方技）

146 富塗縣（秦漢丹陽縣地、隋徙置當塗縣於此、明爲太平府、淸因之、屬安徽省、長江水師提督駐此。）

東晉

沈宗、丹陽人。（始皇東巡、由丹陽至錢塘卽此、故城在安徽當塗縣東、今爲鎭、晉志作丹楊、以山多赤柳、故名。）善占卜。義熙中、左將軍檀韶、鎭姑孰。（姑孰城、今安徽當塗縣治、東晉時、置城戍守。）好獵、善格虎。一人皮蓑乘馬、從數人來占云、向東求食好。向西求食好。宗爲作卦曰、東去吉。因索飲、以口納甌中、若牛飲者。遂東去。數十步、人馬皆化爲虎。是歲虎暴非常。（光緒安徽通志方技、光緒太平府志當塗縣方技○皐按、通志府志、皆載沈宗爲南宋人、非是。）

明

何中立、采石鎭人。善占卜、知休祥。明祖初渡江、遇諸塗。問曰、天下紛紛、究將誰屬。中立曰、願書字占之。帝掣刀畫一字於地。立俯伏拜曰、土上一畫、非王而何。亦如謝石答宋高宗意。後定鼎金陵、詔同劉基定皇城址、向授五官保章。

明

陶安、字主敬。當塗人。少敏悟、博涉經史、尤長於易筮、驗若神。元至正初、舉鄉試。

授明道書院山長。避亂家居。太祖渡江。安率父老出迎。太祖與語。善之。留參幕府。洪武初、命知制誥、兼修國史。歷江西行省參知政事。太祖曾御製門帖子賜之、曰。國朝謀略無雙士。翰苑文章第一家。卒諡文憲。明史列傳

清　胡遵昭、字守亭。當塗舉人。博通經學。兼精天文地理音韻句股。著述甚夥。惜未竟所學而卒。光緒安徽通志方技

147　歙縣　漢置。隋廢。尋復置。大業中爲縣人汪華所據。始自休寧移新安郡治於此。唐因之爲歙州治。清爲安徽徽州府治。

漢　方儲、字聖公。歙人。講孟氏易。精圖讖。善天文。舉賢良。爲洛陽令。永元中。郊祭。問以陰晴。勸帝毋往。是日晴。詔責其欺。儲曰、咎時且至。願乘輿亟還。比駕還。雨雹大作。後傳其仙去。廟祀之。乾隆江南通志方外

宋　朱安國、新安人。善相字。紹興三十二年六月、至鄱陽。是歲壬午。當舉場開。士人多在州學。從之占問。段穀夫示以飛字。朱書其側曰、二九而升。扣其說。對曰、飛之爲字从二、从九、从升。但據筆畫言之。不能知其義。未可便決禍福。及秋試以第十

九名薦送。朋友賀之曰、十九者第二九也。君必正遇。已而省試失利。乾道元年乙酉、再舉。復中十九名。遂登第。始悟二九而升者、兩次十九方成耳。觸字

宋

徐端叔讀書知命。朱文公熹、贈以序云。世以人生年月日時。所值支干納音。推知其人吉凶壽夭窮達者。其術雖若淺近。然學之者。亦往往不能造其精微。蓋天地所以生物之機。不越乎陰陽五行而已。其屈伸消息錯綜變化。固已不可勝窮。而物之所賦。賢愚貴賤之不同。特昏明厚薄、毫釐之差耳。而可易知其說哉。徐君嘗爲儒。則嘗知是說矣。其用志之密微。而言之多中也固宜。世之君子、儻一過而問焉。豈惟足以信徐君之術而振業之。亦足以知夫得於有生之初者。其賦與分量固已如是。富貴榮顯。固非貪慕所得致。而貧賤禍患。固非巧力所可辭也。直道而行。致命遂志。一變末俗。以復古人廉恥忠厚之餘風。則或徐君之助也。雖然、與人子言依於孝。與人臣言依於忠。夭壽固不貳矣。必修身以俟之。乃可以立命。徐君其亦謹其所以言者哉。朱文公全集

明　吳寧、字永淸。歙人。宣德進士。除兵部主事。正統中、再遷職方郎中。郕王監國、于謙薦擢本部右侍郎。景泰改元、以疾乞歸。後不復出。家居三十餘年、卒。寧方介有識鑑。嘗爲謙擇壻。得千戶朱驥。謙疑之。寧曰、公他日當得其力。謙被刑。驥果歸其喪葬之。明史于謙本傳

明　程玠、字文玉。歙槐塘人。精於醫卜星曆之學。里有病瘵者。玠按脈曰、君必不起。顧有喜徵。時病者未有子。而居別業。玠趣之歸。一宿而婦有娠。瘵竟死。宗人某、係廩生。以次將貢、面病甚。請玠視。玠入戶。聞嗽聲。問曰、此非病者與。無憂行。且爲邑令。後果登鄉薦。玠能造木牛流馬、可五步築室。按八門遁甲術。夜戶不閉。盜無敢入者。臨歿、盡毀其書。曰、此不可以言傳。恐反誤人。玠未官卒。邱文莊濬、狀其行實。稱爲一代異人。所著有大定數、太素脈訣、松崖醫徑行世。乾隆江南通志文苑道光徽州府志方技

明　葉致遠、著堪輿正論。鮑淸峙、著地理舉隅。江鼎、著一粒粟。方智、著堪輿淺注。黃恆、江瑞、皆有名。民國歙縣志方技

明　程璣、歙縣人。診脈知富貴貧賤壽夭。所著有太素脈訣、經驗考。（光緒安徽通志方技）

明　朱國祥、字散叟。歙縣人。專以二十八禽演人之祿命。著萬化仙禽八卷。引用古籍頗多。唐國達、字振吾、爲之梓行於世。（萬化仙禽序）

清　詹方桂、字天木。歙縣人。精書畫。凡天文風角六壬遁甲星醫諸術。悉通曉。時四方猶未靖。避居松蘿山。著有四家小品行世。（光緒安徽通志方技）

清　吳霞舉、字孟陽。歙縣人。性孝友。嘗領歙邑教事。所著有易管見、筮易太元、潛虛圖說。（光緒安徽通志儒林）

清　程恩澤、字春海。歙縣人。嘉慶辛未進士。改翰林院庶吉士。官至戶部右侍郎。道光丁酉、薨於位。年五十三。恩澤博聞强識。於六藝九流。好學皆深思。心知其意。天象地輿壬遁太乙脈經。莫不窮究。詩古文辭。皆深雅。時乾嘉宿儒多徂謝。惟大學士阮元爲士林尊仰。恩澤名位亞於元。爲足繼之。所欲著書多未成。惟國策地名考二十卷。詩文遺集十卷。傳於世。（清史稿本傳○疇人傳三編。引陳康祺郎潛紀聞。南海縣志云。道光壬辰科。程侍郎恩澤。典試廣東。榜後。粵中名士。餞於白雲山）

雲泉仙館・酒酣・侍郎慨然・曰・粵東今日可云極盛・衰象將見・此後廿餘年・亂從粵東起・再十餘年・亂遍天下・不堪設想矣・詩曾拔貢釗・亦精於洪範五行之學者・相與問難・不覺鬱悒・侍郎笑曰・子無爲杞人憂・吾與子不及見・隨諦視座中人曰・都不及見矣・及見者譚君玉生耳・後五年・侍郎卒・甲寅紅巾起・曾拔貢卒・逮丁巳以後・內外交訌・幾如陽九百六之期・而當日同席諸公・物故殆盡・惟譚獨存・年至七十二始卒・

清　汪家忻、字仲伊。亦號弢廬處士。歙縣人。光緒丙子舉於鄉。庚辰成進士。籤分山西。即用知縣。告病在籍。丙午十月卒。年七十。宗沂精研禮經。洞悉樂呂。與順德李仲約侍郎同撰撼龍經注。雅贍異常。清史稿藝文術數類。載入相宅相墓之屬。萍鄉文廷式純常子枝語〇閔爾昌碑傳集補經學載汪仲伊傳云・先生以孝聞・長侍親病・因研醫術・以張仲景之書・汨於王叔和也・輯傷寒雜病論合編・又以葬親之故・治形家言・病葬經龍經無善本・作葬經校注・龍經校注若干卷・

清　吳起仍、字公遠。城東人。居貧盡孝。性愛山水。研究青烏之術。尤精六壬學。就問卜。每多奇中。汪二尹、給以術精易數額。道光徽州府志方技

清　黃仕綸、古林人。精天文術數。祈雨輒應。太守羅公鉁、鉁・同珍・訪延至郡。給額曰、法雨濟時。

清　程廷慕、黃茂坦人。庠生。力學嗜古。尤精堪輿星卜之學。著有堪輿撮要。星命撮要。卜數撮要諸書。以上道光徽州府志方技

清　田宏政、郡城人。精選擇之術。子孔步、能繼其學。傳其曾玄。

清　謝玉臨、謝芝生、皆田干人。精通奇壬。長於選日。世守其業。以上民國歙縣志方技

清　程樹勳、字愛函。歙縣人。善六壬。著有畢法集覽壬學瑣記二書。嘉慶辛未稿、同治壬申刊行。畢法集覽序

148 新安縣隋初置歙州。治黟。尋改爲新安郡。治休寧。又移治歙。即今安徽歙縣治。唐改歙州。尋改新安郡。旋復爲歙州。

明　程汝文、號和玉山人。新安人。撰易數總斷。其書分一千八十局。立三奇八門。而上方則附以易卦爻詞。蓋以六壬奇門假易義以立法也。四庫子部術數類存目二

清　程良玉、字元如。新安人。善卜筮。隱居杭城西偏。車馬闐駢如市。日既晡。不得下簾休息。如是者二十餘年。以爲嘗至四十時。抱疴鍵戶。忽忽機動於中。遂得數見兆。因而發憤著書。極深研幾。蓋三年、而成易冒十卷。皆論以錢代蓍之法。時康熙甲辰也。四庫子部術數類存目二易冒序

清　陳雯、字畊山。新安人。丰神瀟灑。議論宏深。明岐黃。精堪輿。諸子百家。靡不淹貫。

著三才發祕十有六卷。康熙丁丑刊行。其天部、曰天星發祕。選擇正宗。地部、曰理氣元機。形法粹眞陽宅祕訣。人部、曰祿命歸眞五星洩祕。河洛考正。皇極數理。觀其立言大旨則以天正爲體而以太陽爲用。是故周天之度數。無可考也。於太陽考之。天運之循環。難以定也。於太陽定之。歲由仲冬而成。以太陽之來復也。時從子正而定。以太陽之始生也。十二支辰。太陽日行一轉也。二十四氣。太陽歲行一周也。卽如子半陽生。皇曆明分正夜。而人不察。直以子全爲一日之首。而不知其半居於夜終。實則子亦有陰。而甲子日、有丙子時也。如此之類。發明頗多。（三才發祕陳詧錫序）

清

張祖房、字又良。別號五岳山人。不知其所自來。順治間、愛新安山水。捆載其所著書至休寧。訪吳懷英於還古書院。時年八十七矣。盡以所著周易關鍵。周易訂譌一字。春秋魯論覺言及書詩禮諸經講義。八陣圖說。授之懷英。後懷英卒隱於黃山。卒年九十三。諸書亦漸流散。其存吳氏者。惟周易、魯論、兩書而已。其學甚博。兼精武技。於天文術數遯甲之學。尤所究心。時或一言奇中。善導引。未嘗寢息。蓋

前代逸民云。光緒安徽通志流寓

清

程謙、字抑若。徽州人。順治中、徙居繁昌峨橋。於天文奇門堪輿。精研其奧。尤工詩。著有爨桐錄。黃山樵吟。行野逸吟。內外譜諧書。光緒安徽通志流寓

歷代卜人傳卷十二終　　鎮江張淦堂校

周禮春官。以邦事作龜之八命。一曰征。二曰象。三曰與。四曰謀。五曰果。六曰至。七曰雨。八曰瘳。以八命者贊三兆三易三夢之占。以觀國家之吉凶。以詔救政。凡國大貞。卜立君。卜大封。則眡高作龜。大祭則眡高命龜。凡小事涖卜。國大遷大師則貞龜。凡旅陳龜。凡喪事命龜。卜師掌開龜之四兆。一曰方兆。二曰功兆。三曰義兆。四曰弓兆。

中國歷代卜人傳卷十三

潤德堂叢書之八

鎭江袁阜樹珊編次

安徽省二

149 黟縣（漢置黝縣。宋始名黟縣。隋初廢。尋復置。清屬安徽徽州府。黝。師古曰音伊。字本作黟。其音同。字書云。黟。音翳。支韻。山名。在安徽徽州府。黟縣以此得名。）

宋 邱濬、字道源。黟縣人。天聖中進士。爲句容令。歷官殿中丞。讀易悟損益二卦。能通數。知未來興廢。熙寧十年丁巳秋。翰林學士楊元素、貶官荊州。過池陽見之。濬曰。明年當改元。以易步之。乃豐卦用事。必以豐字紀年。如期改元豐云。又嘗謂家人曰。吾壽終九九。果八十一卒。（明一統志藝術典術數部紀事定遠方濬師蕉軒續錄）

宋 汪綱、字仲舉。黟縣人。淳熙丁未、銓試累除外任。所至有政聲。嘗知紹興府。濬蕭山運河。治諸暨水利。尋直龍圖閣。理宗立。詔爲右文殿修撰。紹定戊子。召赴行在。言臣下先利之心。過於徇義。爲身之計。過於謀國。宜有以轉移之權。戶部侍郎。越數月上章致仕。特畀二秩。仍賜金帶、卒。綱學有本原。多聞博記。凡兵農醫卜陰陽律曆諸書靡不研究。機神明銳。遇事立決。服用不喜奢麗。供帳車乘雖敝不更著恕齋集。左帑志、漫存錄。（宋史列傳）

明　胡朝禮、黟縣人。善相地。有女傳其學。嫁汪辛。辛歿。先世多未葬。胡氏歷覽山川。獲葬地。並建祖祠。鑿池斯湶。（廝音斯。廝役也。謂析薪養馬者。亦作廝。）消納如法。嘉靖中、汪氏丁口數千。代有通顯。辛之先、有曰進者。精醫。江西疫作。藥飲之輒愈。又刻其方傳之。所活益衆。修德獲報。理或然也。同村戴姓者。亦善相地。卜遷於太平縣之戴家灣、今成著姓。（光緒安徽通志方技）

明　黃鑑、幼孤。事母以孝聞。涉獵儒書。邃精於藝。著有地理星形會一篇。醫林摘粹。石山吟稿等書。（道光黟縣志藝術）

清　余佐、字忠元。黟縣人。精易學。隱於卜筮。吟詩作畫。著冬青居士詩二卷。（光緒安徽通志隱逸）

清　許棻、字廣存。黟縣附生。博覽子史。旁及星卜奇遁壬式。尤熟精騷選韓杜諸家。

著有春及草廬詩文鈔、學詩小識、學詩集證。（光緒安徽通志文苑）

清　孫蒙、字養正、黟縣人。家貧爲人相宅墓取錢以給家。好數學。皆穿穴之。其治易。喜言人事。其言易分五門。一易緯、推乾鑿度七書之數、及易九戹二易支、曰易林。曰京氏易傳。曰元苞。曰皇極經世。曰三易洞璣。曰九宮經緯。附京氏後以洞徵數。三易流、曰八陣。曰金丹。曰地理、四易跂。曰太玄。曰洞極。曰潛虛。曰皇極洪範。曰參兩。曰範衍。曰太微。曰括奇。曰靈棋。五易衍。曰龜卜。曰脈法。曰太素脈。曰五運六氣。曰太乙。曰奇門遁甲。曰六壬。曰演禽。曰璣衡。曰風角。皆究揲灼布推。加減飛行診望之法。爲釆文補注附說。爲作表捃摭奇胲。（胲・音該・備也・）總名周易外傳凡十五卷。又通音韻。有易韻一卷。元音二卷。（俞正燮癸巳存稿光緒安徽通志儒林）

清　俞正燮、字理初、黟縣人。道光辛巳舉人。家貧。性介。博學强識。實事求是。其讀書常置巨册數十分題疏記。積歲月。乃排比爲文。斷以己意。著有癸巳類稿、存稿。率皆發明經史奧義。旁及諸子百家九流之說。剖晰疑似。若辨黑白。道光庚子卒年六十六。清史稿文苑三王藻癸巳類稿序○類稿六壬古式考及書跋云．六壬之起．道藏謂自黃帝名六壬者．神機制勝．太白陰經云．元女式者．一名六壬式．元女所造．主北方萬物之始．因六甲之壬．故曰六壬．道藏蕫三至蕫六．爲黃帝龍首經二卷．黃帝金匱玉衡經一卷．黃帝授三子元女經一卷．抱朴子極言篇云．案龍首記．顏氏家訓雜藝篇云．吾嘗學六壬式．亦値世間好匠．聚得龍首．金匱．玉軨．五變．玉歷．十數種書．其書古雅也．又六壬式法．雜見吳越春秋．越絕書．俱東漢人作．其語必有所受．藝文志陰陽家有于長天下忠臣九篇．別錄云．傳天下忠臣．而入陰陽家．其中蓋有若紂時太史．夫差時子胥．公孫聖等占驗術．又禮記月令．春行夏令秋令冬令之占．及耕儺典禮．均依六壬月將法．求日辰星度之應．是秦漢相傳古法．（儺囊何切．音那．歌韻．）○存稿推生命古今不同說云．魏志．高貴鄉公紀注．帝集載帝自敍始生禎祥云．惟正始三年．九月辛未朔．二十五日乙未直成予生．按九月建戌．則午直成．茲二十五日立冬．故重一成日．高貴鄉公以立冬日生．而自以直成爲吉宿也．魏晉推算生命法．抱朴子塞難篇云．命之修短．實由所値受氣結胎．各有星宿．有命屬生星死星者．釋滯篇云．人生星宿．各有所値．玉鈐經主命原曰．人之吉凶．制在結胎受氣之日．皆上得列宿之精．有聖宿．賢宿．文宿．武宿．貴宿．富宿．賤宿．貧宿．壽宿．列仙宿．忠孝宿．凶惡宿．爲人生本有定命．張車子之說是也．藝文類聚三十五．載蔡邕九推文云．天之生我．星宿値貧．以張車子蔡邕事言之．知漢卽同此法．唐有以北斗九星．及九宮推命者．朝野僉載云．開元二年．梁虛舟推張鷟．五鬼加年．天罡臨命．開奇錄云．貞元時．吉州刺史魏玭共圍人．乃北斗本命星．其西域推法．與中土同者不空．譯文殊師利菩薩．及諸仙所說．吉凶時日善惡宿曜經．以二十八宿．去牛宿爲三九．祕要分十二宮．其磨蝎宮則牛女虛也．佛推去牛宿．回回推去室宿．皆三九．明劉基白猿化曜法．其推則以四七．以二十八宿爲七元．以日月五星爲精．二十八宿爲魄．以十二佐神附二十八宿．六十甲子爲空位．蓋合古法佛法回回法．及三命四命五命法用之．自序以爲聖人復起．不易之定法．然俗不行也．唐李虛中珞琭子．以人生太歲月建日干支三者合推．以太歲爲命主．所謂三命法也．宋用五代徐居易子平術．用年月日時胎．又有林開五命祕訣．魏泰東軒筆錄云．章郇公言生命年月日時胎．但有三處合者．不爲宰相．必爲樞密．梁適．呂公弼．三處合．梁宰相．呂樞密．此所謂五命法也．宋時通用徐子平術．而減去胎．今所記宋人八字．曾布乙亥．丁亥．辛亥．己亥．蕭注癸丑．乙丑．乙丑．丁丑．南宋奄人則以初腐服藥年月日時八字推算．此皆雅記所書．所謂四命也．三命以歲爲主．四命以日爲主．五命以胎與時爲主．四命亦或以歲與時爲主．岳珂程史用四命推韓八字．以歲爲主．袁文甕牖閒評．謂論命生時爲最要．詩小弁云．我辰安在．箋云．生所値之辰．謂六物之吉凶．左傳昭七年·伯瑕云·六物·歲時日月星辰·太歲·四時·六十日·十二月·五星·十二辰·古法尤密·今不知矣·○類稿原相上篇云·孔子三朝記少閒篇云·堯取人以狀·舜取人以色·文王取人以度·文具大戴禮·史記儒林列傳云·太常擇民年十八已上·儀狀端正者·以補博士弟子·有古法也·鄭語言周王惡角犀豐盈·而近頑童窮固·韋昭注云·角有伏犀·輔頰豐盈·皆賢明之相·周王不知相人法·不本堯舜文王以狀色度取人之意·以致王道息絕·唐李揆亦有獐頭鼠目之歎·儒者立論·不依據聖人·而徒傳合荀卿·取悅窮固之人·豈有當哉·荀卿所舉古聖賢·皆是異表·非謂其陋·其言美者·乃似婦人·失男子之道·其爲不肖·正合相人之法·相人者左傳有內史叔服·荀子·史記有姑布子卿·唐舉·史記又有呂公·許負等·又有鯨布·衛青·皆王侯·在漢書藝文志相人法書·流傳之前·固有驗也·叔服稱叔孫穀豐下·杜預注云·蓋面方而必其有後·則古人出師命將·必取方面大耳·因天因人之意·儒而愚者·何足知此·姑布子卿·言天之所授·雖賤必貴·此言三代以後·由草茅而貴富者多矣·周語云·叔孫僑如·上方而下銳·宜其觸冒人·呂覽達鬱尹鐸云·臣嘗聞相人于師·敎顏而土色者忍醜·謂趙簡子·史記趙世家云·白起小頭而銳上·斷敢行也·童子黑白分明·見事明也·視瞻不轉·執志彊也·則由相貌以知心術·蓋孔子所述堯舜文王取人之法·荀卿非相·而孔叢子執節篇子愼曰·聞之荀卿·長目而豕視者·必體方而心圓·以其法相人·千百不失·與左傳商臣蠭目·國語叔魚虎目爲不善之法同·是荀非相·而實傳其正法也·左傳稱宋痤美而狠·佐惡而婉·晉語稱知瑤美鬢長大·狠在心·史記褚先生稱·或醜惡而宜大官·或美好佳麗而爲惡人·患其美惡·特以俗人言之·求之相法·則美惡定矣·歷觀古術皆有所出·古聖人或由之以致泰平·不容以己見非之·藝文類聚引莊子云·(今莊子無)孔子舍於沙邱·見主人·曰·辨士也·其口窮踦·其鼻空大·其睫流·堯舜文王孔子·皆用相人法·不可非也·漢黃憲以器宇勝人天下後世莫能摘其非·虞翻通儒·而骨節不媚·吳志稱其多見毀謗·獨非以相哉·古之聞人多著非相·語止迂拙·皮日休立一難曰·類禽獸·反富貴·不悟人性至貴·物各得人一體·故還於物徵之·類禽獸之談·日休又何取於皮而氏之也哉·蓋悍而拙矣·原相篇中云·舜爲天子·項羽目與之同·孔子聖人·陽虎貌與之同·故龍有九·或司雲雨·或爲萬物災·鳳有五·或爲瑞·或爲妖·聖人於相貴審也·古之相人書·不可得矣·今於人面分部限行年·亦古法也·象身具十二禽肉·正月膽在虎肉·二月兔肉·十二月牛肉·熊膽春首·夏腹秋左足·冬右足·是有何理哉·古人積驗數十象熊而始知之·故曰相法者·歷考古之賢達形狀·年歲事迹·而比合之·而非相者乃肆其無稽之辭也·原相下篇云·孔子之言曰·吾以貌取人·則失之子羽·鄭之騣蔑·(騣·音宗·總也·)亦貌惡人也·著於經典·此少不得難多·暫不得難常也·孔子門人三千·獨子羽以貌寢聞·然明之賢·不

先於子美。又二人貌惡。非定爲愚陋之狀也。兀者德全。無與於七竅。刖而能武。宮而著書。是在神明也。

150 休寧縣漢歙縣地。孫權分置黎陽休陽二縣。後避孫休諱。改休陽爲海陽。晉改爲海寧。隋改曰休寧。清屬安徽徽州府。縣境產綠茶。

五代

何令通。休寧人。賜號紫霞。南唐國師。精堪輿。以言牛頭山不利。謫休寧。一坐四十年。大悟。宋天禧正席趺坐。火從心出。自燒而化。乾隆江南通志方外

元

黃一清。字清夫。休寧人。父元珪。早卒。母吳氏。守節自誓。使爲學。一清痛自策勵。期無愧於古人。年逾四十。奉母命始游京師。適李公以舊學相仁宗。賢才彙進。一清遂走謁之。公見其古貌長身。鬚髯如戟。寬衣高冠。容止簡率。大爲驚異。即下執其手。延之上座。時公門下皆名人顯士。而一清以布衣居其間。恆與公亢禮。坐客莫出其右。隱然名動京師。一清以秋江自號。而李公自號秋谷。遺詩有君釣秋江月。我耕秋谷雲。逃名君笑我。伴食我慚君之句。朝野傳誦滿口。內翰趙文敏公。寫以爲圖。且謂不宜使清時有遺才。力薦之當路諸公。以君深于易。通陰陽家言。欲用爲杭州教授。一清笑曰。吾以布衣締交相國。榮孰大焉。持此足以復吾親矣。竟

辭歸。築山房。摘李公詩語爲扁名以見志。公欣然。遺以錢助之。宣徽王公奉使江東。過一清山房。因圖其隱居十景以去。其爲當世所重如此。至元三年丁丑卒。壽七十有五。（元黃學士文集秋江黃君墓誌銘）

明

趙汸、字子常。休寧人。生而姿禀卓絕。初就外傅。讀朱子四書。多所疑難。乃盡取朱子書讀之。聞九江黃澤有學行、往從之。得口授六十四卦大義。與學春秋之要。晚年屏跡東山著述。學者稱東山先生。太祖既定天下。詔修元史。徵汸預其事。書成辭歸。未幾卒。年五十一。有東山存稿等書。所著葬書問對。風水選擇、尤精。其言曰、葬書所謂勢來形止。地之全氣者。誠未易言。若夫童斷過獨。空缺曠折。水泉砂礫。凶宅之速滅亡者。固有可避之道也。又言風水之說。必求山水之相向。以生地中之氣。初未易以形跡指陳。所謂精光時露一分者也。若乃年月日時之擇。又貴乎五行之生尅制化。徐子平法、旺行官運。衰遇印鄉。此卽年月日時之泄強補弱也。又言風水之金圓而清。土方而濁。火尖而銳。木直而聳。水曲而柔。與選擇之水成潤下。火成炎上。木成曲直。金成從革。土成稼穡。者皆未可以優劣分焉。是陰陽統之領乎百家也。予別爲地理問答。倒杖祕訣。周氏選擇集要。河洛占法。俾可相參觀。明史儒林圖書集成藝術典堪輿部藝文○皇明文衡載葬書問對。汸原註云。吾友程君仲本。最爲留心斯事。學之十餘歲矣。而審問明辨。弗得弗措。蓋有志乎明理以擇術者。非世俗凡近之爲也。故書以遺之。仲本之師。則鄉先生朱君允升其人也。朱君明達精博。於六經之蘊奧。文學之源委。邃古之初。萬物之源。陰陽方位之本。昔賢開物致用。與其精神思慮之存乎藝事者。莫不心悟神解。誠窮鄉晚近之蓍龜冰鑑也。於山川情性。寧有不得者哉。以仲本之善學。而卒業於朱先生。如王良造父。駕輕就熟。將有得夫天理之大全。豈曰游叅而已。至正十三年十月既望。趙汸子常。書于東山精舍。

明　汪先易。號五源。上資人。精堪輿卜筮諸書。多奇中。手捧土。葬祖若父。年六十一。疾革。語子姬生曰。家貧誠無所遺。汝祖南山培兆域佳。後當貴顯。終不免貧耳。雖然貧何患。遂卒。嘉慶休寧縣志方技

明　呂祖尙。字韞宇。號悟虛子。又號紫陽山人。休寧人。著有命理眞機四卷。其看命綱領曰。子平之理。以日干爲主。取年爲根。爲祖業。則知先世之盛衰。月爲苗。爲父母。則知親蔭之有無。日支爲花。則知妻妾之賢否。時爲實。爲子息。則知嗣續之多寡。先觀從化。從化不得。方論財官。財官無取。方論格局。法分月氣淺深。日干與用

神。得令不得令。妙在識其變通。不可執滯以斷吉凶云云。要言不煩。誠論命之指南也。（明刊本命理眞機）

清　戴震、字東原。一字愼修。休寧人。雍正癸卯、生邑里之居第。乾隆辛未、補縣學生。壬午舉於鄉。癸巳奉召充四庫全書館纂修官甲午、奉旨得與乙未貢士。一體殿試。乙未賜同進士出身。授翰林院庶吉士。丁酉五月卒於官。享年五十有五。震少從婺源江永游。禮經制度名物象數。靡不窮源知變而歸於理道。著有原象一卷。迎日推策記一卷。句股割圜記三卷。曆問一卷。古曆考二卷。續天文略三卷。策算一卷。氣穴記一卷。藏府象經論四卷。葬法贅言四卷。又有毛鄭詩考。尙書義考。水經注。文集等書。（清史稿儒林錢儀吉碑傳集翰詹下之中）

清　程九圭、休寧人。以六壬占人休咎。如響。嘗自占一數。詫曰、是大凶兆。因語其弟。曰、四月中、我當傷額。汝以五月死於水。至四月屛居不出。一日過檐下。有雀噪於上。瓦墮傷額。大駭。戒其弟五月不使出戶。至六月初、弟以爲無事。出飲於肆。忽大

雷雨。山水瀑漲。九圭心動。急使人迎之。已溺於溝中矣。蓋時尚未小暑也。（光緒安徽通志方技）

清　徐卓、字陶友。休甯人。孤貧服賈傭書勵學。通經術及地理星經數學。道光癸巳、成進士。歸班銓選。主講黟祁書院。著有經義未詳說、更漏中星表、蘿雪卮言、荒鹿遇談、休寧碎事、白岳紀聞。（光緒安徽通志文苑）

151 祁門縣（本古昌門地。漢黟縣之南境。唐置祁門縣。在今縣西。以縣東北有祁山。因名。後移今治。淸屬安徽徽州府。縣境多植杉木爲林。歲聯爲筏。自昌江入鄱縣湖。以達於長江。又產紅茶。甚有名。）

明　程大中、字時卿。祁門人。工醫及日者術。往來池州。得異人祕授。後至湖廣賣卜。決人生死。問者如市。李方伯淑、延與語。奇之。時尚憂無子。大中曰、公當得佳兒。請如夫人輩吾視之。誰爲貴人母者。方伯出諸姬見之。曰、皆非也。一婢侍側。大中睨視。呼而診之。曰、兒貴必矣。方伯納之。果生維楨。後維楨貴。凡事有疑難者、決於大中。所著有太素脈要二卷。（光緒安徽通志方技）

明　章佐聖、字右臣。祁門人。棄諸生賣卜於市。著有麟經志在解大易時義注。（光緒安徽通志隱逸）

明　汪仕周、居倫坑。洪武間、與同邑鄭英才、陳伯齊、從青陽張宗道學青烏術。盡得其祕。陰陽二宅制作精微。時師莫能測其妙。生平不以營利。村基祖塋。皆其手扦。邑人饒世恩有傳。張宗道・名亘、識・號蓉城子・永樂癸巳・著有地理全書行世・

明　謝常德、居暘源。善堪輿。著地理輯要。

明　汪良夢、號九元子。居彭壠。天啓文生。善堪輿。刊有珠神經行世。

明　陳嘉憲、居文堂。精地學。著有地理分合二卷。

明　鄭英才、字儕才。從青陽張宗道、青陽・山名・在安徽合肥縣東六十里・巢湖東北・學青囊之術。盡得其祕。生平不以此營利。惟積善之家。代爲卜吉。邑中暨浮黟大族。陰陽二宅。多其手扦。以上同治祁門縣志方技

152 績溪縣唐分歙縣置・縣北有乳溪水・與徽溪相去一里・並流・離而復合・有如績焉・縣以爲名・縣治卽歙之華陽古鎮・清屬安徽徽州府・

元　陳雷山、績溪靈山下人。精青烏術。爲人擇葬地無不驗者。人稱地仙。康熙道光徽州府兩志方技

153 宣城縣漢宛陵縣・晉爲宣城郡治・隋初改縣曰宣城・仍爲宣城郡治・清爲安徽寧國府治・今有汽車路通蕪湖・

唐　夏榮、宣州人。有相術。蕭嵩、陸象先、爲僚壻。象先時爲洛陽尉、宰相子。門望甚高。嵩尙未入仕。榮謂象先曰、陸郎十年內、位極人臣。然不及蕭郎一門、盡貴而且壽。人未之信。天寶中。嵩兼中書令。年八十餘。子華、歷中書侍郎、同平章事。乃服其冰鑒云。舊唐書蕭嵩傳乾隆江南通志藝術光緒宣城縣志方技

明　金碧峯、有道行。善天文。棲敬亭石巖。太祖幸其地。趺坐不起。露刀臨之曰、汝知有殺人將軍乎。答曰、汝知有不懼死和尙乎。異而謝之。問以向導決勝。皆如其言。乾隆江南通志方外

清　梅文鼎、字定九。號勿菴。宣城人。父士昌、號繖䀠。䀠·音句·遇韻·又音拘·虞韻。左右視也·改革後、棄諸生服。嘗以六十四卦爻、與春秋二百四十年行事相比附成書。謂之周易麟解。經史而外。多所該洽。務求實用。尤精象數。文鼎兒時侍父、及塾師羅王賓仰觀星象。輒了然於星次運轉大意。年二十七。師事前代逸民、竹觀道士、倪觀湖。受麻孟璇一璇作璿·所藏臺歷交食法。稍稍發明其所以立法之故。補其遺缺。著歷學駢枝二卷。倪

爲首肯。自此遂有學歷之志。於天學書之難讀者。必求其說。至廢寢食著天算之書八十餘種。皆前人所未發。柏鄉魏荔彤、纂刻者凡二十九種。後其孫轂成、（轂。音覺。與珏同。謂二玉相合也。）別爲編次更名梅氏叢書總二十五種。（清史稿疇人傳傳集經學上之下 ○梅文鼎歷算書目自序云。家世學易。亦頗旁及於諸家雜占。及三式諸術。以爲皆太卜筮人遺意。而易之餘也。然百家言休咎。往往依託象緯。以尊其旨。故惟詳徵之推步實理。其疑始斷。）

清　王猷、字肇宗。宣城人。知縣文質裔。少業儒。博覽强記。曾於河南道中、遇一操舟者。名季海。授以導引之術。自此遂隱居賣卜。占決無不奇中。康熙時、督師董公聘入幕。平諸寇。多資其卜以決所向。自以日者之言多謬盭。（盭。音麗。與戾同。）著有九十四家年月考。及算書、三式。切韻諸書。卒年八十七。（光緒安徽通志方技 嘉慶寧國府志方技）

清　孟浩、字天其。居城東鄉孟村。少負遠志。倜儻不羈。篤學好吟韻。尋棄諸生業。專精地理。於靑烏九星寶鏡家言。無不淹貫。通洽。而其統會、則以雪心賦爲主。垂三十年。殫精探索。極意伸引。凡七易春秋。始能因註見賦。因賦見意。彙成四卷。名曰雪心賦辨訛正解。刊行於世。實爲地理諸書之冠。師婺源余心得贊曰。此書有儒

者格物之學。非比形家。專以方位天星雜術駭人。光緒宣城縣志方技

清　梅自實、字有源。宣城人。撰定穴立向、開門放水、墳宅便覽四卷。專以二十四山向。用正五行。辨每年旺氣節候。又以年道方支、論納音生剋。每山下附天符經、金精鼇極、天河轉運等書。所定吉凶日。又附陽宅、開門放水諸訣於後。以備檢閱。四庫子部術數類存目二

清　梅士鉉、字象先。宣城太學生。自周鼓秦碑、以逮蟲魚草木。地輿醫卜之籍。靡不窮究。尤豪於詩。伯仲早世。撫諸孤如慈母。尋以兒子事、寃繫五年。盡毀產以紓難。無幾。徵見於詞色。晚爲潛山縣丞。著孤山八集行世。光緒安徽通志文苑

154　南陵縣漢置春穀縣。晉改陽穀。唐移南陵縣於此。清屬安徽寧國府。

清　劉世駿、字千里。幼慧。就童子試未售。改習青烏術。甚精。嘗謂人曰、人子須知擇地。以葬父母。否則父母之體魄未安。卽人子之心未盡。陶侃遇老父、示以葬地。位極人臣。雖事出偶然。未始非人力所致也。語頗近理。自與衒術者異。卒年八十餘。

155 涇縣漢置。故城在今安徽涇縣西。後移置賞溪之西。宋崇寧間。賞溪東徙。城爲圮。嘉定間。移於溪東。去舊治二里。地名留村。元又移於舊治東門徹天坊。即今治也。清屬安徽寧國府。

明 趙鈞、東隅人。孝友多隱德。最精堪輿術。嘗葬其父于曹溪黃庥山。預言某科當捷鄉舉。某科當捷南宮。某歲當遷某官少宰。士登、其姪也。詩方孩。後登科選官。皆如其言。又言其子孫幾世幾房興衰。歷歷如響。世以爲神。以子士際、贈奉直大夫、羅定州知州。

明 萬惠、號德軒。震山鄉人。初言學、主孟子性善之說。遇異人、授太乙神數。遂兼通象緯占步之術。每言軍國大計。吉凶皆歷驗。崇禎初、嘗語人云、今上聰明神武。然鼎命將淪。又卦遇從或戕之。非令終兆也。一日挾厚貲附舟。舟人夜礪斧將加害。惠呼與談星命。出龜板爲卜。悉其生平休咎。舟子嘿之。意其術家。遂獲免。其權智如此。惠長身偉幹。鐵面劍眉。鬚髯如戟。善內養。嘗元日脫衣就潭浴。水氣蒸蒸如沸鐺。年六十餘。著河洛圖說易二傳解註。及數學精微。天文星氣。形家理氣諸書。

既而謂祕書不當洩。悉焚之。（以上嘉慶涇縣志藝術）

明　左激、字有昂。涇縣人。善醫。爲訓科。旁通陰陽卜算之術。尤精地理。著有家警錄。爲堪輿家所珍。

清　施參、字景曾。涇縣人。精六壬口訣。有奇驗。嘗賣卜金陵長千寺。八月朔日晨起。占本歲科名。無一爽者。年九十六。鶴髮童顏。神仙中人也。子斌、亦繼其術。次子世琦、幼子天爵、皆善醫。官太醫院。（以上光緒安徽通志方技）

156 太平縣（唐析涇縣置・故城在今安徽太平縣北・尋廢・旋復置・後移今治・清屬安徽寧國府・）

明　項淦、字素澄。邑庠生。篤志力學。博極羣書。尤邃於易。爲族秋曹如皐高弟。嘗夜觀氣象。知明祚將終。遂隱居養親。性耿介。不妄交接。敎人先德行。後文藝。故遊其門者。多文行兼優士。所居邇縣治。足跡不至。著有六息齋文集。歿後散佚。今存惟手編字韻批註周易家訓二書。（乾隆太平縣志文苑）

157 旌德縣（漢涇縣地・唐置旌德縣・清屬安徽寧國府・）

清　劉茂吉、字其暉。旌德人。讀書過目輒了。旁搜天文地輿象數。精推步。所著有北極高度表天地經緯象數要略坤輿圖說京省全圖。（光緒安徽通志方技）

158　貴池縣（漢置石城縣。隋廢。後復置。改曰秋浦。唐於縣置池州。五代楊吳改名貴池。清爲安徽池州府治。）

明　張宗漢、（據歙縣志似名宗道。）天師張道陵之後也。精青囊之術。明初避陳友諒亂。改名。隱於青陽。洪武己未。應召。觀行師山川形勢。貴池葬地。經卜其宅者。多留識焉。（圖書集成堪輿部紀事）

明　汪九仞、侍郎珊之子。善風鑑。斷人休咎。燭照如神。

清　方正明、號紫峯。精堪輿。善卜筮。光緒丙子、新建文昌宮。時日方向。皆所手定。待人誠篤。時行方便。年七十八。夫婦齊眉。眼觀四代。子二。孫八。曾孫七。長子策、歲貢。人咸謂其積善有慶云。（以上光緒貴池縣志方技）

清　張輪、江西人。善陰陽風角。貴池令趙衍、建水德亭以弭水災。輪以爲不利主祭者。因代令祭。卽日死。後邑人爲衍立祠。以輪配之。（光緒安徽通志流寓）

清　舒鳳儀、字虞廷。號梧岡。池東人。精堪輿。著地理孝思集。（光緒貴池縣志方技）

、159　建德縣（漢石城縣地・唐改至德縣・五代楊吳改曰建德・清屬安徽池州府・民國改曰秋浦・）

清　江之翰、字羽白。邑之羽士也。工詩文。多才藝。尤精堪輿之術。相墓畫地爲圖。即知休咎。人比之黃撥沙。著有地理纂要。王爾綱爲之序。（光緒安徽通志方技　宣統建德縣志藝術）

清　周馥、初名福。字玉山。安徽建德人。家貧。嗜讀。工書。能文。兼通陰陽術數之學。因不得志於鄉里。遂往省城安慶城隍廟賣卜藉資餬口。時李文忠公鴻章、長子丹崖中堂、尚未入翰林。亦寄寓皖城。與馥頗洽。越數年。文忠由鄂督調任直督。過皖城小住。見馥亦契重之。乃邀同北上。司文牘。累保道員。光緒丁丑、署永定河道。癸未、眞除津海關道。文忠之督畿輔也。先後垂三十年。創立海軍。用西法製造械器。輪電路鑛。萬端並舉。尤加意海陸軍學校。北洋新政。稱盛一時。馥贊畫爲多。醇親王校閱海軍。嘉其勞。擢按察使。再署布政使。俄擢山東巡撫。署兩江總督。移督兩廣。丁未請告歸。越十四年卒。諡慤愼。直隸、山東、江南士民、皆祠祀之。（清史稿本傳　玄鳥雜志〇皐按・蘇君

碩人・曾見愍慎公全集石印本・附自訂年譜・亦載及皖城賣卜事・容當訪求拜讀・俾再詳敘・

160 青陽縣漢陵陽涇二縣地・三國吳分置臨城縣・隋廢・唐置青陽縣・以在青山之陽爲名・清屬安徽池州府・

宋

楊應炎、字樵隱。精星命之學。文文山先生贈詩有云。莘郊一介。堯舜君民。薇山二難。百世忠清。富春耕叟。涕洟雲臺。終南遯士。仕宦梯媒。是數公者。俱以隱名。木石一跡。霄淵異情。九華山人。山在安徽青陽縣西南四十里・賣樵汪湖。請算世間幾種樵夫。文山全集贈樵隱應炎談命

161 鳳陽縣本鍾離縣地・明初爲臨淮縣・尋分置鳳陽縣・爲安徽鳳陽府治・清因之・裁臨淮縣入焉・津浦鐵路經其北・

東漢

施延、字君子。沛國蘄人。明五經星官風角。靡有不綜。家貧。常任作由拳半路亭。食其力以養母。人不識也。時山陰馮敷、爲吳郡督郵。過亭。延持帚往。敷望而知其賢者。下車謝之。推食解衣。與之錢。不受。舉有道高第。爲侍中。順帝陽嘉二年癸酉。以大鴻臚代龐參爲太尉。光緒安徽通志儒林光緒浙江通志寓賢乾隆鳳陽縣志方技

明

永安橋相者。不知姓名。儀狀甚偉。大太祖微時、異之。因敶已處世變。敶・音塵・古文・陳久也・

故身歷艱危。求其後來之否泰。相者曰、汝今大通矣。言訖別去。及卽位。改橋名爲大通橋。在、今鳳陽府東南十里。光緒鳳陽府志方技

明　朱權、太祖第十六子。封寧王國大寧。永樂初。改封南昌。恃靖難、功。頗驕恣。晚年日與文學士相往還。託志沖舉。自號臞仙。羣書有祕本、莫不刊布之。著肘後神經大全、漢唐祕史等書。數十種。自經子九流星曆醫卜黃冶諸術。皆具。正統十三年戊辰、薨。明史太祖諸子二四庫子部術數類存目二

明　盛世鳴、字太古。鳳陽人。俶儻有蘊藉。嗜古文奇字。嘗寓泗州。隱於卜。無錫孫少宰繼高、聞其賢。薦之葉相國向高。公卿皆愛而客之。世鳴意不懌。懌、羊益切。音睪。弋灼切。音藥。悅也。退而隱居。所著有空谷居士集。光緒鳳陽府志隱逸

清　王鼎、字禹夫。鳳陽歲貢。好學敦品。工籀篆。精壬式。著有四書詮解、淮河源流、江南水利諸書。光緒安徽通志文苑

定遠縣　南朝梁置。兼置定遠郡。北齊改郡曰廣安。隋廢郡。改縣曰臨濠。故城在今安徽定遠縣東南。唐復爲定遠縣。移今治。清屬安徽鳳陽府。

明　戚繼光、字元敬。號南塘。晚號孟諸。定遠人。幼倜儻。負奇氣。好讀書。通經史大義。世襲登州衞指揮僉事。累官少保都督南粤諸事。卒謚武毅。著練兵實紀、莅戎要略、武備新書、止止堂集。又著紀效新書、載有將官到任寶鑑。其提要云、將者三軍司命。惟悔吝因人事所召。然時日吉凶所以定衆志而作氣。擬之他任不同。今將緊要應驗用忌日辰。開略於左。至止止堂集、又云嘗觀琥珀繫草。磁石引針而怪之。夫琥珀磁石。無知之物也。草既枯死而針經火煅。生意何在。一被引繫、則舉躍動盪如生。而針則鋒鋒相連。可引數箇而復躍。即此則風水之說。信乎其有。而枯骨無知。未敢以爲盡然。琥珀磁石其山川乎。針草其遺骸乎。謂風水不可信者。蓋以世人不修厥德。惟以是爲務。至有傾人身家。忍心害理。專謀風水。以昌子孫者。却不知地理與天理相爲流通。茲一等人。當在天理處責他。而非地理之不驗也。於此可見繼光不獨究心擇日。即堪輿一道。亦未嘗不加意也。明史本傳紀效新書止止堂集

163 鳳臺縣 即春秋州來。漢置下蔡縣。明廢。清雍正十一年。析壽州東北境。置鳳臺縣。與壽州同城。同治間。徙下蔡。即今治。屬安徽鳳陽府。

清　湯玉琢、字其章。端方勤儉。精堪輿。母病侍奉不懈。禱於神。願終身食素。母遂愈。亂年立圩保衛一方。生平息爭和訟。修橋補路。壽八十二。無疾而終。孫曾滿堂。

清　李鈞、善地理。爲人相度。分毫不取。即饋以禮儀者。亦正色拒之。子春崑、春岑、皆入學。年八十四卒。（以上光緒鳳臺縣志方技）

清　劉鐘、字元音。鳳臺人。少讀書。講朱子主靜之學。遭亂。絕意進取。晚年。邃於易。兼通。醫卜星相。鄉人有危疾。惟鐘能愈之。不受謝。少喪耦。不娶。得導引之術。年八十。顏如嬰兒。（光緒鳳陽府志方技）

164　壽州（春秋六蓼國地・戰國楚壽春邑・隋始置壽州・明初爲壽春府・尋降爲壽州・屬鳳陽府・清因之・壽春鎮總兵駐此・民國改爲壽縣・）

唐　夏侯端、壽春人。知玄象。善相人。仕隋、爲大理司直。高祖龍潛時、與其結交。義師興。擢祕書監。李密降。關東地、未有所屬。拜端大將軍、河南道招慰使。會亳汴、已降王世充。道塞。無所歸。糧盡。遇賊。麾下存者僅三十餘人。世充遣人以淮南郡公印召端。端不屈。間道走宜陽。入謁帝。帝憫之。復拜祕書監。俄出爲梓州刺史。所得祿

廩。皆散施孤寡。不爲子孫計。貞觀元年病卒。（新舊唐書本傳）

宋　志言、姓許。壽春人。落髮東京景德寺。能前知。或卜休咎。書紙揮翰甚疾。初不可曉。其後多驗。海客遇風。且沒。見僧操絙（絙。音亙。本作緪。說文。緪。大索也。）引船而濟。客至都下。遇言。忽謂之曰、非我汝奈何。客記其貌。眞引舟者也。（宋史方技光緒安徽通志方技）

清　程鵬飛、字海嶠。壽州人。性穎悟。究心六壬占候之書。尤邃於醫。濟人不以爲利。著醫方寶筏二十四卷。署巡撫李孟爲之序。卒年七十九。（光緒鳳陽府志方技）

清　楊夢熊、文生。善子平之術。決吉凶無不應。

清　夏炳南、字紹廬。少時卜地葬親。屢爲地師愚。遂立志研靑囊學。遇熊某、授以祕旨。涉歷三十餘年。爰精其術。相墓門言休咎立應。著堪輿要訣名塋圖記各一卷。

清　陳岐業、精醫術。屢治奇瘡異症。活人甚多。善星卜子平。決以吉凶無不應。卒年八十餘。

清　孫翼祖、號蕉圃。工詩嗜飲。善演禽。兼精靑烏術。著有周易通數卷。以姪家醅貴。

以上光緒壽州志方技

165 宿州 唐置。治符離。即古竹邑。在今安徽宿縣北。後移置古符離城。即今宿縣治。宋曰宿州符離郡。金復爲宿州。元省符離入州。清屬安徽鳳陽府。民國改爲宿縣。

金 武禎、宿州臨渙人。精數學。祖官太史。靖康後、棄官業農。是時州境入金。貞祐間、元帥僕安貞以上客禮之。軍事必諮。其應如響。正大初、徵至汴京。待詔東華門。其友王鉉問禎曰、朝廷若問國祚修短、子何以對之。禎曰、當以實告之。但更言周過其歷。秦不及期。亦在修法爾。時久旱。朝廷爲憂。禎忽謂鉉曰、子須早歸。恐爲雨阻。鉉謂萬里無雲。赤日如此。安得有雨。禎笑曰、若是、則天不誠也。天何嘗不誠。既而東南有雲氣。須臾蔽天。平地雨注二尺。衆皆驚嘆。尋除司天監勾管。光緒宿州志方技

清 謝體春、宿州歲貢。性澹泊。能詩文。博通典籍。尤精六壬卜筮。隱居不仕。年七十餘終。光緒鳳陽府志方技

清 卜志尙、字輔周。性穎異。讀書目、見羣書。即通曉大意。長承父訓。善青烏術。爲人卜地塋葬。形家觀之。皆嘉其術之精。又通命理。決富貴貧賤。多奇中。八十餘。無疾

而終。光緒宿州志方技

166 阜陽縣 漢置汝陰縣，明爲潁州地，淸雍正十三年，升州爲府，置阜陽縣爲府治。

明 曹永鼎、字貞陵、潁州人。善天文壬甲之學。能詩善射。夜步中庭。語友人曰、火在斗、主兵。大臣當之。大司馬陳新甲、果於是月死。李翊翊，音弋，飛貌，又輔也。起兵殺賊。永鼎常居幕中。出奇制勝。後賊袁時中詐降。翊欲往撫。永鼎力阻不聽。遂爲賊所害。鼎革後。茅屋數椽。意恬如也。忽一日盡焚圖讖書。獨留琴譜。付侍者曰、劉孝廉公勇來、以此貽之。遂卒。

明 白鷗、潁州衞人。通數學。能斷人生死。歲疫。死者枕籍。乃潛心醫理。賣田施藥。家以是落。以上光緒安徽通志方技 乾隆潁州府志方技

明 盧翰、字子羽、潁州人。嘉靖甲午舉人。官兗州府推官。撰易經中說四十四卷。其講易專主人事。而證以卜筮。每爻皆列變卦之圖。而雜引經語史事之近似者。類附於下。提要，經部易類存目一 又撰籤易一卷。是書以六十四卦。加太極兩儀四象進退離合

大小遠近。衍爲七十九數。易蓍策而用竹籤。每籤有辭。又各贅以贊釋。以擬易林、太玄、元包、潛虛諸書。實則以錢代蓍之變法耳。（四庫提要子部術數類存目二）

清　劉大瀾、字迴狂。穎州明經。博學善文。尤邃於數。其門下生、有以進士選令丹陽者。將之官。瀾時臥病。推其必敗。罹奇禍。戒家人曰。設某來。切不可以疾辭。及見某。力止其行。並繼以泣。某不能用。後果有禍。（光緒安徽通志方技　乾隆穎州府志方技）

167 太和縣（宋分汝陰置萬壽縣。宣和後。改曰太和。在今安徽太和縣北。元省。後復置。移今治。清屬安徽穎州府。）

明　徐光代、太和人。精六壬數。周王聞其名。召汴。數決大疑。當汴被圍時。屢勸王作筏以待。而水果突至。因獲免。後江撫吳、聘至官署。值新得虎皮。內實以草。暗令卜之。徐曰。有猛獸之形而無氣。當爲假虎。其驗類如此。（乾隆穎州府志方技）

清　巴見龍、字在田。增生。以帖括聞於時。尤精天文奇門兵陣之學。咸豐間、捻匪亂。襄劉存誠捍衞鄉里。其所畫策。無不中。

清　王瑺、字獻瑞。善卜筮。吉凶禍福。推數必參以理。所決斷。多奇中。（以上民國太和縣志藝術）

168 **霍邱縣**春秋時蓼國地・漢置安風縣・屬六安國・後漢曰安風侯國・晉爲安豐縣地・南朝梁置霍丘戍・隋改置霍丘縣・唐改曰武昌・尋復故・清屬安徽潁州府・

明

敬以儉、霍邱人。精太乙數。人以爲神子。恩任大尹。亦以數學稱。乾隆潁州府志方技

169 **渦陽縣**明爲蒙城縣・及壽宿潁亳四州地・清割阜陽亳州蒙城宿州地・置渦陽縣・設治於雉河集・屬安徽潁州府・

清

劉廷颺、字海臣。蒙城劉氏後。徙居渦河北岸之劉家樓。曾祖樂水、庠生。祖懷義、廩膳生。授徒太清宮。不慕榮利。父純修、性循謹。稱長者。廷颺少聰穎。長溺苦於學。慷慨自喜。不屑屑章句貼括之習。清咸同間、天下大亂。粵匪初平。而撚首餘孽、猶縱橫於大河南北各行省。擁衆輒百萬。過無噍類。屠無堅城。時果敏公英翰、治軍宿州。廷颺上書陳方略。果敏壯之。立委以招撫事宜。廷颺遂收服悍匪曹金榮等、三千人。馬二千匹。於曹州城下。厥後秦晉畿輔之戰。靡役不從。以勇遷都司。加游擊銜。在軍中手不釋卷。尤好史記通鑑。人或疑廷颺行裝之多。發之。纍纍然、皆冊籍也。迨中俄失懽。廷颺率皖馬隊、赴山海關。媾成。廷颺按諸營壘嘆曰、兵氣不揚。國其不振矣乎。遂乞養歸林下。絕口不言兵事。晚年尊師訓子。尤致力周易悟理。

數合一之旨。旁及堪輿星卜之學。皆粹然一歸於正。子二。長鴻慶。前國會議員。安徽財政廳長。次鴻儒。民國渦陽縣志人物

魏

170 亳州春秋陳焦邑。秦置譙縣。北周於縣置亳州。明省譙縣入州。清屬安徽鳳陽府。民國改州爲縣。

華陀。一名旉。字元化。沛國譙人。游學徐土。徐。古國名。伯益之後。故城在今安徽泗縣北。春秋昭公十三年。吳滅徐。遷徐於夷。今安徽亳縣東南七十里。廢城父城是。兼通數經。舉辟皆不就。曉養性之術。年且百歲。猶有壯容。精方藥鍼灸。善觀氣色。鹽瀆嚴昕與數人共候陀。適至。陀謂昕曰。君身中佳否。昕曰。自如常。陀曰。急病見於面。難經云。望而知之謂之神。莫多飲酒。坐畢歸。行數里。昕卒頭眩墮車。人扶將還。載歸家中。宿死。魏志本傳

清

171 五河縣漢虹縣。宋於五河口置隘。使屯田。復置縣。以淮澮潼沱漴五河合流而名。故城在今安徽五河縣南。明圯。徙治西北界。後又遷澮河北。即今治。洪武初。屬鳳陽府。清雍正三年。改屬泗州。

清　錢景恂。號少泉。邑庠生。北鄉人也。善卜筮。精岐黃。性情古峭。恆靜坐焚香讀周易。終日不出戶。里黨或有爭端。輒以吉凶悔吝之辭曉之。而人意遂解。

清　朱玉光。字鑑若。庠生。貌古樸。性嚴毅。學精周易。論吉凶禍福。多徵中。西壩之役。

賊氛甚惡。鍾廷掄請卜之卦成。慶曰、繇辭言利用禦寇。是當必獲利也。果以捷聞。以上光緒五河縣志方技

172 南兗州晉南渡後僑置。兗州治廣陵。在今江蘇江都縣東北南朝宋改曰南兗。後移鎮盱眙。今安徽盱眙縣治。

宋 何涉、字濟川。南兗人。父祖皆業農。涉始讀書。晝夜刻苦。汎覽博古。上自六經諸子百家。旁及山經地理醫卜之術。無所不學。仁宗時、登進士第。范仲淹一見奇之。辟彰武軍節度推官。用龐籍奏遷著作佐郎。管勾鄜延等路招討使機宜文字。鄜。音孚。地名。在陝西西安府北。時元昊擾邊。昊。音皓。言元氣博大也。軍中經畫。涉預有力。累官司封員外郎。涉長厚。有操行。事親至孝。平居未嘗談人過惡。所至多建學館。勸誨諸生。雖在軍中。亦嘗為諸將講左氏春秋。狄青之徒。皆橫經以聽。著有治道中術、春秋本旨、廬江集七十卷。宋史儒林

173 盱眙縣春秋時吳善通邑。秦置盱眙縣。二世二年。項梁立楚懷王孫心為義帝。都盱眙。許慎曰。張目為盱。舉目為眙。可以眺遠。故名。晉義熙中。置盱眙郡。南朝宋以後因之。隋時郡廢。故治在今安徽盱眙縣東北。宋升昭信軍。元改臨淮府。尋罷府復縣。徙今治。清屬安徽泗州。

明　趙儒、盱眙人。著有性學源流篇及易學賓淮遺老文集、卜筮醫數等書。（乾隆盱眙縣志人物）

清　李叔廉、字星泉、盱眙廩生。通經史、精星卜之術。咸豐三年癸丑登第一山夜覽星象。時粵逆踞金陵。云須十年克復。又云盱眙有百四十里血劫。後九年、捻匪陷城。其言皆驗。（同治盱眙縣志人物　光緒安徽通志方技）

174　天長縣（唐割江都六合高郵三縣地。置千秋縣。改曰天長。宋升天長軍。尋復為縣。清屬安徽泗州。）

明　戴端蒙、號聖所。為諸生。後棄去。恣意遊覽。歸而著書。精水道堪輿醫藥。（嘉慶天長縣志技藝）

清　丁養虛、天長人。善琴棋。能文章。尤精奇門禽遁堪輿之學。其妻父朱氏、為邑名醫。子四人。或繼業、或設肆。因此起家。無賴之徒。覬其有肆欺詐。四子苦累。教子讀書應試。凡入庠者、可支門戶。盼望綦切。時朱翁考終。將葬、舅以葬期謀於養虛。曰、姊夫明晰陰陽。能為人福。使我子姪一人入泮。舉家感甚。養虛敬諾。擇冬月某日未時。應天微雨。一狗啣花戲墓側。一男子戴鐵帽。一孝婦索取石炭。此正時也。舉棺封壙。孫必遊庠。至日、果小雨。輿櫬入塋。屆時安穴。忽見兩小狗、爭蘆花一枝、

來墓前。有農夫頭戴新鍋。以代雨具。孝婦亦至。諸舅大悅。次年。一孫入泮。（天長宣瘦梅夜雨秋燈錄）

175 滁州（東魏置南譙州。隋改置滁州。唐改曰永陽郡。治清漢。尋復曰滁州。宋曰滁州永陽郡。元升爲滁州路。尋復爲州。明省清流縣入州。清直隸安徽省。民國改爲滁縣。）

明 劉定、字安道。滁州人。知醫。精堪輿家言。口不言利。同州呂正善繪事。曉醫卜地理。人禮重之。（光緒安徽通志方技）

清 石鑑、字汝正。號梅軒。讀書好善。精於數學。決疑如響。居家孝友。（光緒滁州志方技）

清 駱師璟、滁州人。某科進士。善卜。時在陝司書記。福文襄郡王督師經陝。途中奏摺已拜。欲得卜者以決之。縣令某以師璟薦。卜得晉卦。王欣然曰。我名福康安。晉康侯。大吉之兆。後果悉如其言。（定遠方士淦蔗餘偶筆）

176 全椒縣（漢置。晉永嘉後廢。南朝陳。僑置南譙州。梁曰北譙。隋置縣。改曰滁水。又改曰全椒。明初省入州。尋復置。清屬安徽滁州。）

明 林翹、字蔚起。莆田人。官中書。棄而隱於全椒。愛神山之勝。遂卜築焉。博學。精象緯風鑑諸書。（光緒安徽通志流寓）

明　費玠、字子藩。全椒人。嘉靖戊午舉人。知建昌縣。以伉直歸。精青烏家言。著有窺天管見行於世。卒年八十。（光緒安徽通志方技）

清　雷光儀、字子山。先世閩人。因商於椒。遂家焉。幼從耆儒朱亮弼學。以客籍未與試。遂致力於易經。并研究易林等書。粵亂。避地賣卜資生。返里後、搆屋積玉橋頭。設卦肆。籍以口舌勸世。推演卦理。尤多奇中。又善堪輿。不以術炫。年八十四、卒。易簀前一夕。親檢出債券十數紙。焚之。惟以爲善勗其孫啓霖云。

清　汪興橋、字友松。精岐黃。兼通堪輿六壬等術。性和易。人咸樂與交。有延診者。雖寒暑必往。子大濤、孫同揚、皆能傳其業。縣令吳以敬、以三世良醫額旌之。

清　金鐸、字木公。增廣生。少靈悟。弱冠習舉業。長於詩賦。兼通堪輿岐伯之書。父卒。盡哀。著有在疚草。事寡母廿餘年。出入惟命。（以上民國全椒縣志藝術）

清　吳鼒、（鼒、音茲。鼎之歛上而小口者。）字及之。又字山尊。號抑菴。晚號西神山樵。全椒人。嘉慶進士。官侍講學士。駢體文、沉博絕麗。詩以孟韓皮陸爲宗。歸田後。藝專術數。主講揚州

書院最久。著夕葵書屋集。又有陽宅撮要。載入清史稿藝文術數類、相宅相墓之屬。（小腆紀年、陽宅撮要序）

177 來安縣（唐永陽縣・五代南唐改曰來安・宋廢縣爲鎭・尋復爲縣・清屬安徽滁州・）

清 吳襄佽、家貧親老、以相字爲業。日捧字匣遊市肆。得錢供一日甘旨。卽與文士淸談圍棋象戲。隨手應敵。皆出人意表。好讀書。恆至夜分不輟。亦知醫。

清 張允恭、字賡堯。庠生。讀岐黃書。尤精卜易。爲人道休咎。多奇中。其言數一衷於理。有餘貲、卽製藥濟人。不責其報。（光緒安徽通志方技 道光來安縣志方技）

清 周家相、字睿全。（睿・嗇銳・深明也・通也・）歲貢生。精六壬數。嘗爲本州守占越獄盜六人。卦成。謂在西南方。當於端午日獲七人。及期果獲之於全椒某鎭。其一亦隣省逸盜也。他占驗皆類是。

清 陳兆鵬、字正功。精堪輿術。嘗爲周氏卜葬地。語人曰、此地佳。不出十年。必捷一武魁。然不克壽。乾隆乙酉、周家賓果中武舉。及北上、沒於揚州運河。並如其言。（以上）

淮陰陳幹庭校

歷代卜人傳卷十三終

道光來安縣志方技

禮記曲禮。凡卜筮日。旬之外曰遠某日。旬之內曰近某日。喪事先遠日。吉事先近日。曰、為日假爾泰龜有常。假爾泰筮有常。卜筮不過三。卜筮不相襲。龜為卜。筴為筮。卜筮者。先聖王之所以使民信時日。敬鬼神。畏法令也。所以使民決嫌疑。定猶與也。故曰疑而筮之。則弗非也。日而行事。則必踐之。（弗非・無非之者・日・所卜筮之吉日也・與・讀預・踐・讀善・）

新唐書方技傳。凡推步卜相。皆技也。能以技自顯於一世。亦悟之天。非積習致然。若李淳風諫太宗不濫誅。嚴譔諫不合乾陵。乃卓然有益於時者。茲可珍也。

中國歷代卜人傳卷十四

潤德堂叢書之八

鎮江袁阜樹珊編次

江西省一

江西省、在我國中部長江流域南。有江右之稱。又因有贛江縱貫其間。故別稱曰贛。禹貢揚州之域。春秋時爲吳、越、楚三國之界。秦屬九江郡。漢初置豫章郡。唐爲江南西道。宋爲江南東路、及西路。元立江西等處行中書省。明置江西布政使司、清爲江西省。民國仍之。其地東界浙江、福建。南連廣東。東鄰湖南。西北接湖北。東北毗安徽。省會曰南昌市。

178 南昌縣 漢置。故城在今江西南昌縣東。灌嬰所築。亦曰灌嬰城。其城凡三改五移。隋開皇中。自郡西南徙之城北。唐貞觀中。徙附郡城。明初又移今治。隋改縣曰豫章。唐改曰鍾陵。尋復曰南昌。清時與新建同爲江西省治。南昌府亦治此。民國廢府。仍爲省治。明武宗時。寧王宸濠反於此。今有南潯鐵路。由此達於九江。

漢

嚴豐、字孟侯。豫章人。王莽時官郡主簿。莽既篡位。太守河東賈萌、與安成侯張

普、約舉兵師興之日。有蜂叢集萌車。豐曉占候。以爲不祥。萌進兵。不聽。會張普負約無援。遂戰死。（光緒江西通志方術）

後漢

唐檀、字子產。豫章南昌人。少遊太學。習京氏易顏氏春秋。尤好災異星占。後還鄉里敎授。常百餘人。元初七年庚申、郡界有芝草生。太守劉祗、欲上言之。（祗、音支。敬也。）以問檀。檀對曰、方今外戚豪盛。陽道微弱。斯豈嘉瑞乎。祗乃止。永寧元年、（庚申四月改元。）南昌有婦人生四子。祗復問檀變異之應。檀以爲京師當有兵氣。其禍發於蕭牆。（蕭、肅也。謂屏墻也。）至延光四年乙丑、中黃門孫程、揚兵殿省。誅皇后兄車騎將軍閻顯等。立濟陰王爲天子。果如所占。永建五年庚午、舉孝廉。除郎中。是時白虹貫日。檀因上便宜三事。陳其咎徵。書奏。棄官去。著書二十八篇。名爲唐子。卒於家。（後漢書方術○光緒江西通志方術）

唐

趙山人、洪州人。（洪州、即今南昌縣。）崔丞相左遷、在洪州。時州師曹王、將辟爲副。時德宗在興元。曹王有功。且親奏無不允。山人旣言事多中。崔問之。曰、地主奏某爲副使。且得過否。對曰、不過。崔曰、以時以事、必合得過也。山人曰、郤得一刺史。不久敕到。更遠於此。崔不信。更問。對曰、必定耳。州名、某亦知之。不可先言。且曰、今月某日敕到。必先弔而後賀。崔心瞿久之。蓋言某日、卽崔之忌日也。謂山人曰、言中、奉百千。不中、輕撻五下。可乎。山人笑曰、不合得員外百千。只合得員外、起一間竹屋。又問之。曰、我有宰相分無。曰、有。崔曰、遠近。曰、只隔一兩政官。不至三年矣。及某日私忌。洪州諸僚悉之江亭慰崔。衆皆北望。信至酉時、見一人從北岸袒而招舟。急使人問之。乃曰州之脚力。將及岸問曰、有何除授。崔員外奏副使過否。曰、不過。卻得虔州刺史。敕牒在此。諸公驚笑。果先弔而後賀焉。明日說於曹王。予鏹百千。不受。崔爲起竹屋一間。欣然徙居之。又謂崔曰、到虔州後、須經大段驚懼。卽必得入京也。旣而崔舅源休、與朱泚爲宰相。崔復聞堂帖追入。甚憂惕。時故人竇參作相。拜兵部郎中。俄遷給事中、平章事。

唐

豫章術者。不知其姓名。嘗望牛斗間有王氣。因游錢唐。以相法隱臨安市上。陰求其人。臨安縣錄事鍾起。有子數人。與錢鏐飲博。錢鏐。字具美。杭州人。不喜事生業。販鹽爲盜。後爲吳越國王。卒年八十一。謚武肅。鏐晉留、黃金之美者。起嘗禁諸子。諸子多竊從之游。起與術者善。乃私謂起曰、占君縣有貴人。求之市中不可得。視君之相、貴矣。然不足當之。起乃爲置酒、悉召縣中賢豪爲會。陰令術者徧視之。皆不足當。一日術者過起家。鏐適在外來。見起反走。術者望見之。大驚曰、此眞貴人也。起笑曰、此吾旁舍錢生耳。術者召鏐至。熟視之。顧起曰、君之貴、因此人也。乃慰鏐曰、子骨相非常。願自愛。因與起訣。曰吾求其人者、非有所欲也。直欲質吾術耳。明日乃去。起始縱其子等、與鏐游。時時貸其窮乏。豫章術者。舊志列五代。今改附唐末。〇五代史吳越世家光緒江西通志方術

宋　陳執中、字昭譽。南昌人。好閱人。而解賓王最受知。初爲登州黃縣令。素不相識。執中一見、即大用。勅舉京官。及後作相。又薦館職。賓王仕至工部侍郎。致政。家雄富。諸子皆京秩。年七十餘卒。賓王爲人方頤大口。敦龐重厚。左足下有黑子。甚明。大。圖書集成相術部紀事〇阜按、宋史本傳、陳執中、官吏部尚書、復拜同平章事、昭文館大學士、

明　盧文燧、字火甫。南昌人。府學生。時宜春藩邸、重其名。延爲諸子塾師。尋以女弟

妻之國變後、不復應試。精研周易著讀史心編。尤善推測。其於天文地輿星命卜筮等書皆貫徹通曉。年九十後乃疊諸家術數書爲巢日坐其內。間爲人決死生窮達輒能奇中。（同治南昌府志方技）

明　胡儼、字若思、號頤庵、南昌人。少嗜學。於天文地理律曆醫卜無不究覽。洪武中、以舉人授華亭教諭。永樂初、薦入翰林歷官國子祭酒。朝廷大著作、多出其手。居國學久、以身率教。動有師法。洪熙改元、以疾乞休。進太子賓客。仍兼祭酒。致仕歸閒二十餘年卒年八十三。有頤庵集。（明史列傳光緒江西通志列傳）

明　萬祺、字維壽、南昌人。精祿命言多奇中。士大夫異其術。以掾史辦事吏部。正統間、除鴻臚主簿。景帝不豫、時有議召襄王者。石亨詣祺問休咎。對曰、皇帝在南宮。奚俟他求。亨悟。率衆迓英廟復辟。久之亨以祺名奏。歷升部郎。會曹欽反。執尚書王翺、學士李賢、欲加害。祺陳利害力救得免。欽誅。擢太常卿。成化末、累官工部尚書。以功名終。（圖書集成星命名流列傳光緒江西通志列傳）

明 陳紀、字空山。豫章人。（豫章、即今江西南昌縣。）善堪輿、工詩文。黃岡王翰林廷陳、贈以詩云、汝擅青烏術。頗爲黃鶴遊山川委情狀。歲月傍窮愁。善補神功就。能令鬼福酬。高蹤何所似。漂泊一虛舟。（夢澤集）

明 王玉章、江西南昌人。精子平術。夏閣老言、少時、以壬寅、丁未、丙寅、壬辰、八字乞其推算。玉章批其命書云、如今還是一書生。位至三公決不輕。莫道老來無好處。君王還贈一車斤。閣老後爲嚴嵩所妒。誣爲復河套事。受曾銑賄。金卒坐棄市。後嵩敗。其家訟冤復其官。追謚文愍。（明徐復祚花當閣叢談）

明 楊源、字貴潔。（明史作本清。）瑄之子。初爲太僕主簿。宏治乙卯、各省奏地震。天鼓鳴。源應詔陳言、坐出位。謫銅仁長官司吏目。徙欽天監五官監候。正德元年丙寅、劉瑾典兵柄源奏、自八月初、大角及心宿中星動搖。不止。大角天王之座。心宿中星天王正位也。俱宜安靜。而今乃動搖。意者皇上輕舉嬉戲。遊獵無度。以致然也。伏望祗畏天威。安居深宮。絕遊嬉。罷弓馬。毋輕出入。遠斥寵幸。節賞賜。止工役。親元老大臣。日事講習。章上、不報。十月復奏。連日霧露交作。爲衆邪之氣。陰冒陽。臣欺君。小人擅權。爲下叛上。瑾怒。矯旨廷杖三十。明年又奏。火星入太微垣、帝座之前。或東或西往來不定。宜思患預防。意在瑾也。疏留中。瑾召源、面叱之曰、爾何等官。亦欲爲忠臣。邪源厲聲曰、官大小異。忠一也。復杖六十。謫戍肅州。（肅州・今甘肅酒泉縣・）以傷重。卒於河陽驛。（河陽驛・今河南孟縣・）妻皮氏、斬蘆荻覆尸。葬之古城。萬歷間、河南撫按、奏請建祠於河陽。賜額忠愍。天啓初、謚忠懷。（明史楊瑄傳光緒江西通志列傳）

清

金道人、江右人。善相。百不失一。鄭參知述、未第時。偕諸名士訪之。歷歷如響。獨不顧鄭。鄭時自負才名。恚之、（恚・音惠・恨也・怒也・）道人曰、毋怒也。秋榜後、當奉告。至期果下第。復問道人。道人曰、君相法在丁酉、當魁省試。鄭問、何以爲驗。曰、至年髮當長尺許。是其兆也。遂去。鄭心記之。洎丁酉春、髮果暴長尺許。益自負。秋初道人復至。告之故。曰、未也。入試之後、額當隆起如贅然。登第後始消耳。已而果然。旣又問春榜消息。良久彈指曰、尚遠。吾不及見也。鄭不懌。遂不終問。越十四年庚戌、始成進士。

訪道人則已死矣。五雜俎○阜按，此與四川省璧山縣志所載金道人不同。

清　劉丁、字先庚。南昌人。少失怙恃。年十三。卽知向學。五經史漢諸書。皆手抄錄。深思默識。期於有得。曰。學非徒論說也。爲諸生五十年。未嘗一日去書。凡天文地理典制音律醫卜。皆洞晰源流。尤邃於易。每曰。三才萬物。一理應感。眼前日用。便是圖象。此不得以傳註拘也。居鄉篤行。嘗兵亂遇盜。詢知姓名。卒不敢犯。有患讀書成疾者。答曰、予年十八、得血疾。痛自懲治。二年而平復。三十而壯。五十精神倍少時。今七十故如此。節欲效也。康熙壬申卒。享年七十有二。著有家居便覽、歷代典略、正學粹言藏於家。碑傳集文學上之下

清　蔡象顯、南昌縣學生。精數學。里人有母暴死者。就象顯乞牛黃丸。象顯曰、丸無矣。測以數可也。卜曰、吉。爾母已起飼豕矣。里人歸視之果然。耿逆判兵掠撫州。里中盧某方起義兵。象顯占之。遽執盧手曰、愼之。兵將不利於火。後盧出師當火日。敵營礮發。全軍覆焉。邑先輩嘗稱象顯。推測神妙。爲堯夫後一人。同治南昌府志方技

179 **新建縣** 本南昌縣地。宋析置新建縣。明清時與南昌縣。並爲江西省及南昌府治。民國亦爲江西省治。

唐

朱邯、豫章人。精於周易。得京管之遺法。唐建中初、遊楚。賣卜青山人董元範、母患奇病。至夜卽發。邯爲筮之。得解之上六。曰、君今於日昃具衫服于道側。伺有執弓挾矢而過者。君向求之。時邑人李楚賓喜獵。其時果至。元範邀之至家。設酒饌。留宿。是夜月明如晝。楚賓出戶徘徊。見一大鳥飛集舍上。引喙啄屋。喙。音誨。隊韻。口也。啄。竹角切。屋韻。鳥食也。卽聞堂內叫痛苦聲。楚賓引弓射之。兩發皆中。其鳥飛去。痛聲亦止。明日與元範四索於敗屋中。得碓捏古陛兩箭著其上。皆有血光。遂取焚之。母患果平。圖書集成藝術典卜筮部名流列傳光緒江西通志方術

元

龍廣寒、江西人。寓居錢塘。挾預知之術。游湖海間。咸推爲異人。又行服導引之法。常佩小龜數十於身。至晚仍解飼之。事母至孝。六月一日、母生辰。方舉觴爲壽。忽見北牕外梅花一枝盛開。遂稱之曰、孝梅。贈詩者甚多。惟張菊存一篇最可膾炙。曰、南風吹南枝。一白點萬綠。歲寒誰知心。孟宗林下竹。至治初、廣寒卒。年百有

八歲。猶童顏綠髮云。（圖書集成術數部名流列傳杭州府志道光新建縣志方技）

明　張儲、字曼胥大學士位之弟。多才藝。醫卜星相堪輿風角之術。無不通曉。萬歷間、遊遼東。歸語人云、吾觀王氣在遼左。又觀人家葬地。三十年後。當大貴行伍閭巷中。兒童走卒。往往多王侯將相。天下其有所歸乎。人以爲狂。既而其言果驗。儲年七十餘卒。（同治南昌府志方技道光新建縣志方技）

180 豐城縣（三國吳富城縣。晉改置豐城。移於豐水之西。故城在今江西豐城縣西南。即雷煥得寶劍處也。唐遷縣於章水東。始爲今治。後改曰吳岸。五代時南唐復故名。明清皆屬江西南昌府。〇吳岸一本作吳皐。）

元　揭道孫、字志道。世居豐城。少篤學。爲文章。通陰陽卜筮方藥之說。親疾。常再剔股肉。和藥進之而愈。中乃力穡灌園。教授鄉里。晚又手寫佛書。出錢建寺。延祐甲寅卒。年六十八。（元虞集撰揭志道墓誌銘）

明　朱隱老、字子方。號濬峯。豐城人。以邵子皇極經世義趣深奧。學者猝不能得其說。因以已意訓解。凡邵子所未及者。皆折中而論定之。若邵子所自爲說者。則又

姑取最淺近之理。以爲之指示。欲令讀者易得其津涯也。（四庫術數類存目一）

明　何治雲、號半溪。斗溪人。精青烏術。嘗遊吳越間。爲人相地。與劉孟逅。（一字子南）趙子方齊名。所著書載入銅板館古今圖書集成。族孫德宏、亦善地理。著何氏沙法。爲堪輿所宗。

明　楊應祥、烏柏上點人。崇禎時、以地理受上知。歷官尚寶寺卿。里有古井。忽發翰墨香。氤氳十餘日。時應祥在京。召對稱旨。賚殊禮。鄉人異之。名曰香泉。

清　周應驤、字天慶。花園人。善星卜。至京師。司農裘文達、爲延譽朝貴。卜宅言禍福多驗。誠親王聞其名。（諴·音咸·和也誠也·）召相園寢。亦奇中。王書劍氣文光四字賜之。後援例選萬縣丞。署縣事。

清　萬國寧、斗溪人。順治間、兩召至京。試龍穴沙水論。進呈第一。

清　丁煥、字淇清。一字雲門。沙湖人。邑庠。自幼純謹樸質。刻苦自勵。事親孝。親沒哀痛迫切。臥殯側。數月不踰閾。（閾·音域·門限也·）族人以齒德推。晚年不求聞達。博覽羣書。兼通。星命相法。地理尤善。卜易多奇中。至今有服其前知者。邑侯華、慕其名。餽金屢辭不受。侯嘉其節操。贈以正直之儒額。壽九十餘而終。子六。長揆豐邑庠。次揆謙、業儒。孫蓬、邑庠。以上同治豐城縣志方技

181 進賢縣漢南昌縣地。晉分置鍾陵縣。尋省。唐復析置鍾陵縣。復廢。宋初置進賢鎮。升爲縣。明清皆屬江西南昌府。

宋　趙公衡、字平仲。自號澹然居士。魏悼王之六世賢孫也。嗜讀書。喜賦詩。而不肯一試於有司。有官而終不就。一列。外至黃老星家醫卜百工之技。靡不解。年未冠。父疾亟。公衡夜犯濤江。跣足數百里。迎醫之良者而拜之。如父兄。及父喪。上無諸父。下無同產兄弟。以隻影童子而嵭大事。嵭。音烹。崩也。　母寡已孤。母耄已穉。乃饘已以飯母。寒已以暖母。劬已以妥母。母子同命者四十年如一日。其居豫章之進賢。急人之急。憂藥人之疾。或託之以死。或寄之以孤者累累也。慶元二年丙辰卒。壽享五十有九。誠齋集趙公平仲墓表

清　李希彩、一都人。善風鑑。凡相人富貴貧賤。後俱應驗。嘗言人有陰隲紋現。則壽。

增一紀。富貴隨之。其存心勸善如此。每遊仕宦家。或假扮人試之。無不立辨。新建裘文達公。尤敬禮之。（光緒進賢縣志方技）

182 南城縣（漢分豫章南境立。以在郡城之南。故名。明清皆為江西建昌府治。今縣東南有南城故城。為漢縣。今縣為宋時移治也。）

宋 廖應淮、字學海。自號溟涬生。（溟涬。淮南子本經：江海通流。四海溟涬。）南城人。宋末布衣。抱負奇氣。好研磨運氣推移及方技諸家。年三十遊杭。上疏言丁大全亂政狀。中以法。配漢陽軍。應淮荷校行歌出國門。道傍人嘖嘖壯之。遇蜀人杜可久于漢江濱。為禱營將。脫其戍籍。授以邵子先天易數。其算由先天起數。應淮神警。一問輒了。嘗坐臨安市樓賣卜。卜已輒閉樓危坐。取一環按劍自鍛之。當火少休。則危坐以為常。曾過曾淵子家索酒飲酣。抵掌放歌。坐者皆詫。見賈似道、直言宋鼎將移。語畢亦徑出國子監簿吳浚、以先天易籤、陰符經、六花陳法質之。應淮擲其藁於地。曰、誤天下國家者。此書也。浚欲從之受易。罵曰、若黃口兒。語此人皆邵子矣。後以其數學授進士彭復之。以傳鄱陽傅立。（傳立。另有傳。）著有元元集、歷髓星野指南、象滋說會補、畫前

妙旨、約十萬言。圖書集成藝術典術數名流列傳光緒江西通志列傳

明　傅洋、字元盛、南城人、少負奇氣、好讀書、尤精易學、有寇伺夜至、洋占易、得暮夜有戎、遂遁免、事母至孝、待寡嫂深加禮敬、鄉人有以貧故鬻地者、捐金贖之、歲大饑、出穀賑濟以千數、與兄濼、渢、並稱三俊。濼・音歷・藥草也・渢・音馮・水聲・而洋尤知名、人稱南坡先生。同治建昌府志方技

明　夏泉、南城人、精於天文之學、官蘇州府通判、弘治甲子、署崑山事、云、夜觀乾象、明年狀元當出此、其語聞於人、貢士十餘輩、往問夏、云、狀元只在城中、第未知為誰、顧未齋以家於城、欣然自任、曰、乙丑狀元屬我矣、已而果然。明陸延枝說聽

清　陶成、字企大、南城人、康熙己丑進士、官翰林院編修、著皇極數鈔二卷、其書以洛書印合河圖、而推其數以占卜、上卷採掇蔡沈之說、下卷採掇李經綸之說、而推衍以己意、大旨重一為三、重三為九、九復合一為十、以通河洛之數。四庫提要子部術數存目一

183 新城縣　漢南城縣地・三國吳改永城・隋省入南城・唐復置永城・尋又省入南城・宋置新城縣・明清皆屬江西建昌府・民國改為黎川縣。

明　朱文煜、新城人。學易通流衍卦氣法。自筮知無祿。遂亡進取意。讀書不爲章句訓詁。務探精義。爲文尙理致。不爲綺靡。書法宗柳氏。年未三十。鄉人爭致爲師。篤孝友。以善人稱。年八十卒。（同治建昌府志方技）

明　黃端伯、字元公。新城人。崇禎戊辰進士。福王時、官禮部儀制司郎中。南京破。死難。事蹟附見明史高倬傳。撰易疏五卷。首列諸圖。皆以發明京氏卦變之義。旁及陰符乾鑿度握奇遁甲等書。（四庫經部易類存目二）

清　李一清、字聖池。諸生。宜黃人。少習形家青囊諸書。爲人卜葬地。無不吉者。游新城。中溪陳元、請爲謀父葬地。獲吉壤於南城九柏山。謂元曰、葬此後必昌。然不利於君身。且不利於我。必瞽目。雖然。我當成君孝。願附婚姻。以子孫爲託。元唯之。既葬。果如其言。元卒年僅三十耳。一清瞽後。以女妻元弟允恭。遂家於中溪。與陳氏世爲婚好。陳氏科甲蔚興自此始。一清爲人謙和誠篤。與魯進士仕驥、相友善。雖精技術。然非孳孳弋利者可比。年七十餘卒。著有地理淺說一卷。（同治新城縣志方技）

184 南豐縣 三國吳置。其故址在今江西廣昌縣東十五里。地名土屯者。隋唐間再經廢置。益徙而東。開元間以廢南豐縣田地豐饒。川谷重深。時多剽刦。乃復置縣。繼而徙縣治於今縣東一里嘉禾驛。又徙治西理坊。即今南豐縣治。明清皆屬江西建昌府。

明 危斗南、佚其名。南豐人。少遊吳越訪道。凡象緯輿圖。韜略奇遁。獨獲祕授。蕭然委里。同里閞者輕之。獨劉冠寰一見執弟子禮。斗南精於太乙。自斷沒期不爽。又嘗言明祚止於甲申。南豐禍於乙酉。至期、斗南已先二年卒。光緒江西通志方術

明 李經綸、字大經。號寅清。南豐人。正嘉間諸生。註有範數觀通。清湯倓、倓。音談。安然不疑也。號漫湖。亦南豐人。增註此書。改名洪範皇極註。四卷。其書首卷著揲法筮占說辨諸條。以下則分內外篇。末綴以範數之分。而每卷皆系以圖。蓋專爲占筮而作也。四庫提要子部術數存目一

明 胡映日、字心仲。南昌人。弱冠穎異絕人。父海定、以汜水令殉難。映日遂囂處不仕。順治甲午來南豐。及謝約齋門。其學博而能精。所著天文地理醫卜等書甚富。尤深於象數周易、參同契、貫通有獨得。婦翁彭躬菴、稱其文奇崛嶔崎。如拗山懸

水海內名宿推許。年四十餘卒。平生重節義。礪廉隅。晚年尤純粹不雜云。（同治南豐縣志流寓）

清　李灝、字杜文。南豐人。著有易範同宗錄。其說取劉歆河圖洛書相爲經緯之義。以易與洪範合而一之。分三篇。曰河洛。曰易卦。曰範數。終以揲法占法。附以所作數詞。（四庫提要子部術數類存目一）

清　黎立賢、字坤仲。素嗜青囊術。尤善卜筮。已卯春、爲邑中卜科第。有云東趙西湯林在其中。秋榜後、姓字俱不爽。咸豐間、粵寇竄豐。有王姓子六人被虜去。父母幾暈絕。（暈・音運・俗謂昏厥曰暈・）立賢爲之卜。判定六子、於五日內可逃歸。至期悉應。間爲鄉農課晴雨。皆占驗如神。時人以黎仙稱之。（民國南豐縣志方技）

185 廣昌縣（唐南豐縣地・宋析置廣昌縣・明清皆屬江西建昌府）

清・毛節、字季先。廣昌人。性倜儻。風角占驗術奇中。太保許貞鎭粵東。延入幕。參贊機謀。多所擘畫。暇則以詩古文自娛。自號懶墨老人。（同治建昌府志方技）

186 瀘溪縣（明置・屬江西建昌府・民國改爲資溪縣・）

明　孫景耀、字震陽。學貫諸家。耐清貧。於世味泊如也。著有易旨問義。地理眞詮。奇門祕要諸書。

清　魏端、字端子。生平好奇。於天文地理風角之書。靡不究覽。當崇禎之季。性好遊。北極雁門。南踰柳州。足跡常萬里。晚歲家居。指所居曰、某日當圮。至期果然。蓋異人也。棄諸生服。著書自娛。見者多不能解云。以上道光瀘溪縣志方術

清　黃堂、字雨椽。號秋水。瀘溪人。乾隆丙子舉於鄉。辛巳成進士。官安徽宿松知縣。博聞強記。貫穿經史。旁及音律星命醫卜諸書。而性沖淡。於人世一切窮通得喪。泊如也。罷官歸主講省城友教書院。著詩古文十餘卷。年六十六卒。碑傳集守令

187　臨川縣　後漢改汝縣。隋改為臨川。故城在今江西臨川縣西。唐徙今治。明清皆為江西撫州府治。宋王安石為臨川人。世稱王臨川。

宋　陳撝、臨川人。周益公必大。贈以正易心法、及易索兩書。謂心法、出麻衣道者。傳自希夷先生。可以求天理。易索、吉之太和名士張汝明所作。可以知人事。撝得之。遂以精易卜名。光緒江西通志方術　咸豐撫州府志方技

宋　雷思齊字齊賢。臨川人。於書無所不讀。宋亡之後。棄儒服。爲道士。居烏石觀。晚講授廣信山中。暨終也。復歸烏石。卒年七十有二。思齊撰易圖通變五卷。易筮通變三卷。其易圖通變、自序謂河圖之數。以八卦成列。相盪相錯。參天兩地。參伍以變。其數實爲四十。而以其十五。會通於中。所述河圖洛書。參天兩地倚數之圖。錯綜會變等圖。及河圖遺論。大旨以天一爲坎。地二爲坤。天三爲震。地四爲巽。天七爲兌。地六爲乾。天九爲離。地八爲艮。而五十則爲虛數。其說雖與先儒不同。而案其出震齊巽之義。亦頗相脗合。其易筮通變。凡五篇。一曰卜筮。二曰立卦。三曰九六。四曰衍數。五曰命蓍。亦多自出新意。不主舊法。白雲霽道藏目錄。載二書於太元部若字號中。蓋圖書之學。實出道家。思齊又本道家衍說之。以附於易。固亦有由云。（宋袁桷清容居士集雷道士墓誌銘四庫提要經部易類三）

明　張中、字景華。臨川人。元末舉進士不第。遂放情山水。少遇異人。授以太極數學。談禍福奇中。好戴鐵冠。人呼爲鐵冠道人。明太祖下南昌。以鄧愈薦中。召至。賜坐。

問曰、余定豫章兵不血刃。生民自此蘇息否。曰、未也。旦夕此地當流血。廬舍焚毀殆盡。及指揮康泰反。一如中言。又言國中大臣有變。宜豫防。至秋平章邵榮、參政趙維祖、伏甲北門爲亂。事覺伏誅。鄱湖之戰。陳友諒中流矢死。兩軍皆未覺。密奏曰、友諒死矣。請遣死囚、持祭文往哭之。則彼氣奪而吾事濟矣。從之。降其衆五萬。居都下數年。一日無故自投於大中橋水。求其屍不獲。建文時、復見於金陵。歌曰、莫逐燕。逐燕燕自高飛。高飛下帝畿。遂有靖難之事。後不知所終。（明史方技清一統志撫州府仙釋同治上江兩縣志）

方技

明　章世純、字大力。臨川人。天啓舉人。著有已未留書、及章子留書。凡天文律歷。以至五行禽遁陰陽星卜之言。一見卽能剖微摘謬。授翰林孔目。有旨召對。以口吃辭。條上兵事。極言禁旅邊鎭及召募客兵之弊。出爲柳州知府。時年已七十矣。聞京師變。悲憤發疾。卒於柳州。（同治臨川縣志方技）

明　張楠、字神峯。號西溪逸叟。臨川上官里人。精星學。以五行祿命諸書。沿習訛舛。

著命理正宗尊崇正理闢諸謬說萬歷乙亥刊行於世海內星平家多宗之（光緒江西通志）

（方術同治臨川縣志 方技及正宗序言）

明

趙吉六江右撫州人善謝石拆字術賣卜於京師人有所叩隨意書一字則隨字解拆吉凶甚驗名甚譟余諸邑中兩春元（余卽徐復祚）往叩之時辛丑會場纔畢兩春元一姓陳一姓張俱問前程事余則欲得家報耳入其門趙方課一童子讀學庸見我輩去叱童子去收書置几上余指示之曰此兩春元俱大才赴罷會場中固其所必然所不知者名次耳陳春元卽指其書籤上庸字趙曰庸字上半爲庚庚者更也更者化也今庚不能更何能化乎且公登第便當用世以不成之庚壓於用上恐無所用耳莫怪直言次至張春元亦指書籤曰大字趙嚬蹙不言張曰但據理直言何必忌諱趙曰依此大字公亦尙須有待余曰試言其故曰移大字上一直置下中成一不字故沈吟也兩春元大笑次至余寫貝字曰欲得家信耳趙曰尙遠以貝字上目字橫轉則爲四字其四月初八乎然四八成三十二三月二

十外。當有信。余深信其言。歸卽書而粘之壁後。三月且盡。家信茫然。時從兄廷珍初第觀工部政。過余。酒中、見壁間所識。方共訝家信之難到。忽一人突入。乃兄紀綱名祥者也。相對一笑。余問家信。云在蔣侍御船。我於德州從陸先行。計其程、來月初旬。必當抵灣。至初八、余不待問至。先往灣中候之。蔣船初十始到。則在天津馬堂處擔閣兩日也。兩春元、亦下第。後於郡人楊春元玉蒼、（名大澗）座中談及。楊亦聞其名。欲往叩。楊時留京就選。應得有司。而李大冢宰、（名戴）對予與楊之尊人、大司馬震涯公（名成）有舊。已擬湖州司理缺矣。玉蒼書一湖字。曰、就選得此地否。趙曰、水中撈月。豈能就乎。且君十口在水月之間。水月陰象也。當必有不安之耗。君不應久留此矣。玉蒼又書一柄字。問曰、此人在家安否。蓋時已聞長郎有病。故問也。趙曰、移木傍右一點置左。顯是病字。玉蒼又書一席字。問曰、卽病、無大妨礙乎。趙曰、此痲巾也。兆甚凶。玉蒼不樂起。甫欲出門。而一人闖入。余識其爲常州薛延州、徐儀制嶧陽（名希孟）客也。時嶧陽偶有小痾。使之來問。薛書一徐字。趙曰、衆人倚一木。

不吉孰甚焉。薛慍見於色。大聲咤曰、小小風寒耳。便不起耶。趙訶之曰、毋怒。當爲君再繳一字。則書孟字。趙前賀曰、幸甚無大害。薛曰、君言展轉、惑人法也。拂衣去。不留謝錢。既去語余輩曰、此人性急。不與實言。移子一畫置皿上爲了。下爲血。其人血已了矣。不死何待。嶧陽果三日不汗死。玉蒼家問至。則長郎病劇矣。不及選而歸。其餘所聞、甚多奇中。後以占右營佐擊孫光前病。惡其直以妄言禍福。嗾內刑廠監逮之。遞歸江右。光前、承運庫太監孫順姪也。未幾亦死。（明徐復祚花當閣叢談）

清

紀大奎。字愼齋。號向辰。臨川人。少習易學。盡通陰陽曆算壬遁之術。乾隆己亥舉人。歷官昌樂什邡等知縣。（邡・音方・什邡縣名・漢置・屬四川省・）所至有政聲。什邡奸民。據山聚衆。大奎率幹役尋破之。邑遂安。擢知合州。道光壬午、引疾歸。年八十。卒祀合州名宦。著有地理末學六卷。水法要訣五卷。河洛理數便覽一卷。六壬類聚四卷。清史稿藝文術數類載入數學相宅相墓占卜之屬。又著有觀易外編、古律經傳附考、老子約說、仕學備餘、筆算便覽、雙桂堂稿等書。（清史稿循吏附劉大紳傳諸可寶疇人傳三編）

清 楊天爵、臨川瑤湖鄉人。精歷法。作七政臺歷書。頗解訛錯。談星平者悉用之。同治

臨川縣志方技

清 李奉來、字僑宣。號歸淳子。臨川人。父士星、字文昭。號覺山。乾隆癸酉舉人。精堪輿選擇。奉來稟承家學。謂爲地脈鍾山川之秀。佳期奪日月之精。乾隆辛卯、輯有崇正闢謬通書十四卷行世。惟地理書未作。蓋恐巒頭理氣。不可方擬。非具有靈心慧目者。莫能有悟。至選擇惟求一是而已。崇正通書序

188 光澤縣 晉邵武縣地。宋分置光澤縣。明清皆屬福建邵武府。民國二十三年。劃屬江西省。

元 王振六、字伊平。遇徐州楊伯宗授祕術。遂精青烏家言。初居王湛。後遊下山坊。樂其山水。卜徙焉。下山坑舊無人居。自振六遷此。子姓繁衍。世爲衣冠之族。所居面七峯。如北斗倚天。嘗謂後世必有立功異域者。其孫崇、當明初從役鄱湖。夜鏖陳友諒舟有功。蓋卽振六所謂立功異域者。其術亦神矣。

清 黃宗三、字參兩。號倚數。二十都人。家縣治。精星卜之學。言人休咎多驗。嘗臨試

爲人卜等第曰、必列高等。然明年四月、當以磨勘降三等末。子其愼諸。人謂無隔年降等事。陰唾之。後竟如宗三言。故邑人神之。因其號、稱曰倚數先生云。而宗三故非術者。遇事嶽嶽。時以公憤與令爭抗。辭氣慷慨。令爲之屈。有持金要其事者。笑曰、五十年老寡婦肯蒙耻嫁人耶。子休矣。其人逡巡袖金退。爲諸生五十七年。累賜翰林院檢討。又九年乃卒。年九十一。(以上光緒光澤縣志方技)

清　嚴守讃、邑諸生。負相人術。里人析其名曰、莫言先生。謂言必中也。有邱氏子求相。不答。但曰次月來。人不解其故。而邱氏子、未出月竟死。一日與友人倚門語。見有華衣揚長過市者。曰、此大騙也。問何由知之。曰、趾高而視下。肉厚而骨輕。相書不載。余以意得之也。未移晷而追者至。問有衣某服人過否。爲述昨騙上屯曾氏事。令急迹之。已遁去。其言多中類此。(光緒邵武府志藝術)

189 金谿縣(隋唐臨川縣地。五代南唐。析臨川縣之上幕鎭。立金谿場。宋升爲縣。明淸皆屬江西撫州府。宋陸九淵爲此縣人。)

宋　劉用寅、以進士令金谿。修祖翺之德。(祖翺以陰隲聞。後入明朝永樂。爲刻陰隲書。族多顯人。在宋諡忠者五。諡文者四。)多惠政。而善相地脈。金谿有晁氏九經堂遺址。龐秀可居。用寅欲留家焉。會病篤。命子買之。尋卒。其子遂以用寅葬其右。初用寅語子曰、卜居此址。將來福澤綿長。但異日倘有令索此址。宜亟還之。而邑東北鷓鴣山下。曰戴坊巷者。其地沒於官。亦旺地。可易而居也。後王衡仲令金谿。果欲遷學宮於晁氏九經堂址。用寅墓相去百步。以故令不得徙。用寅子卽還址於官。而請所謂戴坊巷者。衡仲許而易之。劉氏世家焉。今用寅十七世孫啓元、登進士。任刑部員外。十八世孫先春、登進士。由翰林陞太常寺卿。若子明、允銓、翼泰、廷實、章彝、俱領鄉薦。先後貢舉者五人。他途入仕者十餘人。爲金谿著姓。皆用寅惠政之報云。（圖書集成堪輿部堪輿列傳）

元

張月梅。工相人術。決人貴賤死生禍福遲速。無不奇中。吳學士澄、嘗稱之。特贈以敍。（同治金谿縣志方技）

明

何士泰、金谿人。撰景祥歷法。朱魯珍、臨江人。（臨江、卽今江西省清江縣。）撰輝山通書所載選擇之要。皆術家常法。（四庫子部術數類存目二）

明

曾易明、金谿人。景泰中、遇異僧。授以堪輿家術。爲人卜地。衰旺興廢。輒先定其年月日時。皆奇中。臨川饒氏、館易明於家者三年。事之特謹。然終不敢以地請。最後易明乃指示曰、某可墳。某可宅。卒賴其力。或以富貴傲。卽有重賄。輒拂衣去。不娶妻。無子。漸能辟穀。不知所終。（光緒山西通志方術）

清

楊護、字邁功。金谿人。乾隆甲辰成進士。官至浙江巡撫。道光乙酉卒。年八十五。護精相術。甲辰科臚唱前一日。新進士會集乾清門外。乃徧相諸同年。謂友人曰、今科榜眼探花。當是南北二邵。謂餘姚邵瑛。天津邵玉清。第一人未見。何歟。嗣見一人脫帽箕踞。獨坐金缸旁。乃拱手賀之曰、龍頭在是矣。亟詢姓名。則會稽茹芬古香也。少頃、傳前十卷引見。以次唱名。鼎甲皆如其言。是年護旣通籍。旋告歸。嘗自言十年不甚佳。遂家居十年。旣出。卽補郎中。旋擢道員至開府。護甲辰之捷。出紀文達公門。曾語文達曰、師入閣愈遲愈佳。文達年八十二。始拜協揆之命。僅十七日。卽捐館矣。錢塘許文恪公乃普少時謁護。護曰、爾一甲一品相也。文恪憂不

壽。護曰、若骨法蒼老。必享大年。後文恪果一甲第二人。仕至吏部尚書、太子太保。清史稿本傳思補齋筆記清稗類鈔方技

元

190 崇仁縣 隋幷新建・巴山・西寧・三縣置・明清皆屬江西撫州府・明吳與弼爲崇仁人・傳其學者爲崇仁學派・

吳澄、字幼清。崇仁人。幼穎悟。既長。用力聖賢之學。至大初、爲國子監司業。遷翰林學士。泰定初、開經筵。以澄爲講官。會修英宗實錄。命總其事。實錄成。即移疾。詔加資善大夫。澄答問亹亹。以斯文自任。四方之士負笈從學者。不下千數百人。暇輒著書。於易、書、春秋、禮記、各有纂言。尤有得於邵子之學。校定皇極經世書。又校正老子、莊子、太玄經。樂律、及八陣圖、郭璞葬書。所居草廬。程鉅夫題曰草廬。故稱草廬先生。至順辛未卒。年八十五。謚文正。元史本傳〇吳草廬地理眞詮序云・漢藝文志宮宅地形二十卷・蓋相地之書也・然官有其書・民間無之・無其書亦無其術・通於其術・如晉郭景純輩・曠代一見・豈人人能哉・楊翁給使唐宮禁書中・得此禁術・後避巢寇至贛・爲贛人言・地理術盛於江西自此始・余評諸家地理書・郭氏葬書・雖不敢必其爲郭景純之作・而最爲簡當・俗本亦復亂之以僞・余黜其僞・存其眞本千餘字・吾里王謙道・於諸書中去所可去・取所可取・輯地理眞詮三卷・術者十無一二・擇之不亦精乎・以此而相地必不苟・以此而授人・必不惑矣・謙道游四方四十年・工於詩・前輩鉅公皆許可之・儒家之術・術家之儒・胥之精也宜哉・

元

曾榮祖、字聖弼。邑人。善陳卦爻。察形色。推算支干。及七政纏度。析決休咎。巧發奇中。虞邵菴稱為儒家之胄。故非技術之流。

清

饒之道、四十八都人。國學生。幼讀書。談祿命者、謂年不過二十。饒信之。因挾貲遊西湖。意圖一快。以了此生。謁湖中一老僧。問何以遠來。饒具以告。僧掐指推曰、八十老叟也。饒乞其術。既得。歸譚人禍福。無不中。袁孝廉文暻、自諸生至通籍。數十年中。小得失。皆先示之。且曰、吾子異時來署。可謝之金。尋死。子出亡。不知所之。袁官浙。且老。笑曰、饒某言我無不驗。獨其子來署。恐妄語耳。適以事往鄰邑。儔人中。聞有崇仁語者。呼至前。其子也。益服其神。以上同治崇仁縣志方技

191 宜黃縣 三國吳置。以在宜黃水側。故名。隋省。故城在今江西宜黃縣東。宋復置。初在水東。又移水西。即今治。明清皆屬江西撫州府。縣産苧布。頗有名。

宋

應垕、宜黃人。通經史。尤精天文。著天象書。有圖。有說、有賦、名曰義府。於象數之外。獨得精義。又有混天左右全體星圖。黃榦為之立石。光緒江西通志列傳

192 安仁縣 漢餘汗縣地。晉析置晉興。又改興安。尋廢。陳天嘉中。改安仁。隋併入餘干。宋復置安仁縣。明清皆屬江西饒州府。民國改為餘江縣。

元・李存、字明遠。一字仲公。安仁人。師事陳苑。弱冠慕古人。無所不通。及爲大儒。慨然致心於天文地理醫藥卜筮釋道之書。從游者滿齋舍。中丞御史交章薦。不就。學者稱俟庵先生。有俟庵集。安仁縣志方技

193 上饒縣 三國吳置・故城在今江西上饒縣西北・天津橋之原・明徙今治・爲江西廣信府治・清因之・

宋 徐仁旺、上饒白雲山人。嘗與丁晉公議遷陵寢事。仁旺欲用牛頭山前地。晉公必用山後地。仁旺言山後地之害。坤水長流。災在丙午。丁風直射。禍在丁未。聞者不以爲然。其後所言皆驗。同治廣信府志方技

宋 葉子仁、上饒人。推算筮占。往往如破的。歲乙酉。眞德秀方在班。子仁以書勸補外甚力。未幾。果去國。子仁每推論五行。輒以善道勉人。如孝弟忠信。淸心寡欲等語。未嘗不懇切言之。眞贈以絕句云、易象推占妙入神。勸人忠孝更諄諄。只今誰似君平術。惟有南陽賣卜人。

明 周詔、字天章。上饒人。爲人俊雅出塵。輕財好義。嘗於江湖中遇異人。授以地理

指掌圖。盡得山川源委脈絡之詳。以是邃於地理。蔡虛齋稱其談論、符經義。脫世味。有近道之資。欲論薦之。未果。因爲序以見意。（以上光緒江西通志方術）

明、楊時喬、字宜遷。號止菴。上饒人。嘉靖乙丑進士。官至吏部侍郎。諡端潔。事跡具明史本傳。撰周易古今文全書二十一卷。此書凡分六部。曰論例二卷。古文二卷。今文九卷。易學啓蒙五卷。傳易考二卷。附龜卜考一卷。每部皆有自序。其大意在薈萃古今。以闢心學說易之謬也。（四庫經部易類存目一）

清、廖麟書。號恭默。增貢生。潛心經史。通曉堪輿日家言。尤精究靈素。著醫學偶纂凡四編。爲人亦恪守繩墨。言貌恂恂如。（同治上饒縣志方技）

清、春秋筆者、子然一貧儒。不知何許人。亦不詳其姓氏。以測字爲業。遨遊至信州。（今江西上饒縣西北。）僦屋以居。榜門拆字求卜者多踵廬求教。其人年四十餘。頗知書。吐屬風雅。論字多妙解。多奇驗。士大夫咸樂與之遊。籍籍負時名。每拆一字。受錢二百文。日以十字爲限。過此則閉門謝客。於是趨就占卜者皆爭先恐後。朝暾初上。門庭

已若市矣。（清稗類鈔方技）

194 玉山縣（唐置。以有懷玉山。故名。明清俱屬江西廣信府。清一統志云。今玉山縣東。有玉山故城。何時移治。不可考。）

宋 俞直、玉山人通素問玉冊之書內外常變之辨。至河洛易象太元之數。三統九經。五行納音之旨。無不求其義。而爲之說。秦檜爲相時、欲館置直。謝不肯就。紹興辛巳、金人犯淮。用事者遣使問以兵退之期。言皆切中。（光緒江西通志方術）

清 黃卓誠、字海峯。幼具夙慧。五歲時、述未誕前母歸舅氏家舉止。及舅氏家房屋倉箱安頓。一一不爽。九歲習楷書。愛率更體。比長夢巨人授以椽筆。書法大進。弱冠蒙家難。棄制舉業。遨遊山水。棲閩地。遇高人祕授青鳥術。既歸不輕洩。爲人葬。不言富貴第云積善俟之。比卒前一月。整理故編付焚。如語諸子曰、某月日時、我殆將謝世矣。至期果無疾卒。時年八十有四。（同治玉山縣志方技）

歷代卜人傳卷十四終

門人鎮江李雨田校

中國歷代卜人傳卷十五

潤德堂叢書之八

鎭江袁阜樹珊編次

江西省二

195 弋陽縣 三國吳置葛陽縣。隋移於弋陽江之濱。改曰弋陽縣。明淸皆屬江西廣信府。

宋

謝枋得、字君直。其先貴溪人。僑寓弋陽新政鄉。爲人豪爽。每觀書五行俱下。一覽終身不忘。性好直言。一與人論古今治亂國家事。必掀髯抵几。跳躍自奮。以忠義自任。徐霖稱其如驚鶴摩霄。不可籠縶。寶佑丙辰、試中禮部高等。比對力詆時宰閹宦。抑置二甲第一。召試教官。調建寧府教授。開慶己未、應吳潛辟。神道碑。謂趙葵辟爲屬。團結民兵萬餘人。以扞饒信。暨兵退。朝廷覈諸軍費。幾至不免。景定甲子、枋得考試建康。摘似道政事爲問。因言兵必至。國必亡。語侵似道。乃誣以居鄉不法。鐫兩級。謫居新國軍安置。因謫所之山。自命疊山。咸淳丁卯赦歸。以史館召不赴。德佑乙亥、授江東提刑。知信州。累遷江西招諭使。元兵東下。信州不守。乃變姓名、入建甯唐石山轉蔡坂。蔡坂。一作茶坂。在建陽縣西北。寓逆旅中。日麻衣躡履東向哭。已而設卜肆於建陽驛橋。榜曰伊齋易卜。久之。小兒賤卒莫不知爲謝侍郎。宋亡。遂居閩中。皐按。文節自丙子至戊子。十三年間。皆賣卜於建陽市中。拙句詠史有云。自古硯田無惡稅。方今日者要輸捐。疊山猶幸生亡宋。賣卜建陽十數年。蓋慨乎今之財政當局。擬徵卜筮捐也。元至元丙戌、留夢炎薦之。不起。遺書有曰、吾年六十餘。所欠一死耳。豈有它哉。戊子、召宋故臣。福建參政魏天佑、强之而北。己丑四月、至京師。遂不食死。年六十四。門人私謚文節。世稱疊山先生。妻李氏、守節自縊於建康獄中。男三。義勇早卒。熙之歸自廣陵、亦卒。定之賢而甚文。累薦不起。孫男二、信孫、仁孫。所著有詩傳註疏、易說十三卦取象、選唐詩、文章軌範、碧湖雜紀、疊山集、批點檀弓解、陸宣公奏議行于世。枋得死後二十四年。至皇慶癸丑。門人虞舜臣、率其徒。築室買田。祠於弋陽之東。江浙行省請於朝。爲疊山書院。元李源道謝公神道碑。白志原案。宋史本傳。與源道所撰碑。不同者數處。傳云。吳潛宣撫江東西。碑以爲趙葵。傳云。程文海薦宋臣二十八人。碑以爲三十人。傳云。二十六年四月至京師。碑以爲二十五年。碑云。信之守將。悉捕公妻子弟姪送建康。夫人李氏自經死。弟姪及一女二婢。皆死獄中。又其弟禹。在九江。亦不屈。斬於市。所著易書詩三傳雜著詩文六十四卷。史傳皆不載。竊疑作元史時。未考此碑文也。今悉以碑文爲據。又引郭子章言文節謚。集以爲私謚。鄭汝璧臣謚類鈔。以爲景泰年謚。未知孰是。謹案貴溪縣志。據寶祐登科錄。稱枋得貴溪人。明會典亦稱貴溪。舊志其先貴溪人。枋得實僑寓弋陽新政鄉。○宋史本傳同治廣信府志列傳疊山集○元盛如梓。庶齋老學叢談云。天兵南下時。疊山謝先生。率衆勤王。潰散而遯。兵至上饒。拘謝母。必欲得其子。母曰。老婦今日當死。不合教子讀書。識得三綱五常。是以有今日患難。若不知書。不知禮義。不識三綱五常。那得許多事。老婦願得早死。且語言雍容。略無愁歎之意。主者無如之何。遂釋之。疊山先生行實。謝枋得。君直。號疊山。信州弋陽人。登宋寶祐丙辰第。甲子。校文江東。發策十問。抵時政。安置興國軍。乙亥。除江東提刑。累遷至江東制置使。士軍攻饒拒戰。安仁敗。宋德祐元年乙亥。冬十一月。任江西招諭使。知信州又敗。棄家入閩。丙子二年。春正月。元兵入信。鏤銀榜根捕。執枋得之妻李氏。二子一女。送江淮行省。拘于揚州獄中。母夫人以老疾得免。李氏不屈。死於獄中。惟二子熙之定之得還。至元戊子二十五年。夏四月。召宋故臣謝枋得。力辭不至。時帝訪求南人有才者甚急。御史程文海。承旨留夢炎。交章薦之。尋有書上程雪樓。秋九月。參政魏天祐。執枋得北去。先是枋得由建陽唐石山。轉入蒼山等處。朝還暮徙。崎嶇山谷間。竟得脫。至元甲申。黃華平。大赦。枋得乃出得還。自寓于茶坂。設卜肆于建陽驛橋。榜曰依齋易卦。小兒賤卒。亦知其爲謝侍郎也。至是天祐朝京。將載枋得後車。遣建寧總管。撒的迷失。伴召枋得入城卜易。逼以北行。以死自誓。知不可免。卽不食。有上魏容齋書。己丑二十六年夏四月。故宋江西招諭使。知信州謝枋得。至燕死之。初參政魏天祐。逼枋得之北行也。與之言。坐而不對。或嫚言無禮。天祐自甚容忍。久不能堪。乃讓曰。封疆之臣。當死封疆。安仁之敗。何不死。枋得曰。程嬰。公孫杵臼二人。皆忠於趙。一存孤。一死節。一死於十五年之前。一死於十五年之後。萬世之下。皆不失爲忠臣。王莽篡漢十四年。龔勝乃餓死。亦不失爲忠臣。司馬子長云。死有重於泰山。輕於鴻毛。韓退之云。蓋棺事始定。參政豈足知此。天祐曰。强辭。枋得曰。昔張儀語蘇秦舍人云。當蘇君時。儀何敢言。今日乃參政之時。枋得百口不能自辨。復何言。枋得不食二十餘日。不死。乃復食。將行。士友餞詩盈几。張子惠詩云。此去好還三寸舌。再來不直一文錢。枋得會其意。甚稱之。遂臥眠轎中而去。渡采石。復不食。自是只茹少蔬果。積數月。困殆。四月初一日至燕京。初五日死于驛。子定之。護骸骨歸葬于州。枋得平生無書不讀。爲文章高邁奇絕。汪洋演迤。自成一家。學者師尊之。所著有詩傳註疏。易說十三卦取象。批點陸宣公奏議。并文章軌範行于世。○褒崇忠節奏詞。山東道監察御史臣李奎謹題。爲褒崇忠節事。臣聞忠節乃萬世之大閑。褒崇實朝廷之盛典。自三代以迄宋元。忠臣烈士。清風偉節。足以感發人心。千萬載昭昭如一日者。皆由英君誼辟。舉褒崇之典。或立祠致祭。或定謚追封·不忍使之泯沒無聞於後·皆所以正人心·厚風俗·扶植綱常·激勸士類·爲世道計也·今考得宋忠臣謝枋得·字君直·號叠山·係臣原籍江西廣信府弋陽縣人·按宋史列傳·及集賢李道源·所撰墓碑·稱其學通六經·淹貫百氏·寶祐丙辰舉進士·以直言忤權奸賈似道·由架閣令·謫居興國軍·連以史館祕書·召不赴·元兵至江南·宋趙葵宣撫江東西·辟爲屬·尋授江東提刑·江西招諭使·督義兵守饒信·撫三郡·屢與元兵戰甚力·以兵少弗支·宋運既革·往隱於閩·（此橋亭賣卜時也·）元侍御史程鉅夫·薦宋遺臣三十人·以枋得爲首·承旨留夢炎·累章薦之·江西行省丞相管如德·浙江行省左丞蒙古台·將旨召之·俱不起·累致書力辭·忠義之語·出自肺腑·後福建行省參政魏天祐·欲以薦枋得爲功·枋得見天祐·傲慢不爲禮·被拘執北行·至大都·乃不食而死·妻李氏·守節自縊於建康獄中·長弟禹·在九江·以不屈斬於市·季弟君烈·君澤·俱死於國事·伯父徽明·爲當陽尉·與元兵戰死·二子趍·進·抱父屍死·子定之·賢而文·累薦不起·一門之內·秉忠守節·視死如歸·皆由枋得身教於家使然也·爲文章史稱高邁奇絕·汪洋演迤·動關世教·所著易詩書三傳·及著解四書·雜著詩文六十四卷·節操孤峭·徵見於莒蒲之歌·言論激烈·復形於漕運之策·嘗自誦曰·清明正大之心·不可以利回·英華果銳之氣·不可以威奪·其自信率類此·昔胡一桂嘗稱之曰·斯文以之爲命脈·衣冠賴之以綱維·義夫節婦·得所矜式而益堅·亂臣賊子·有所觀望而羞愧·道德之興廢·關係於先生一身·然臣弋陽自歷代以來·擅道學忠節之名·聳後學之景慕者·獨枋得一人而已·及求諸天下·稽諸往古·能如謝氏夫婦伯弟·死忠死節·萃於一門·亦不多見·妻李氏·永樂初癸未·已蒙朝廷登載烈女傳·足以垂耀不朽·奈枋得祠宇未立·封謚未加·後人無所稱仰·實爲缺點·欽惟皇上以節義風厲天下·以忠孝植立綱常·凡古今忠臣烈士·義夫節婦·有關於世教者·悉蒙旌褒·況枋得爲近代忠臣·忠肝義膽、與金石同堅·高名峻節·與文天祥相表裏·著書立言·皆足發明正學·羽翼六經·推其道足以隆治而善俗·聞其風可以立懦而廉貪·誠一代忠節之表表最著者·如蒙准言·乞飭禮部·照例將已故謝枋得定謚褒贈·仍行原籍有司·創立祠宇·歲時致祭·如是·非特慰忠義之魂於九泉·原冥漠之中·尤見聖朝旌忠顯良之盛典·超越千古·使海內之士·得以瞻拜祠下·景仰風節·莫不有所激勸興起·其於世教·豈不有補哉·臣與枋得·生同鄉邑·每靡景慕·今幸職居言路·不容緘默·干冒天威·無任戰慄屏營之至·○洪北江集·宋謝文節公橋亭卜卦硯歌·序云·研歙材·修九寸七分·廣五寸六分·厚九分·額篆橋亭卜卦研五字·面左右草書云·此吾石友也·不食而堅·語有之·人心如石·不如石堅·誰似當年采薇不食守義賢也·轉背左題程文海銘·又右題大明永樂丙申七月·洪水去·橋亭易爲先生祠·相地得之·（殆即朝天橋也）閩後學趙元·硯中正書·題宋侍郎研五字·舊藏天津城西海潮菴·雍正初癸卯·周上舍月東焯。以米易得之。今湖南巡撫奆公禮。最所心賞。歲丁卯。月東構疾。時巡撫公官廣西太平府知府。月東臨歿。語其子。持書抱研行萬里。至太平以贈。嗣後公官於四川十年。會阜師平金川。公蒞其事。常與研偕。歲壬寅。公有湖南巡撫之命。自四川入覲。予得謁公於陝西巡撫畢公之座。因屬爲歌。以紀其事云。卜卦研。隨忠臣。六十四卦反覆陳。早識宋運終庚申。橋亭邊。卜卦所。一片趙家乾淨土。有時米盡卜亦閒。讀易無聲飲泉苦。集賢銘後處士銘。六十八字兼元明。橋亭東西流水清。此研欲出鏗然驚。建陽城。硯易米。得錢即揮得米喜。海潮雈　米易研。瞻研如見昔賢面。誰云石一方。重乃抵璞玉。故人欲之心已諾。研得所歸方瞑目。嗚呼研兮。前身不從謝信州。後亦不殉程趙周。物經百刦後得主。光彩早歷天西頭。臣忠友信兼生死。抱研來還知孝子。攜經萬里越百川。研兮得完人足穿。君不見研今隨公不離側。軍中十年尤著績。飛符四調糧草檄。屢殺賊。三爻六爻有時卜。一詠一吟隨所適。平生亦聞周月東。今不見研先交公。研修九寸一寸厚。聊成一卦卜研壽。書繇辭。作研贊。海水枯。石不爛。○清一統志。謝枋得墓。在江西廣信府弋陽縣南二十五里。玉亭鄉。先葬京師文明門外。其子定之。奉柩歸葬於此。○又云。謝文節祠有二。一在上饒縣疊山書院。一在弋陽縣東一里。祀宋謝枋得。又有顯忠祠。在貴溪縣東門內。亦祀枋得。配以部將張孝忠。○又云。謝疊山祠。在福建建寧府建陽縣南。朝天橋。(朝天橋。在建陽縣南門外。舊名濯錦南橋。宋紹興中建。橫跨南溪。石址木梁。釃水十三道。覆以屋七十三間。○又云。謝疊山祠有二。一在湖北興國州東。謝公墩。一在湖北通山縣。學宮內。○清德清俞樾乙甲編。謝文節祠詩云。首陽薇蕨老。高臥又先生。蟲臂身原寄。鴻毛死肎輕。起兵虛翟義。賣卜學君平。南八何曾屈。皇天眼自明。瀛國歸朝日。崖山致命秋。空亡三寸舌。莫挽五更愁。裹袠陳情上。書曾却聘修。不因親尙在。朱鳥久同游。富貴留承旨。風流趙子昂。如何忘節義。知否有倫常。孝女碑三尺。孤臣淚萬行。由來名敎重。何敢忝冠裳。冰霜無折挫。香火有因緣。碧血哀丘畔。青燈古佛前。(祠在憫忠寺後) 墓碑仍署宋。廟貌仍留燕。我到摳衣謁。靈風起肅然。(袠。表本字。肎。古肯字。摳。邱于切。音區。提也。禮記曲禮。摳衣趨隅。)

宋　魏易齋、善卜。謝文節公、贈詩有云。伯陽曾著易參同。奪盡陰陽造化功。白玉五城人可到。黃金一鼎道無窮。先生救世心良苦。後派多才命必通。魏本大名名易顯。子明且爲筮江東。

宋　吳楚峯、識相知人。與疊山先生極契合。嘗贈之以詩、世亂異人出。高者爲神仙。方術皆救世。可知愚與賢。喜君風鑒別。妙處不可傳。着眼看福人。要識太平年。

宋　楊南川、精堪輿術。爲謝文節公枋得所最心折。其贈序曰、楊君南川挾風水之術。游富貴家。老而不倦。誦楊救貧所著三龍經極熟。聽者欣然想其術之精也。富貴家用其術。不能去其貧。楊君不色怨。衝炎風。濡梅雨。杖笻竹。（笻・音蛩・竹名杖也・）行數百里。鳴於人曰、吾術能使貧者富。賤者貴。憂患者逸樂。及遇富貴人家、又不合而去。何也。合不合。無益損於楊君。心勤而身困。藝精而道窮。世變使之然邪。楊君之命固當然邪。嗟乎。古有負超世絕倫之才。懷回天入神之技。不爲當時所尙。徒有來世之名者。多矣。獨楊君乎哉。吾聞南唐范太史游浙東。三年不遇。露香請命于穹昊。（昊・音皓・凡稱天曰昊天・）願救貧民積善者十家。至今兩浙名公卿。數百年松楸鬱鬱。有佳氣者。皆范公所卜也。楊君亦能有范公之心乎。人不知之。天必知之。何憂乎不遇。

宋　宋相士、頗知名。弋陽疊山先生。贈詩有云。隳甑看無益。乘軒計亦疎。忍貧吾自解。過論子姑徐。但得者而艾。飽觀詩與書。時乎一盃酒。此外儘從渠。（同上贈宋相士）

宋　郭少仙、精相術。負盛名。謝先生枋得、以詩贈之。崇蘭生深林。澹泊一點芳。江梅倚修竹。醞藉萬斛香。氣骨抱金玉。精神貯冰霜。若以色見我。照紅還海棠。（以上疊山集）

清　汪楚眞、弋陽人。精靑烏術。與樂平華堯賓齊名。偶爲樂平朱氏卜葬。云是地當起科名。惜脈氣降自奎婁。福恐不全。後子孫成進士。皆補官遽卒。又嘗偶憩汪姓。見其家窶甚。指一窪地爲葬。約三年後可酬我白金三百。聞者咸笑其誕。年餘汪三獲藏窖。竟成巨富。（光緒江西通志方技　同治弋陽縣志方技）

清　董友愈、字南仲。弋陽人。諸生。工相地。最有名。譽嘗曰、吾不恃其所知。以貪天工。亦不自欺其所不知。以速人禍。早喪偶。鰥居四十年。勤於所學。蕭然無俗累。（光緒江西通志方術）

196 貴溪縣　唐割餘干弋陽二縣地。置。在貴溪口。因名。故址在江西貴溪縣治西一里。今名舊教場。元移今所。明淸皆屬江西廣信府。

明　顧乃德、字陵崗。幼習儒業。與李元谷、共學李淳風遺術。嫻天文。精地理。著有法微通書行世。（同治貴溪縣志方技）

清　葛天申、字仁山。貴溪人。乾隆壬戌進士。河南原武知縣。幼孤。刻苦勤學。十七八時。即酷嗜形家書。江右談青烏學者最衆。天申以是皆拙工、非拘則誕。於是購地理書數十種。涉獵紬繹者有年。更窮覽疆域。極攀躋跋涉之苦。又有年歸而取簡編辨論異同者。折衷之。紕繆不經者芟除之。又有年。乃啞然笑曰。吾學成矣。既而出與講郭璞浤師伎者遊。（浤音宏。海水騰湧貌。）則無有過之者。客吳越間最久。尙書彭芝庭、爲天申座主。極重之。箯籃曰舫。（箯音鞭。竹輿也。）琴酒相對。偶爲指某壑當有若何塚。其家盛衰當若何。使人驗之。輒不爽。吳人以是神之。汪文端既沒。長子農部郎、延禮四方堪輿家。先爲其祖考贈公營葬。畢。天申故文端門下士。千里往弔。農部屬相贈公新塚。天申蹴額曰、弗還。將不利長孫。君或當之。聞者以爲妄。於是爲文端指吉壤。衆非之。天申堅持不相下。且爲言土中靈異。衆詆之益甚。窆日數十人。將以相窘。及發土按之皆驗。衆愧服而去。明年農部果卒。天申資極高。文亦豪岩。坎坷宦途。旅食京華。繪長林小憩圖以見志。一時名公卿、如金海住、王白齋、彭芸楣、張樂泉、皆爲題跋。（同治廣信府志方技）

清　姚典、字訓亭。庠生。天才超越。多材藝。尤精於醫。善推拿法。嘗有小兒瀕死。置諸地。適典自外歸。爲之推拿即活。又有受重濕者、令坐地上。圍之以火。汗出不藥而愈。著有推拿祕訣及風鑑演禽奇門六壬等書。兵燹後皆失其稿。識者莫不惜之。

清　周明五、字惇庸。號典菴。習儒業。尤究心形家言。於景純葬經及楊曾廖賴諸書。無不旁窺博覽。而窮其奧。挾術遊覽名山大川。爲人營葬卜宅。決休咎多驗。所至人爭延致。著有增補理氣圖說四卷。饒州太守、南部曲公阜昌。前宰薌溪時。深知明五、精於青烏說。見其書以爲可以按圖參稽。選吉以安兆域。擇向以定宅居。便於世之通曉文義。無力延師者。爲之序。初勸其梓以行之。（以上同治貴溪縣志方技）

197 廣豐縣（隋爲弋陽縣地。唐置永豐縣。雍正九年。改名廣豐。屬江西廣信府。）

清　傳源濬、字鶴年。廣豐人。諸生。善相地。嘗移廣豐學宮。功既成。人文蔚起。光緒江西通志方術

清　胡必齡、號應千。讀書未售。習靑烏經。羣伯銘修文廟。令七邑撰課。皆未妥。後令齡撰。覽曰、此眞吉課也。至今羣文廟、鐫石勒名。辛巳歲凶。曾某朱某、貧將鬻妻。齡特棄產以濟。完其婚。及卒。兩姓率妻子哭其家。在鄉黨多排難解紛焉。光緒廣豐縣志方技

198 興安縣 明析上饒弋陽貴溪三縣地置。屬江西廣信府。清因之。民國改曰橫峯。卽今江西橫峯縣治。

清　劉蹈仁、名叔榮。好遊。能占旺氣術。專堪輿家。不純用曾楊法。每占人家氣數。知其後將興者。爲卜否則與之錢。必却。時人謂占旺氣。皆驗。同治興安縣志方技

199 廬陵縣 漢置廬陵縣。三國吳改置高昌縣。故城在今江西吉安縣南。隋改石陽爲廬陵。故城在今江西吉水縣東。唐始移今吉安縣治。明清皆爲江西吉安府治。民國改爲吉安縣。境內多佳山水。學士大夫矜稱之。宋歐陽修生長於此。

吳　劉惇、字子仁。平原人。遭亂。避地客遊廬陵。事孫輔、以明天官達占數。顯於南土。每有水旱寇賊。皆先時處期。無不中者。輔異焉。以爲軍師。軍中咸敬事之。號曰神明。建安中、孫權在豫章。時有星變。以問惇。惇曰、災在丹陽。權曰、何如。曰客勝主人。

到某日當得聞。是時邊鴻作亂。卒如惇言。惇於諸術皆善。尤明太乙。皆能推演其事。窮盡要妙。著書百除篇。名儒刀玄稱以爲奇。惇亦寶愛其術。不以告人。故世莫得而明也。（三國吳志光緒江西通志寓賢）

南唐　宋齊邱、字超回。改字子嵩。盧陵人。初以布衣事李昪。官至尙書。李璟嗣立。以太傅、領劍南節度使。封楚國公。齊丘生五季擾攘之世。以權譎自喜。尤好術數。凡挾象緯青烏姑布壬遁之術、居門下者。常數十輩。皆厚以資之。著有玉管照神局三卷。是書專論相術大旨。以形狀立論。頗爲精晰。而所取各書。尤多世所未覩。（四庫提要子部術數類二）

宋　顧涇、盧陵人。精星相。善堪輿。眞文忠公德秀、贈序有云。盧陵顧君涇。邃於陰陽五行之學。以之占天則神。以之相地則不苟。凡今之以術名者。未有能過之者也。予乙酉趨朝。遇之於衢。顧君見謂曰、公之此行。不滿百日當歸。繼而果然。蓋其驗如此。非神而能知乎。後四年。謁予粵山之下。相與論考卜岡阜之法。終日灑灑不

窮。又知其非苟於求售者也。予老矣。方將從君求藏骨之地。屬其有東浙之役。故書此遺之。且堅其再至之約云。（眞文忠公文集）

宋　許季升、善談星命。樂道安貧。楊文節公、贈詩有云。許子儒冠怨誤身。如今投筆說星辰。未須道我何時貴。且道何時子脫貧。連珠合璧轉璇霄。也被星家不見饒。災曜元來怯檮杌。（檮、音濤。檮杌、頑凶無儔匹之貌。）福星不是背簞瓢。（誠齋集送談星辰許季升）

宋　劉生、直言談命。人皆敬之。學士楊公、贈其詩云。學兵先學策。談命先談格。君看前輩富貴人。豈與寒士校日辰。星家者流有劉子。進人退人若翻水。談何容易驗他年。却是直言差可喜。（同上送劉生談命）

宋　高元善、學究建平。名符管輅。楊誠齋先生萬里、嘗與之談天。並攜諸公子請其品評。特贈以詩。選官選佛兩悠悠。元不關人浪自愁。洙泗生涯久春草。老夫作麼晚回頭。稺子煩君一一看。丁寧莫道好求官。老來正要團欒坐。伴我秋風把釣竿。（廬陵楊誠齋集送相士高元善）

宋　楊山人、善相法。精地理。文節公贈以詩云。相人何似相山難。慚愧渠儂眼不寒。木末涼風無半點。如何又欲跨歸鞍。（誠齋集送楊山人善談相及地理）

宋　王無咎、善邵康節皇極數。楊學士、贈詩有云。安樂窩中書一編。君從何許得眞傳。我無杜曲桑麻在。也道此生休問天。識盡江淮諸貴人。歸來廬水一番新。問渠福將今誰子。容我昇平作偉民。（楊誠齋集送王無咎善皇極數）

宋　曾南翔、善談命相。名播遐邇。楊學士贈之詩云。官職牽人也可憐。老來那更問行年。渠儂解事無它語。道我慈親壽八千。今年見說也無錐。政坐談天泄密機。舉世近來憎直語。貴人剩許未爲癡。富貴眞成一聚塵。饑寒選得萬年名。心知那有揚州鶴。更問儂當作麼生。拋了儒書讀相書。卻將冷眼看諸儒。曾生肯伴誠齋否。共箇漁舟入五湖。（同上送曾南翔談命又贈曾相士）

宋　黃景文、字煥甫。乃祖、贛風水名術也。予里大家祖地。多出其手。而煥甫以術世其家。前十三四年。予嘗以詩送之。又數年。覺煥甫小異。亟取詩更其辭。而實未深知煥甫也。煥甫遊從日以祕。講辨日以多。今也而後探其胸中之所存。果有大異乎時人者。噫、知煥甫晚矣。煥甫、嘗與予上下阡隴。凡予動心駭目以爲奇詭雄特。輒掉頭不謂然。至淡然平夷。漫不起人意。往往稱不容口。予始甚訝之。久而服其爲名言也。大概煥甫之術。以爲崇岡復嶺。則傷於急。平原曠野。則病於散。觀其變化。審其融結。意則取其靜。勢則收其和。地在是矣。舍是而求地。亦固有之。而非煥甫之所謂地也。山人之獻地者。日至吾門。予使煥甫往觀。常不滿一笑。煥甫曠數年。始獻一地。所獻眞如其說。予爲山人所欺者多矣。若煥甫眞不欺我者。惜也。煥甫汲汲餬口。以奔走於四方。以予之近且久。幾不相知。卒然使人一見。使人愛其術而不疑。斯亦難矣。予嘗謂能爲煥甫百指計。使煥甫安居一年。必能時發天地之藏。以使予欣然而不厭。予方責石山中。計必不能及此。姑遂其說。庶幾有因予而信煥甫。煥甫必能出所學。以報所知。是楚人亡弓。楚人得之。予又何幸焉。文山全集贈景文黃煥甫序道光贛州府志方技

元

郭榮壽、廬陵人。善風鑑。又喜談地理。吳文正公澄、嘗作序贈之。謂相地相人。漢志幷屬形法家。後之人各專其一。遂析爲二術。若榮壽庶乎二術而一之者。（同治廬陵縣志）

方技

明

周騎龍、廬陵人。成化間、以善談祿命著名。豫章尤精範圍數。御史趙敔按江右、（敔。晉語。樂器名。）威望甚著。及瓜代。當還朝。騎龍曰、不然。行有西北之調。敔頗疑之。未幾調晉臬。敔問之。騎龍曰、公元數一六六四。會數一七四。數有從臣淸要捧天書烏臺靑瑣遷藩臬之句。何可逃也。敔始服其術。因求範圍歌訣。爲之序而梓之。以廣其傳。（光緒江西通志方術）

南唐

200

宜春縣（漢置。後爲侯邑。晉太康初。以太后諱春。改爲宜陽縣。隋仍改爲宜春。明淸皆屬江西袁州府治。）

何溥、字會通。宜春人。天資穎異。習形家言。元宗聞其賢。累詔起之。擢國子祭酒。保太中、鄒廷翊相皇陵於牛頭山。溥言不利。極表諫諍。忤旨。謫休寧令。溥至邑。卽改縣基於吳王墓後。倚松蘿山前。名眞武下壇形。未幾。卜地縣東南隅居焉。舍前削石按太極八卦諸圖。茂林修竹。時時披襟嘯傲其間。後主時、復徵不起。隱芙蓉山。削髮爲頭陀。雖假迹禪門。絕不譚釋語。每誦道德經。必歎曰。眞聖人也。孔子豈欺我哉。由是專修長生煉化之術。更名慕眞。所著論氣正訣。靈城精義。地理元機。今名鐵彈子傳世。（四庫提要子部術數類二光緒江西通志方術同治宜春縣志方技）

清　柳棲霞、善相。嘗過防里時歐陽予石幼從叔欽讀書家塾。霞相欽謂六十後必發。欽曰、君見我龍鍾。揶揄我乎。已而予石至。霞目視之。語欽曰、此子功名過先生遠矣。予石後果少年成進士。歷官臺閣。欽年七十。中辛巳會試。悉符其言。（同治袁州府志方技）

201 泰和縣（漢廬陵縣地。三國吳置西昌。隋改曰泰和。唐曰太和。元升爲太和州。明初復爲縣。改太和曰泰和。屬江西吉安府。清因之。）

明　尹直、字正言。泰和人。景泰甲戌進士。成化中積官兵部尚書。正德中卒。諡文和。直、明敏博學。練習朝章。著謇齋瑣綴錄。載成化甲午秋八月二十六日戊申。予計江西鄉試。當以是日揭曉。第未審嘉言弟中否。因命卜者占之。初內卦得離。九三白虎發。竊意五爻坐青龍。若再發則是龍虎榜動。有中之兆。至是爻果發。蓋外卦得坤。明夷卦也。二爻發者、皆兄弟。海底眼云、兄弟雷同難上榜。卜者囁嚅不敢決。予曰予意已卜之。蓋予以兄問弟兄弟發者、弟當動而來。況在龍虎爻龍虎榜動也。一中何疑。予卽批卦揭諸壁以俟。九月晦。小錄至京。嘉言果有名矣。然則占書豈可泥哉。明史本傳蹇齋瑣綴錄

明　劉子羽、精堪輿術。每爲人作穴。預言興廢歲時。無不應者。嘗爲南坑蕭氏、遷虎額穴。云、葬時當有虎鳴。及葬山鳴如虎。其後少師諸公科第官祿繼起。蕭氏祀其主於祖祠右。

明　羅道傳、邑人。號羅浮老翁。精星命術。尹昌隆嘗贈之歌曰。羅浮老翁人不識。星斗包涵滿胸臆。獨騎孤鶴過山東。笑指梅花吹鐵笛。又曰。老翁眞是人間仙。談天有口如河懸。圖成不用青蚨錢。但覓琳瑯金薤篇。以上同治泰和縣志方技

202　吉水縣 南唐析廬陵置・元升爲州・明復爲縣・屬江西吉安府・淸因之・

宋　蕭巽齋、知命善卜。文信國公天祥、贈詩有云。未有大撓書。先有伏羲易。古人尙

卜筮。今人信命術。八卦與五行。皆自河圖出。易中原有命道。一萬事畢。卦義六十四。蕭君得其一。江湖旅瑣瑣。談命以巽入。（巽。與遜通。卑順也。）人情愛委曲。喉舌嫌棘棘。（棘。急也。）言言依忠孝。君平意未失。我生獨骯髒。動取無妄疾。是有命流行。雖隕復誰詘。安能從兒女。朝夕談昵昵。若卦有人買。不妨君賣直。（文信國公集）

宋　朱元炳。字斗南。號月窗。吉水文昌鄉人。拔起田間。談星命。多奇中。盡得白顧山人祕傳書一卷。其法專以十干十二支五行二十七字。旁施午豎。錯綜交互。論其屈伸。刑衝六害。察其變動。生旺官印空。而爲衰敗死絕破。衰敗死絕破。而爲生旺官印。祿馬不害爲貧賤。孤刼未嘗不富貴。盈虛消息。觀其所歸。利平者爲福。反是爲禍而已。

文信國公集贈談命朱斗南序同治吉水縣志方技○文信國公。又贈朱斗南序云。甲己之年。生月丙寅。甲己之日。生時甲子。以六十位類推之。其數極於七百二十而盡。以七百二十之年月。加七百二十之日時。則命之四柱。其數極於五十一萬八千四百。而無以復加矣。考天下盛時。凡州主客戶。有至千四五百萬。或千七八百萬。而荒服之外不與焉。天地之間。生人之數。殆未可量也。生人之數如此。而其所得四柱者。皆不能越於五十一萬八千四百之外。今人閭巷間。固有四柱皆同。而禍福全不相似者。以耳目所接推之。常有一二。則耳目之所不接者。安知其非千非百。而命亦難乎斷矣。且夫五十一萬八千四百之數。散在百二十期中。人生固以百歲爲率。是百歲內生人。其所受命。止當六分之四有奇。則命愈加少。而其難斷亦可知矣。嘗試思之。宇宙民物之衆。謂一日止於生十二人。豈不厚誣。而星辰之向背。日月之遠近。東西南北。天地之氣所受。各有淺深。則命之布於十二時者。不害其同。而吉凶壽夭變化交錯。正自不等。譬之生物。松。一類也。竹。一本也。或千焉。或萬焉。同時而受氣也。然其後榮者枯者。長者短者。曲者直者。被斧斤者。歷落而傲歲年者。其所遭遇。了然不侔。夫命之同有矣。而其所到。豈必盡同者。然則參天地之運。關盛衰之數。此其間氣。或數百年。或百年。或數十年。而後一大發洩。必非常人所得與者。於五十餘萬造化之中。不知幾何。可以當此。而天地實之不常出。鬼神祕之。不使世人可測知也。嗚呼。論至此。則命書可廢也耶。因書于歐陽先生贈月窗說後。

宋 黃璘、字翠微。吉水人。善堪輿。文信國公贈以序曰。黃璘吾鄰人。得祖父風水之學。問與之登山。鋪張造化。口角瀾翻。亦可愛。吾館人議以翠微名之。翠微山之腰。蒼蒼鬱鬱之象。山人所得稱。抑微乎微哉。地理書所謂隱隱隆隆。吉在其中。此則麤心者所不能得。此彷彿。黃生齒新而意銳。更下入細工夫。以庶幾吾所謂微者。文山全集贈黃璘翠微序

宋 彭叔英、著談命錄一書。文信國公跋云。命者令也。天下之事。至於不得不、然。若天實使我爲之。此之謂令。而自然之命也。自古忠臣志士。立大功業於當世。往往適相解后。而計其平生。有非夢想所及。蓋不幸而國有大災大患。不容不出身扞禦。天實驅之。而非夫人之所欲爲也。當天下無事。仕於是時者。不見兵端。豈非命

之至順。蓋至於不得已而用兵。犯危涉險。以身當之。則命之參差。爲可閔矣。士大夫喜言兵。非也。諱言兵。亦非也。如以爲諱。則均是臣子也。彼有王事鞅掌。不遑啓居。至於殺身而不避。果是何辜。吾獨何爲而取其便。如以爲喜。則是以功業爲可願。緦緦然利天下乖有變。是誠何心哉。是故士大夫不當以爲諱。亦不當以爲喜。委質於君。惟君命所使。君命卽天命。惟無所苟而已。星翁曆家之說。以金火羅計孛。皆爲主兵之象。遇之者卽以功業許人。十一曜之行於天。無日無有。無時不然。人物之生。亦無一日可息。事適相值者。亦時而有之也。治亂本於世道。而功業之顯晦。關於人之一身。審如其說。則人之一身。常足爲世道之軒輊。(軒音掀。車前高曰軒。輊音智。車後低曰輊。)有是理哉。聖賢所謂知命、俟命、致命、皆指天理之當然者而言。是故非甘石所曉。彭叔英儒者也。而星翁曆家之說。尚不免膠固。歐陽巽齋先生、旣具爲之辨。予復備論之。叔英持以復於先生。

宋　曹子政、吉水人。賣卜於市。自號江西劍客。文信國公、贈其序云。江西劍客。吾鄉曹子政、算命標榜也。予曰、子卜也。而取劍何居。曰、世人賣卜、事諂媚。捐苦口。皇皇於一食之末。予恨其道之不直也。如是而福。如是而禍。一無所回護。故予剛者之爲也。予言必剛者而後能聽。劍是以得名。予曰、噫嘻、昔人有學字觀公孫大娘舞劍而神。劍無與於字、而迴翔赴仆之間。乃足以相發。今子雖爲卜。而有取於劍之剛者。亦詎曰不宜哉。或曰、然則是腹劍也。予曰、惡子政豈口如蜜者耶。或人語塞。因書以遺之。（文山全集贈曹子政劍客序）

宋 林碧鑑、善風鑑。文文山先生、贈詩有云。咸陽宮中四尺鏡。照人五臟何烱烱。桑田滄海千餘年。白鍊依然化爲鑛。君從何處得此物。鑄就雙瞳敵秋月。向未照心今照形。不事瀾翻三寸舌。遠銜風雪肯我過。看來猶未深知我。我方簑笠立釣磯。萬事浮雲都勘破。噫嘻吁、只今神目鬼眼分道途。暗中許負應盧胡。試問何如林家老碧鑑。不知天津橋上、復有龍鍾無。（文山全集贈林碧鑑相士）

宋 劉忠樸、精陰陽術數。識善惡忠奸。文信國公嘗與之接談。爲詩贈之云。楹何爲折劍何借。鬚肯爲拂箕肯嘗。馬公布袋王公飯。石家錦障丁家香。忠邪佞邪兩無定。一琱一璞異其性。（琱，音刁，治玉也。）忠樸先生躔法高古今四者豈關命五九四餘能善惡。鐵算不是并州錯便從忠樸問如今忠果誰忠樸誰樸。（文山全集贈劉忠樸）

宋　曾正德、字一軒。探討陰陽精研星命。文山先生嘗贊美之、贈詩有云。磨蝎之宮星見斗。簸之揚之箕有口。昌黎安身坡立命。謗毀平生無不有。我有斗度限所經。適然天尾來臨丑。雖非終身事干涉。一年貝錦紛雜糅。吾家祿書成巨編。往往日者迷幾先。惟有一軒曾正德。其說已在五年前。陰陽造化蕩晝夜。世間利鈍非偶然。未來不必更臆度。我自存我謂之天。（文山全集贈曾一軒）

宋　李一壺、賣卜文水座客盈庭。觀文信國公之贈詩。可以覘其旨趣矣。汝南市人眼。壺小天地大。誰知賣藥翁。壺寬天地隘。李君血肉身。大化中一芥。天度三百餘。滿腔粲蓍蔡。仙翁以過謫。長房以術敗。造化多漏泄。鬼神爭訶譮。君歸視斯壺。口匏深覆蓋。得錢且沽酒。日晚便罷賣。（文山全集贈一壺李日者）

宋　龔豫軒、善數術。決猶疑。文山先生曾贈以五古一章。挾筴考休咎。巫甘邁何追。君亦布靈草。乃復探其徽。載觀河洛書。今也休明時。天高鳳鳥翔。擊拊遨以嬉。（文山全集贈龔豫軒數術）

宋　彭神機、直言談命。樂道安貧。文信國公、曾詩以勉之。挽强三石徒碌碌。學到穿楊精藝熟。百發百中無虛弦。百中一跌前功辱。彭君絕識透黃間。不師逄羿師珞琭。天度三百六十強。一算不容失正鵠。吾聞天機難語人。往來了了拈衆鏃。君姑藏用凝於神。矢口莫輕談禍福。（文山全集贈彭神機）

宋　葉大明、賣卜市廛。頗負時譽。文山先生素相識之。其贈詩有云。大明標榜葉氏子。自稱後村門下士。誤言木吉孛爲災。後村曾發一笑來。其師流傳說如此。寧知禍福乃不爾。犀腰貂首徒勞人。甘藜蒭藿無苦辛。我生有命殊六六。木孛循環相起伏。袖中莫出將相圖。盡洗舊學讀吾書。（同上贈葉大明）

宋　彭別峯、精太極數。文山先生、曾贈以詩。手把先天已後書。當來一畫得全無。白

雲山下冷冷水。自在人間太極圖。（文山全集贈彭別峯太極數）

宋　黃生、善銀河數。文信國公贈以詩云。乘槎人從天上來。天上知有君平術。黃生能談君平書。不知曾認支機石。（同上贈黃生銀河數）

宋　葉秋月、相人有法。出言尤奇。文信國公、曾以六言詩送之。急流勇退神仙。跛躄龍鍾將相。借問華山山中。何似天津橋上。（同上贈秋月葉相士）

宋　魏山人、精堪輿之學。文信國公、曾邀其相宅相墓。賦詩贈之云。君不見而家直臣犯天怒。身死未寒碑已仆。又不見而家處士承天渥。閉門水竹以自樂。雲仍抄參曾楊訣。謂予地宅誰優劣。小煩穩作子午針。靈於己則靈於人。（同上贈山人）

宋　廖希說、字老菴。善觀風水。不憚煩勞。雖年登耄耋而健步如飛。文文山先生之贈詩。眞堪爲希說寫照。短屐平生幾兩穿。錦囊眞得當家傳。山中老去稱菴主。天上將來說地仙。面皺不妨筋骨健。舌存何必齒牙全。金精深處苓堪飯。更住人間八百年。（同上贈老菴廖希說）

宋　蕭才夫、字人鑑。善談命。歲單閼。才夫過予。以予命推之。言頗悉。是秋迄次年。予所遭。無有不與其言相符。噫、人鑑其神已。爲之辭曰、眇陰陽之大化兮。布濩垓埏。出王游衍之度思兮。曾淺淺乎爲天。自青紫食窮經之心兮。怪詭乘之而相擬。竊掠五緯之膚兮。誑其愚以自賢。方疾其拂耳騷心兮。羌作炳於眇綿。將事實與行會兮。抑抉幽而鉤玄。予將窺前靈之逸跡兮。就有道而正焉。（文信國公集圖書集成星命部名流列傳）

宋　楊叔方、吉水人。博通經史天文歷數。尤極研精。著五經辨歷法。五行論。在太學與諸生上書。斥賈似道之奸。四方學者。爭造其門。以經學授清江范德機。以歷法授寧都習吉翁。習歷至今用之。（光緒江西通志方術）

明　陽允貞、吉水人。精易卜。成化末。其縣有商人將貿易蜀中。求卜於允貞。允貞曰、是行也。遇不測之險。獲無窮之利。商人素熟西南諸夷。槖中有利劍。以藥淬之。佩以自衞。所經蜀中一山。多豐蛇猛獸。百二十餘里。無居民。行且半。見一巨象伏大樹下。若有所甚畏者。遙窺之。樹上有巨蟒。張口吐舌。舌長數尺。將下吞象、商人懼甚。自度進退無所據。乃挺劍直走樹下。仰斫蟒數刀。急趨避之。蟒初若不知。須臾聞有聲若山摧谷應。林木皆震。心喪力殫。頹然倚石。顧盼間。則蟒舍象來逐。僅隔數十步。藥發而斃。良久。又見象來漸近。商人計莫能脫。遙指叱象曰、汝阨巨蟒。吾脫汝蟒口。而顧困我耶。象進伏商人前。雙淚迸落。若有叩謝之狀。商人會其意。坐象背上。象卽走山谷中。以鼻掘地。有蛻牙無算。商人盡取以歸。遂成富翁。明楊儀高坡異纂

明

劉伯完、字觀靜。吉水人。洪武初、舉茂才。通占卜課候術數之學。里中何監正奇其技。薦於御史臺劉逵。値朝廷雅重天文諸儒。詔授陰陽學正。歷欽天監、兼回回監副。迨靖難兵起。遂變姓名遠遁。後不知其所終。光緒江西通志方術

203 永豐縣宋析吉水縣置。明清皆屬江西吉安府。

明

郭修翰、永豐人。父谷懋、爲諸生。僑寓惠州興寧。生修翰。讀易讀史。手不釋卷。母盲廢。自謂採給行傭。吾不如江次翁。遂窮天文七政諸書。賣卜於市。得錢供母。星學名一時。自知死期。卒年六旬有六。光緒江西通志方術

清　聶湘吟、字既庭。雙溪人。邑庠生。工詩。尤精卜筮。乾隆己酉鄉試。占本邑中式事。爻象四金發動。判云、今年欲悉登科事。不是金鐘便是劉。是科獲中者閬溪鍾貽鑾湖頭金世鑾二人名姓。果符四金之象。

清　戴濬、字禹刊。洄溪人。邑庠生。幼好學。博覽羣書。凡遁甲六壬卜蓍諸方伎。靡不研究。斷事多奇驗。

清　宋兆璵、吉江人。歲貢生。耽醫卜星相之書。尤精堪輿。斷陰陽宅。悉本河洛。而參以卦象。靡不奇驗。名播吉臨南撫間。延請無虛日。惜抱痰癮疾。不能遍赴。年五十八卒。

清　黃鼎偉、字嗣英。下莊人。精形家術。龐眉修軀。氣溫語直。所學一出於正。客贛州。桐城張曾敞聞其賢。乞盧明楷作書走贛延請主於其家。三年而歸。曾敞作序送之。其弟曾敷、曾敓、（敷：音典：主也：敓：音班：分也：）亦贈以詩。（以上同治永豐縣志方技）

204　安福縣（漢置安平縣。又置安成縣。後漢改安平曰平都。晉改安成曰安復縣。隋改平都曰安成。省安復入之。又改安成曰安復。唐改曰安福。元升爲州。明仍爲縣。屬江西吉安府。清因之。）

宋　彭仲元、安福人。得星禽之術。善占候風雲。太平興國初、郡守王延範署爲防城。溫仲舒、向敏中倅廬陵。倅、取內切、隊韻、副也。今佐貳官曰丞倅。仲元言其當大貴。不數年二人果登輔相。大中祥符中、詔入署北御園指揮使。言國家事頗奇中。光緒江西通志方術　同治安福縣志方技

宋　劉元賓、連舉於鄉。任潭州司理。通陰陽醫藥術數。眞宗試之驗。賜名通眞子。所著有集正歷、橫天卦圖、神巧萬金方注解、叔和脈訣、傷寒論、洞天鍼灸經。光緒江西通志方術

宋　劉德昇、遇異人授大衍數。能於掌中知未來事。王濾溪嘗贈以文。光緒江西通志方術

元　潘碧山、安城人。安成、在今安福縣東南。善風鑑。傳與礪贈以詩。有直言往往驚四座。乃使世人畏其口七句。光緒江西通志方術

明　劉子遠、明初、以易數爲胡惟庸所知。薦授欽天監正。辭不就。賜宴光祿。給第宅。日承召問。知胡必敗。託疾歸。

明　弗需山人、姓周。精星緯之學。適大比。羣聚決科。弗需曰、某當前茅。某當中權。某當後勁。皆驗。崇禎癸未、遊揚州。有舉子湯某問科第。弗需語以二月不第八月第。

是年改試八月。湯果第。

明　鄭寅、善星術。榮府長史王選。與趙璜。同里。每談命。寅謂趙必失官。王曰旦夕、若殊擢。汝百中經當燒。寅請以經爲質。趙隨轉順天府丞。王遣僕索經。寅曰、留此且待。未數日。即有拿問之事。王奇之。寅又賀曰、曰四五年。後趙當擁高車。王乃追餞述寅言慰之。後璜、果累官至尚書。

清　王鑣、少孤。事嫡母色養備至。通易數。卜無不驗。足跡不履城市。邑令程先鄂、廉其賢。造門一見。亦不復謝。有卜事應之而已。年七十五。始舉一子。壽八十一。終。以上同治安福縣志方技

205 龍泉縣 五代時。楊吳立龍泉場。南唐升爲縣。宋改曰泉江。尋復曰龍泉。明清皆屬江西吉安府。民國改曰遂川縣。

南唐　鄢景翼、字濬寧。龍泉人。留心陰陽術數之學。與贛州曾文辿、劉江東、俱師事楊筠松。得其青囊天府之祕。世稱鄢地仙。開縣武陵瀧要道。瀧、音雙。奔湍也。有鄢公巖并廟祀。

宋　江心傳、名賜。龍泉人。世號神目。善術數地學。尤精風鑑。性豪邁嗜酒。文天祥因忤賈似道歸。寓妹壻孫㮚家。（㮚・古栗字・見玉篇・）心傳一見奇之、曰、骨秀神清。大貴人也。當爲一代柱石。天祥贈以詩云、道茂數遁甲。長房得役鬼。風鑑麻衣仙。地理青烏子。擇術患不精。精義本無二。奇哉夢筆生。熊魚掩前氏。（以上光緒吉安府志方技）

206　萬安縣（漢廬陵縣地・晉改遂興・隋省・唐置萬安鎮・宋升爲縣・明清皆屬江西吉安府・）

清　束化遠、萬安人。康熙甲寅、負母避寇。匿山谷中。與弟相失。出覓弟得之歸。而失其母。化遠大慟。託醫卜走四方。凡十年。得母於郴州。（郴・丑森切・音琛・地名・今屬湖南・）奉以歸。（光緒江西通志方術）

清　曾震、湖洲人。附貢。讀書明易理。善卜。尤精岐黃。且好善。常備藥濟人。著有雜病歌、痧證論、行世。（同治萬安縣志方技）

207　永新縣（三國吳置・隋廢・故城在今江西永新縣西三十五里・唐復置・尋廢・後又別置縣於禾山東南六十七里・即今治也・元升爲州・明復爲縣・屬江西吉安府・清因之・）

清　陳宗祿、字在中。永新人。博極羣書。尤邃於易。明末、揲蓍得漸之上九。遂一意隱遯。以裁成後學爲已任。學者稱文節先生。（光緒江西通志方術）

清　湯第、字眉山。幼嗜學。旁及天官地理岐黃歷律等書。才略優長。而性耽泉石。書法絕似鍾王。學者珍之。（同治永新縣志隱逸）

清　劉世衢、字何甫。永新人。著有洪範皇極補六卷。是書成於康熙甲子。以蔡沈洪範數爲未竟之書。謝無櫟之註釋。亦未詳備。因補圖數釋二篇。序數釋三篇。對數釋一篇。所闕註釋。一一補之。凡書中低其格者。皆世衢所續也。（四庫提要子部術數類存目）

208 **蓮花廳**（明安福永興二縣地。清乾隆八年。析置蓮花廳。屬江西吉安府。民國改縣。）

元　劉景儒、字士修。龔西鄉第十一都人。精星術。得子平眞諦。斷決多奇中。士大夫重之。至有命非景儒不談之語。惜後人無有繼其業者。

清　寧榜高、字君起。性醇謹。素嗜學。曾從異人授祕府書。精天文。諳勾股律歷。嘗觀星象。作提規渾儀圖。推測屢有奇驗。其決湘城之陷。庚寅之變。又事之發於機先者。年六十九卒。（以上道光蓮花廳志方技）

209 **清江縣**（漢新淦縣地。南唐始置清江縣。明清皆爲江西臨江府治。）

元　鄒子震、號雲隱。父伯恭。爲衞軍百戶。子震、獨慕高尙。好遨遊山水間。於榮利漠然。不以動其中。洞究陰陽形家諸書。間爲人相墳壟卜第宅。於吉凶休咎。灼乎如鑑之明。卓乎如臬之定日影。（臬、音孽。法也。）不可以移易。梁寅稱其恬於勢利、妙於術而非拘拘於術者。（同治清江縣志方技）

元　張理、字仲純。清江人。延祐中、官福建儒學提舉。撰易象圖說內篇三卷。外篇三卷。內篇凡三。曰本圖書。曰原卦畫。曰明蓍策。外篇亦三。曰象數。曰卦爻。曰度數。其於元會運世之升降。歲時寒暑之進退。日月行度之盈縮。以及治亂之所以。倚伏理欲之所以消長。先王制禮作樂。畫井封疆。一切推本於圖書。蓋與張行成易通變相類。皆皇極經世之支流也。（四庫子部術數類一）

清　金士升、字初允。少從楊廷麟遊。有志靖亂。麟死節。後遂棄諸生。簪冠道服。以卜筮隱。所著有周易內外傳史略。學者稱陽溪先生。（同治臨江府志隱逸）

210 新喻縣（三國吳置。故城在今江西新喻縣南。唐遷今治。明清皆屬江西臨江府。按唐書地理志。新喻本作渝。天寶後相承作喻。元和志本因渝水爲名。今曰新喻。因聲變也。）

宋　蕭注、字巖夫。新喻人。能相人。熙寧初、以禮賓使、知寧州。自陝西還。帝問注。韓絳爲安撫使。施設何如。對曰、廟算深遠。臣不能窺。然知絳當位極將相。帝喜曰、果如卿言。絳必成功。問王安石、曰安石牛目虎顧。視物如射。意行直前。敢當天下大事。然不如絳得和氣爲多。惟氣和能養萬物。爾王韶、爲建昌參軍。注曰、君他日類孫沔。（沔・音緬・銑韻・水名・流滿也・）但壽不及。後皆如其言。（宋史本傳）

211 峽江縣（隋唐新淦縣地・明初置峽江巡司・後升爲縣・屬江西臨江府・清因之・）

明　黃一鳳、字時鳴。峽江人。萬歷庚戌進士。以術家通書。多改竄古人成法。以致選擇謬誤。因取楊救貧造命千金歌爲主。而以吳景鸞、郭景純、曾文辿諸說。參考成書。撰選擇集要六卷。詞意簡明。頗爲得法。前有一鳳序。清雍正中、余朝相爲之重刊。並附其所作齊安堂辨疑、及續補於末。（四庫提要子部術數類存目二）

212 分宜縣（宋析宜春置・以分自宜春・故名・明清皆屬江西袁州府・）

明　夏洞源、分宜庠生。素精占卜。萬歷丁酉、司寇張公承詔、字寅賓。與其族吉宇、沖吾、三人。同應鄉試。洞源各贈一錦囊。囑以場後開視。其卜司寇詞云、寅賓至秋。鹿鳴呦呦。滕王風送。名播九州。是科果中鄉試。吉宇詞云、吉宇公吉宇公。士難結爲凶。收利器。再屠龍。庚子一枝。江後至庚子、膺拔貢。沖吾詞云、沖吾沖吾。運好星墓。三場已畢。幾乎幾乎。是年中副車第一。語俱奇驗。（同治袁州府志方技）

213 萬載縣（漢建成縣地。三國吳置陽樂縣。唐省。五代南唐置萬載縣。宋改曰建成。尋復曰萬載。明清皆屬江西袁州府。縣境產苧布。幅廣絲圓。堅緻耐用。俗稱萬載夏布。江宜之寧都宜黃。皆產夏布。然不如萬載之有名。）

清　李光宬、（宬。音成。屋所容受也。）字晉之。萬載人。性端重。敦孝友。精堪輿。嘗曰、形家執理氣說。徒亂人意。造化之大。安能以徑寸法求之哉。隨父榮階、宦遊湘湖滇黔及金齒蒼山洱海皆遍。（洱。音耳。木名。在雲南大理府城東。）頗得山川融結大概。平時論說滔滔。及與人卜宅兆。矜持慎重。從不輕洩。（同治袁州府志方技）

清　喻鶴松、字鳴皋。藏溪人。少孤貧。兄課之讀書。晝夜不輟。兼通醫卜星命家言。既長。貧益甚。無以養。因專於醫。活人無慮數百。所酬資儲半以供母。嘗有急需。笥中倘餘錢若干。不敢用。典衣以應。終母之世不少變。乾隆年間。縣舉醫學。衆推之。受冠帶。卒後辛紹業爲之傳。（同治萬載縣志方技）

214 高安縣（漢建城縣。唐改曰高安。明清皆爲江西瑞州府治。）

宋　無名相士、精風鑑。筠州太守聞之。（筠州。即今高安縣治。）爲徧召賓僚試其術。時曹利用爲巡檢。同王務本在座。相者言利用、後當極貴。坐客皆笑。復問務本何時登第。曰、須巡檢入兩府時耳。客皆曰、烏有是。後利用以使契丹有功。爲閤門使。十年閒、列位樞府。而務本適登第。後爲海州推官。（光緒江西通志方術）

明　鄧詳甫、高安隱士也。嘗遇異人、授象緯韜鈐之祕。避世不仕。劉基來丞高安。詳甫見而奇之。基與遊。盡得其蘊。論者比之圯上老人。（光緒江西通志方術）

明　喻有功、字若無。又字混初。高安人。撰周易懸鏡十卷。專言軌策之數。大旨以皇極經世爲宗。而雜及占卜之法。末纂左氏傳繇象。並郭氏洞林。皆主占驗之學者也。（四庫子部術數類存目二）

清　何識定、字靜先。號覺齋。伍橋人。中雍正丙午副車。以先人窀穸未卜。日求葬地。遂精堪輿。著有高安山引形勢圖說。（同治高安縣志方技）

清　鄧筠山、高安人。叔象先、眞元觀道士。贛人某、病於觀。不能起。筠山來省其叔。善視之。某病愈。授以形家術。能視地於五尺以下。辨其質色。（光緒江西通志方術）

215　上高縣（後漢置上蔡縣。晉改望蔡。南唐改置上高縣。明清皆屬江西瑞州府。）

元　曾義山、一名法興。上高人。善占術。至正間、嘗開卜肆於縣南之橋埠。青田劉基丞高安。法興遇之。語曰、相公聰明絕世。而器識宏遠。當爲一代偉人。吾書盡以相贈。基借觀乾象諸書。法興以原本畀之。曰、吾不欲留此以爲家禍也。後明太祖嘗問基、授受所從。基以實對。乃令有司、爲法興營居室。表其墳墓。（舊註誠意伯祠記。載僧法興。善占術。以書付公云云。疑卽曾法興之訛。附識於此。○明楊愼升庵集光緒江西通志方術同治瑞州府志隱逸）

明　劉偘、（偘。同侃。見玉篇。）字豫甫。上高人。元季瑞州路學正。與高安丞劉基、奉新胡泰、爲友。精於易卜。世亂。棄官家居。懸棹爲識。（棹。直教切。同櫂。效韻。櫂。行舟也。）號銀河棹。與人言吉凶。無不立

驗。凡上高業陰陽術者。悉祖之。洪武初、以薦舉復任本學訓導。著有銀河棹外編。（光緒江西通志方術）

明

陳繼宗、號見峯。少機穎。善奇門。精堪輿。挾其術遊公卿間。時稱郭楊再世。子文顯、孫其錦、俱究心父祖之術。業益顯。南瑞袁臨四郡。凡有興作。必取正焉。（同治瑞州府志方術）（同治上高縣志技術）

清

劉蕚、號棣樓。躭視典籍。尤善堪輿術陰陽水法。深得古人奧竅。長於諏日。相宅。營兆。一時名公延爲上客。（同治上高縣志技術）

216 新昌縣（漢建城縣地・三國吳置宜豐縣・宋齊省・唐復置・宋改置新昌縣・元升爲新昌州・明復爲縣・屬江西瑞州府・清因之・民國改爲宜豐縣・）

宋

鄒元佐、新昌人。涉獵書傳。精通五行。嘗以人之年月日時分配金木水火土而推其生旺休囚。附以官貴祿馬刑殺。考其壽夭禍福貴賤貧富。萬不差一。京師諸貴人爭造其門而問焉。因致家大富。嘗自言凡看命須隨所見即談。無不奇中。若稍涉思慮。則相去遂遠矣。乃知技術、亦必純乎天乃神。著有洪範福極彝倫奧旨

五卷。貴命四十九格、行於世。時號新昌三奇。謂洪覺範奇於詩。彭淵材奇於藥。鄒元佐奇於命。（圖書集成星命部名流列傳）

明　李綱、少恢奇。好與從心坦、談地理。坦與江藩、陸杰、有舊。薦綱。陸大喜。世宗將塋壽陵。敕選術士。陸以綱應。會駕幸天壽山。偶駐蹕。諸術士以龍穴獻。綱獨否。問之。曰、穴在龍足下。上曰、如案低何。綱進曰、至尊無對。上喜甚。嘆曰、術士出南方。信然。特授欽天監博士。

清　李慈受、字三素。宜豐人。善堪輿。敦品行。康熙癸酉、著天機一貫行世。（天機一貫序）

清　劉訒吉、以字行。幼攻舉業。與同縣邢廷尉福山、相友善。精靑烏家術。言休咎。若燭照數計。聲名籍甚。咸豐間、特召江西巡撫陸應穀、相度萬年吉地。訒吉隨應穀入都。登山時、寒雪初霽。人多滑撻。不可持。訒吉尋龍抄穴。蹻健無匹。上嘉歎不置。自是名震都下。時年七十有四。

清　劉應對、字德言。博極羣書。精於選擇。著有造命衍義。陽宅修方奧義。允藏差穀

行世。以上同治瑞州府志方技

清　劉丕烈、字樹勳。郡庠生。太平鄉人。博極羣書。精於選擇。著有選擇易知。家貧未付梓。同治新昌縣志方技

217 贛縣漢置。高帝時使灌英略定江南。始爲贛縣。立城以防趙佗。今江西贛縣西南。益漿溪故城。是也。東晉徙葛姥城。南朝宋徙贛水東。梁又遷贛水南。唐徙今治。明清皆爲江西贛州府治。清南贛鎮總兵駐此。章貢二水。於此合流。故名贛。地當贛江上游。抱贛粵二省交通之衝。清道光二十三年以前。海禁未開。外國通商港。惟廣州黃浦一埠。貨物之輸入輸出。皆以此爲要道。其繁盛十倍今日。海禁既開。贛關之收入。雖遠不如前。然猶不失爲繁盛之區也。

唐　楊筠松、竇州人。竇州、唐置南扶州。改爲竇州。取羅竇洞爲名。故治在今廣東信宜縣南二里。教場左。僖宗朝、掌靈臺地理事。官至金紫光祿大夫。黃巢破京城。乃斷髮入崑崙山步龍。後至虔州。虔州。即今江西贛縣。以地理術授曾文辿、劉江東。世稱救貧仙人是也。卒於虔。葬雩都藥口壩。著有靑囊奧語、撼龍經、天玉經。清萍鄉文廷式純常子枝語云、楊筠松、名益、字叔茂、竇州人。○四庫提要子部術數類二。光緒江西通志方術

宋　謝昔臣、一云晉臣。虔州術士。蘇軾過虔。贈詩云。蜀國新從海外歸。君平且莫下簾帷。前生恐是盧行者。後學還呼韓退之。死後人傳戒定慧。生時宿直斗牛箕。憑君爲

算行年看便數生時到死時。光緒江西通志方技

宋　黎端吉、業堪輿三代矣。文文山先生贈序有云。與癡兒說夢。終日悶悶。使人欲索枕偃臥。明者了了。不踰頃刻能解。人數百年中事。恨相見晚矣。山人黎端吉、客吾門。旬日風雨。旦稍霽。入吾山。一瞬而還。若有德色。問之。則山川巨細。情狀變態。信手圖畫。如山中生長然者。何其敏也。黎氏祖、爲吾鄉羅氏葬地。百年效驗。翁不見。端吉食其報。又能以術世其家。翁信未死哉。端吉遺予地。予方撰履出郊。而端吉又泝十八灘上矣。贛江。在贛縣萬安之境。有灘十八。在贛縣者九。曰白澗。天柱。小湖。鱉灘。大湖。銅盆。落瀨。青州。梁口。在萬安縣者亦九。曰崐崙。曉灘。武朔。昂邦。小蓼。大蓼。綿灘。漂神。惶恐。水性湍險。惶恐灘尤甚。本名黃公。後訛作惶恐也。臨別敍其說。其歸也。爲予復來乎。文山全集與山人黎端吉序道光贛州府志方技

宋　卜則巍、字應天。贛縣人。精形家言。著作甚當。所傳雪心一賦。旨約而該。業地理者。咸宗之。光緒江西通志方術

明　池紀、字本理。贛州人。著有禽星易見一卷。於一切人事。得失趨避。無所不占。所論禽星性情喜好。進退取化之理。較他書爲簡明。尤爲可採。四庫提要子部術數類〇阜按。奇門五總龜四卷。採輯

衆說。非一家言。其序謂池本理先生。潛心精究。以發其祕。先生乃咸淳釋褐狀元。夢鯉公之裔。靈山縣尹。成器公之嗣。詩禮家傳。洽聞博物。尤精星曆陰陽地理等學。鄉貢進士四川彭山縣儒學教諭。羅昭爲作像贊云。天資高邁。器宇淵宏。學宗羲孔。道契周程。陰陽造化。惟公愈明。著書垂訓。千載芳名。

清　黃一桂、學博字樨坪。虔州人。耽奇好古。挾靑烏術以游粵東。阮文達公、督廣。重修省志。與校讎之役。稍出其著述以示人。晚年學業大進。大書楹聯曰、讀史漸知心學誤。蒞官益覺理儒疏。江鄭堂學博亟稱之。謂非閱曆世事。不能作此精語。自怡軒楹聯賸話

清　朱鵬衢、四會人。精堪輿。至老研究不懈。著有易簡集。同治贛縣志方技

歷代卜人傳卷十五終

鎭江馬雲程校

宋沈括夢溪筆談云。今之卜筮皆用古書。工拙繫乎用之者。唯其寂然不動。乃能通天下之故。人未能至於無心也則憑物之無心者而言之。如灼龜璺瓦。皆取其無心也。

清顧炎武日知錄云。舜曰官占惟先蔽志昆命於元龜。詩曰。爰始爰謀。爰契我龜。洪範曰。謀及乃心。謀及卿士。謀及庶人。謀及卜筮。孔子之贊易也。亦曰人謀鬼謀。註云惠氏曰。古者卜筮先用精鑿之米以享神。謂之糈。楚辭云。巫咸將夕降兮。懷椒糈而要之。王逸注。言巫咸將下。願懷椒糈要之。使筮者占茲吉凶之事也。管子云。守龜不兆。握粟而筮者屢中。

清程樹勳壬學瑣記云。宋仁宗最嗜六壬。故其時習此學者甚多。而以元軫、苗公達、爲最。至徽宗、高宗時。邵彥和一出。又駕諸人之上。理宗時有淩福之者。本邵公之法。著畢法賦。於是諸法咸備。至平至當。一掃疑神疑鬼之習氣。至金趙、則以六壬三命諸術考試司天臺學生。時有徐次賓者。精於其學著一字玉連環。皆六壬家一脈相傳也。

中國歷代卜人傳卷十六

潤德堂叢書之八

鎭江袁阜樹珊編次

江西省三

218 雩都縣（漢置。梁陳閒廢。故城在今江西雩都縣東北。地名古田坪。隋復置。唐初遷治。故城在今縣東南。地名大昌村。後又遷今治。明淸皆屬江西贛州府。）

唐　曾文辿、（辿。音延。緩步也。）雩都賢里人。師事楊筠松。凡天文讖緯黃庭內景之書。靡不根究。尤精地理。梁貞明閒、至袁州萬載。愛西山之勝。謂其徒曰、死葬我於此。卒如其言。後其徒忽見於豫章。歸啓其柩。無有也。所著有八分歌二卷。（光緒江西通志方術○元劉陽歐陽文公玄圭齋文集。曾文辿像贊云。先生之學。吾誰與稽。吾有源委。淵邈東西。先生之書。吾讀未遑。吾有微信。季通紫陽。大道無形。公獨有像。神仙不死。公獨有葬。葬留仙訣。像馭仙風。止乎觀丘。池水澄融。魂月魄水。息慮艮止。鶴鳴長空。騰化震起。遺鈐記傳。嚴密謹言。感發人心。何日已焉。）

唐　劉江東、雩都人楊筠松在虔州江東。因曾文辿傳其術。初楊與曾、竝不著文字。江東稍有口訣。其裔孫謙、爲宋吏部郎中知袁州事。乃著靑囊經七篇曰星龍穴竅。案應曜證羅城明堂水口詞旨明暢其術始顯。（原註舊志劉江東列宋代・傳稱與楊筠松同時・則唐末人也・今改正・○光緒江西通志方術同治贛州府志）

宋　劉淵則、字見道。號叔雲。雩都人。善堪輿。著乘生祕寶經。謝和卿、字玉齋。號玉元子。與淵則同時。著神寶天寶二經。具載藝術典中。（圖書集成堪輿部名流列傳）

明　邱宏道、雩都人。博學能文。得郭璞葬經。究心三十年。遂精其術。淺深去就皆有法。與人言必以忠孝爲本。（光緒江西通志方術）

219 信豐縣（漢南埜縣地・唐置南安縣・尋改信豐・以人信物豐爲名・明清皆屬江西贛州府・）

清　江宗淇、字筠友。信豐人。武生。耽吟詠。精岐黃青烏術。著有天符星曜趨避義例。六壬輯要。造命發微。造命千金。列宿分度挨星師眞編七十二圖。航江一葦。丸丹膏方。痘科善本諸書。（道光贛州府志方技）

220 興國縣（漢贛縣地・三國吳置平陽縣・晉改平固・隋省・宋太平興國間・析贛縣置興國・以年號爲名・明清皆屬江西贛州府・）

唐　廖瑀、字伯禹。（光緒江西通志方術・載宋廖瑀・字伯玉・）生於寧都。年十五通五經。人稱廖五經。宋建炎中、以茂異薦。不第。父三傳、得地理之術於楊筠松。瑀尤精其術。號金精。以寧都有金精山也。所著有懷玉經。堪輿家至今宗之。後子孫徙居三寮。與曾文辿之後。同其繁盛。蓋兩家塚宅皆筠松所卜而貽之讖云。著有九星穴法四卷。又著十六葬法。圖書集成堪輿部詳載之。（四庫提要子部術數類存目二同治興國縣志方技）

宋　胡從正、精青烏家言。主楊曾之說。爲人卜葬。安便詳審。無依違欺蔽之病。不特其術之過人已也。（以上同治興國縣志方技）

宋　譚元謨、（舊縣志作文謨・）全播江東壻也。精堪輿術。著有司馬頭陀天元一炁論詞旨精微。深得江東肯綮。裔孫仲簡、得其傳。

宋　謝世南、興國人。得青烏術於廖瑀。世南瑀之壻也。後傳其子永錫。爲武功大夫、惠州巡檢使。（以上道光贛州府志方技）

明　曾從政、文辿之後。與廖均卿同時。相度皇陵有功。授欽天監博士。學士解縉爲之贊。（同治興國縣志方技）

明　廖紹定、善談名理。所著有地理指迷。不下萬言。大要推本於太極而敷演二氣五行八卦。其說甚精。

明　廖紹龍、著有陽宅簡要書。福清葉相國爲之序。

清　廖邦明、字睿堂。以堪輿術著名。所著巒理心得。向水指南。藏於家。（以上同治興國縣志方技）

清　廖安民字覺生。興國人。諸生。世傳堪輿。安民尤有神解。嘗坐冤繫。太守郎永清雩之方修府廨。召之相度。曰甚吉。然不日有遷移之事。未幾以兄子巡撫江西。遂調汾州。又爲郎氏先世營宅兆。經歷塞外。至紅羅山。過逆藩吳三桂祖塋。極山川環抱之勝。安民私語同行曰、此不臣之心見矣。然覬覦非分。白虎銜尸。十年外、當覆族。後如其言。（光緒江西通志方術）

221　會昌縣（漢至唐。皆爲雩都縣地。宋析置會昌縣。元升爲會昌州。明仍爲縣。屬江西贛州府。清因之。）

清　樂嘉善、字以貞。進賢人。精堪輿術。康熙乙酉間、來遊會昌。適有修學之舉。集衆地師論說形勢。獨嘉善爲最。其指畫規模。亦合衆心。遂用之。由是遠近敦請。其術

大行。同治會昌縣志方技

222 定南廳唐宋以來·爲龍南安遠信豐三縣地·明置定南縣·屬江西贛州府·清初因之·至乾隆三十八年改廳·民國仍爲縣·

清 黃恆對。字廷揚。定南人。國子生。工詩。尤精術數。道光贛州府志方技

223 南康縣漢南埜縣地·三國吳析置南安縣·晉更名南康·故城在今江西南康縣西南隅一里·後遷今治·南朝宋改曰贛縣·隋復爲南康·明清皆屬江西南安府·

清 黃啓珠、號海門。鳳崗堡人。舉人。鯁直敢言。喜爲有益人事。精習青烏家言。拯人每多奇驗。而不因以爲利。同治南康縣志人物

224 崇義縣隋唐南康縣地·宋以後爲上猶縣地·明析置崇義縣·屬江西南安府·清因之·縣東北有大挖補地·小挖補地·大挖補地在上猶縣東北·東界南康縣·北界遂川縣·廣鳥道三十六里·縱鳥道五十九里·小挖補地在南康縣治北條·西山峨山書錦山之間·二地孤懸在外·不與縣境相接·

清 陳鴻川、崇義人。廩貢生。四十日而孤。少穎悟。讀書目數行並下。淹貫經史。旁及星卜醫理陰陽諸家。性剛介不苟合。教人以植學立品爲務。著有詩文雜藁待梓。光緒南安府志文苑

225 寧都縣三國吳陽都縣·故治在今江西寧都縣南五十里·白鹿營·晉太康初·徙縣北楊田營·或以爲即故揭陽縣·劉宋徙縣東北三十里·太平里·地名徐觀·今治地名雪坪·隋所徙也·隋初改縣曰虔化·宋復

●曰寧都。元升爲州。明仍爲縣。清升州。直隸江西。民國又改爲縣。清時魏禧及兄祥弟禮。皆州人。世稱寧都三魏。

唐　濮都監、逸其名。善靑烏術。與楊筠松、俱官司天監都監。因黃巢之變。避地寧都縣懷德鄉。以其術傳中壩廖三。傳宋濂曰、葬書始於郭景純。唐末楊筠松、與濮都監。竊祕書中禁術。自長安至寧都。遂定居焉。後以其術傳廖三。傳廖傳其子瑀。瑀傳其壻謝世南。世南傳其子永錫。遂祕而不授。世之言地形者。其盛無踰此數人。今其書世多行之。皆與郭氏合。世不信地理之術則已。信之、舍此將何從求之歟。元、新喻劉則章、有葬書註釋。金華鄭彥遠。復校而刻之。（道光贛州府志方技）

明　廖均卿、瑀之裔。成祖卜壽陵。久不得吉壤。永樂七年己丑、仁孝皇后未葬。禮部尚書趙羾。（羾音貢。至也。）引均卿至昌平。（昌平。今縣名。屬河北省。在北平市之北。地當居庸關南口。爲北平北面第一要隘。平綏鐵路經此。）得縣東黃土山最吉。車駕卽日臨視。定議。封爲天壽山。命武義伯王通等董役。授均卿官。（光緒江西通志方術）

瑞金縣（唐置瑞金監。本淘金之地也。南唐升爲縣。清屬江西寧都州。地居黃水上游。東南水行四十里。至古城司。又踰隘嶺。陸行五十里至汀州。爲通閩要道。）

清

管志寗、字一士。瑞金人。諸生。好學工詩。兼善形家之術。嘗負笈出遊。徧歷吳越山水。與諸名流互相贈答。雍正元年癸卯、應詔入都。相視吉地。奏對稱旨。授戶部主事。遷陝西司員外郎。改禮部主客司員外郎。憂歸。以勞瘁感疾卒。（光緒江西通志方術）

227 石城縣（漢雩都縣地。三國吳分置揭陽縣。隋省入寧都。名石城場。五代時南唐始置縣。以四山多石。犖峙如城。而名。清屬江西寧都州。）

清

尹良相、字玉輝。石城人。少好讀易。爲壬遁之學。卽另築一室。不設戶。只留小竇。以通飲食。精研默探。遂契玄妙。康熙初、寇警。保聚石筍寨。爲邑犄角。時賊據北郭。旦夕攻擊。城危累卵。權縣事李德明、集士民迎良相。良相至。請剋日衝賊營。人頗疑之。良相以家口質縣官。期必勝。先以計去賊礟。繼出健丁。率鄉勇攻。賊敗走。轉據西關廚嶺。乘高瞰城。飛矢集城中。良相復破之。賊又薄攀桂坊南關。幾陷。良相屢出奇計。戰無不利。忽一夕卜五更、城不吉。乃令更柝緩之。轉四更。天已黎明。賊大驚詫。畢佛援師至。遂解圍去。城賴以全。（光緒江西通志方術）

228 德化縣（漢柴桑尋陽二縣地。三國吳至梁陳。均曰柴桑。隋改曰湓城。唐改曰潯陽縣。五代時南唐改曰德化。明清爲江西九江府治。民國廢府。改德化曰九江縣。）

晉　陶淡、字處靜。太尉侃之孫。幼孤。好導養之術。謂仙道可祈。年十五六。便服食絕穀。不婚娶。家累千金。僮客百數。淡終日端拱。曾不營問。頗好讀易。善卜筮。於長沙臨湘山中、結廬。養一白鹿以自偶。親故有候之者。輒移渡澗水。莫得近之。州舉秀才。淡聞轉逃羅縣埤山中。終身不返。莫知所終。晉書列傳參光緒江西通志列傳

清　羅席珠、監生。爲信子。性孝友。善星學。凡先天太乙六壬演禽諸課。皆精習。道光年、邑令吳正緯、因逸要犯。占之。指向縣西南五十里地。來春緝之必獲。後果驗。其占他事率類此。著有六壬祕訣四卷待刊。同治九江府志方技

229　德安縣　唐潯陽縣地。五代楊吳置德安縣。明清皆屬江西九江府。南潯鐵路經之。

宋　夏竦、字子喬。德安人。歷仕太宗至仁宗朝。累官樞密使。封英國公。罷知河南府。遷武寧軍節度使。進鄭國公。卒諡文正。改文莊。竦資性明敏。好學。自經史百家陰陽律歷。外至佛老之書。無不通曉。爲文章典雅藻麗。舉賢良方正。著有文集百卷。竦謫黃州時。龐穎公爲郡掾。竦識之。異禮優待。而龐嘗有疾。以爲不起。遂屬竦後

事。竦親臨之。曰、巽日管爲貧宰相。亦有年壽。疾非其所憂。龐語之曰、已爲宰相。豈得貧耶。竦曰、但於一等人中爲貧耳。故龐公晚年退老作詩述其事。曰、田園貧宰相。圖史富書生。爲是故也。宋莒公庠、與弟祁。尙皆布衣。竦亦異待。命作落花詩。莒公一聯曰、漢皐珮冷臨江失。金谷樓危到地香。子京一聯曰、將飛更作回風舞。已落猶成半面粧。是歲詔下。兄弟將應舉。竦曰、詠落花而不言落。大宋君公序。當狀元及第。又風骨秀重。異日當作宰相。小宋君非所及。然亦須登嚴近。後皆如其言。故竦在河陽。莒公登庸。以別紙賀曰、所喜有昔年安陸。（二宋。安陸人也。）已識莒光。蓋爲是也。（宋史本傳宋吳處厚靑箱雜記）

230 瑞昌縣（漢柴桑縣地。三國吳赤烏鎭。又曰瑞昌鎭。隋爲湓城縣地。唐爲潯陽縣地。後分潯陽縣西偏。立赤烏場。南唐升爲瑞昌縣。明淸皆屬江西九江府。）

清

張昌貴。武生。簡靜寡言。精易理。占驗罔不中。邑令董、嘗以疑獄就決。尤工雕鐫。極精巧。有得心應手之妙。（同治九江府志方技）

231 湖口縣（漢彭澤縣。唐分彭澤置湖口戍。南唐升爲湖口縣。明淸皆屬江西九江府。湖口鎭緫兵駐之。在鄱陽湖之口。故名。縣當江湖之衝。有礮臺及船廠。長江之要塞也。）

明　張思問、字鍾陽。湖口人。生平不慕榮利。惟究心先天理學。每有所得。則隨書之。嘗誦邵子之言曰、圖雖無文。吾終日言而不離乎是。著有理數卦氣圖書聲律等書。崇禎九年丙子、以孝廉賢能應辟。隨卒。光緒江西通志列傳

232 彭澤縣 漢置。故城在今江西湖口縣東三十里。三國吳。嘗置彭澤郡於此。晉陶潛爲令理此城。隋改置龍城縣於東界。後改龍城爲彭澤。故城在今縣東南四十里。五代南唐時。徙今治。明清皆屬江西九江府。縣因山爲城。俯瞰小姑山。爲采石以上江路之阨塞處。

明　鵝池翁、天啓間卜者。不言姓名。自號鵝池翁。居邑西門。賣卜近二載。得錢即沽酒。獨飲。飲必盡醉。醉卒伸紙疾書。書罷輒去。其稿人欲物色之不可得。有造訪者。亦不答拜。最後於廢紙中、得五七律詩各一首云、落日殘橋外。維舟興不孤。春潮將滿岸。江鳥下平蕪。負笈纔離楚。吹簫已入吳。千金輕一擲。漫自說呼盧。又曰、浪跡江湖老此身。綈袍誰念故人貧。沙汀逐鶴渾閒事。風雨看花又一春。抱玉幾年終獻楚。懷書垂老不干秦。明朝說有孤山約。短艇長歌任性眞。遂逸去。嘉慶彭澤縣志僑寓

233 星子縣 漢柴桑縣地。唐潯陽縣地。五代時楊吳置星子鎭。以落星石爲名。宋改鎭爲縣。明清爲江西南康府治。城瀕鄱陽湖西岸。形勢便利。

清 崔運通、號德門。邑明經。能詩文。屢試不第。遂放情於技藝。善八分書。秦漢文。尤精堪輿術。遠近相延者踵至。所著有地理管窺一得。未梓行。稿存於家。年八十餘卒。同治星子縣志方技

234 建昌縣 漢海昏縣地。南朝宋省海昏。移建昌來治。元升爲建昌州。明降爲縣。屬江西南康府。清因之。民國改爲永修縣。

宋 王文卿、建昌道士也。在政和宣和間。不但以道術顯。其相人亦妙入神。蔡京嘗延至家。使子孫盡出見。王皆唯唯而已。獨呼一小兒謂曰、異日能興崇道教者。必爾也。京最愛幼子。再詢之。王拊所呼兒背曰、俟此兒橫金著紫。當賴其力可復官。京大不樂。小兒者陳桷元承也。桷。音角。覺韻。毋馮氏。蔡之甥。故因以出入蔡府。紹興間、諸蔡廢絕。陳佐韓蘄王幕府。主徽猷閣待制。知池州。歲在辛酉。蔡京子孫見存者、特敍官。向所謂幼子者。適來池陽料理。陳爲之保奏。陳行天心法。食素眞一黃冠耳。宋洪邁夷堅志

235 安義縣 漢海昏縣地。宋齊以後。爲建昌縣地。明析置安義縣。屬江西南康府。清因之。

清　熊德卿、號鐵嘴。安義人。少孤。從兄習星卜。通天人河洛之旨。出入公卿間。積酬千金。悉以賑饑。全活無算。旋歸督課子孫。目見孫登鄉舉。後以曾孫官主政。受封侍郎。張廷瑑爲之序。布政使陳奉茲誌其墓。同治南康府志人物　同治安義縣志人物

清　萬吉士、字天錫。安義人。性瑰奇。忘懷得失。挾陰陽命數之學。遊京師。後以遊擊致政、歸。卒於家。同治南康府志人物

清　彭昌旺、安義人。精命數。堪輿之學。著有拿心賦、四書評等書。習形家言者、多奉其賦爲丹訣云。同治南康府志人物　同治安義縣志人物

清　楊承、字祛思。安義人。性豪宕。宕・與蕩通・意氣橫佚也・議論根據經史。以形家術。遊京師。以州判職。歸老於家。著有地書今佚。高安朱軾爲之傳以表之。同治南康府志人物

清　涂建日、字致和。號南山。安義里人。幼聰穎。工詩文。能書畫。挾技遊大邑名區。善推算。而通玄理。卜筮尤精。斷吉凶。無或爽。著有漢易指南法釋。未及梓而遭兵燹。人多惜之。同治安義縣志人物

清　楊來谷、號玩山。安義人。學識明通。書法秀潤。以堪輿術遊都門。晚年歸。著有玩山筆錄、地經約旨等書。（同治南康府志人物）

晉　236 鄱陽縣（春秋時楚番邑。秦置番陽縣。即吳芮所居之城也。漢曰鄱陽。故城在今江西鄱陽縣東。三國吳。復徙治吳芮故城。即今治。明清爲江西饒州府治。）

陶侃、字士行。本鄱陽人。吳平徙家廬江之尋陽。早孤貧爲縣吏。廬江太守張夔。察侃爲孝廉。劉弘辟爲南蠻長史。先後討平張昌、蘇峻等。官至侍中太尉。封長沙郡公。拜大將軍。侃性聰敏。勤於吏職。恭而近禮。愛好人倫。終日斂厀危坐。閫外多事。千緒萬端。罔有遺漏。遠近書疏。莫不手答。筆翰如流。未嘗壅滯。引接疏遠。門無停客。常語人曰。大聖人乃惜寸陰。至於衆人。當惜分陰。豈可逸遊荒醉。生無益於時。死無聞於後。是自棄也。卒年七十六。著有地理捉脈賦。（晉書本傳藝術典堪輿部名流列傳）

晉　師圭、善相術。嘗相鄱陽陶侃。（字士行。）謂曰、君左手中指有豎理。當爲公。若徹於上。貴不可言。侃以針決之。見血灑壁而爲公字。以紙裛手。（裛。音邑。纏也。）公字愈明。侃果官至侍中太尉。封長沙郡公。拜大將軍。（晉書附陶侃傳）

宋　洪邁、字景盧。番陽人。自幼過目成誦。博極載籍。雖稗官虞初。釋老傍行。靡不涉獵。紹興間、中詞科。曆官龍圖閣學士。以端明殿學士、致仕。卒年八十。諡文敏。所著容齋續筆。有云、今之五行家學。凡男子小運起於寅。女子小運起於申。莫知何書所載。淮南子氾論訓篇云、禮三十而娶。許叔重注曰、三十而娶者、陰陽未分時。俱生於子。男從子數、左行三十年立於巳。女從子數、右行二十年亦立於巳。合夫婦。故聖人因是制禮。使男子三十而娶。女子二十而嫁。其男子自巳數、左行十得寅。故人十月而生於寅。故男子數從寅起。女自巳數右行得申。亦十月而生於申。故女子數從申起。此說正爲起運也。其他論納音五行等。尤多卓識。（宋史附洪皓傳　容齋續筆）

宋　富春子、善推占。嘉熙丙申、客饒。語人曰、此州將出宰相。然未見其人也。他日自饒還池州。又曰、何爲宰相聲。復在此方。驚咤不自決。値國忌。提舉段震午而下。羣集報恩寺。富春子往候焉。一見池州教授馬廷鸞。驚曰、此其人也。後果驗。

明　西渚子、鄱陽人。或謂其本孝廉。以卜隱。遇物起數。甚驗。有某儀賓、持象牙笏。問之。曰、簪笏之貴。郤緣骨月。後優人亦以簪笏往。曰、雖近簪笏。奈體輕微。居鄱久。著名。尋遊四方各變名號。以顯其術。以上江西通志方術

明　童軒、字士昂。鄱陽人。景泰辛未進士。官至吏部尚書。撰紀夢要覽三卷。是書一卷夢論。二卷紀夢事實。三卷禳夢符、及占夢法。

明　羅珏、珏音覺。二玉相合爲一珏。字世美。鄱陽人。著地理總括三卷。刻於萬曆二年甲戌。前二卷以二十四山分陰陽局。龍穴砂水。各爲之圖。又及造命分金躔度諸法。其第三卷、爲平原三法。附以諸家雜論。一曰特生墩阜。二曰眠互形局。三曰翦水裁局。所引楊筠松之遍地鈐。如水邊花發水中紅。窗外月明窗內白之句。寓言氣感。頗具名理。以上四庫子部術數類存目二

後漢

237　餘干縣漢餘汗縣。隋曰餘干。明清皆屬江西饒州府。舊唐書元和志。皆謂隋時去水爲干。而宋書州郡志。已作餘干。漢書嚴助傳。亦作餘干。蓋傳寫之譌。

張遐、餘干人。幼聰明。日記萬言。年十九。從楊震。震語人曰、張遐當爲天下後世儒宗。建寧間、召爲五經博士。尋以疾還。教授。著有五經通義、易傳、筮原、龜原、吳越

春秋等書。

宋　司馬武子、福應鄉土橋人。本姓何。隆興間、以風鑑遊武昌。會葬師司馬頭陀、拜爲父。得相地術。龍穴砂水、皆精造。時稱小司馬。里中趙七直閣、欲葬父。待武子以上賓禮。囑曰、吾得二地。一在某墓。一在某屋基上。當以金若干。縑帛馬疋爲謝。武子觀之曰、不可。請別圖之。明日辭去。或問之。曰、吾以術爲人求富貴。有德者驗。否則不驗。今直閣欲葬此二地。有害於人。是無德也。恐富貴不驗。故不敢爲。後爲李梅章氏葬地。富貴果驗。（道光餘干縣志方技）

元　左麒、字國祥。德化鄉左橋人。少好學。寶定時、從謝枋得遊。麒得風鑑之術。凡人貧賤富貴壽夭禍福。言輒奇中。不責報。西隅趙孟濟、少極貧。見曰、爾年三十。當大富。勿與小人遊。西隅謝俊、美髭鬚。好訟。見曰、爾獅子形。鬚白多事。幸愼之。不然。有縲絏之憂。遇里之王寶曰、汝急回。當溺水死。後皆驗。麒孤貧。尚忠節。與士大夫友。無諛誕。無徼羨。或以術家待之。則拂袖而去。（同治餘干縣志方技）

238 樂平縣（漢餘汗縣地。三國吳。樂安縣地。唐初以樂安廢縣。改置樂平縣。在今江西德興縣界。南臨樂安江。北接平林。因曰樂平。元升爲州。明復爲縣。屬江西饒州府。清因之。縣境盛產靛青。爲出口大宗。唐故治。在今縣東南。縣志云。唐乾符五年。爲黃寇所毀。中和間。移今治。此臆說也。遷治若在唐時。寰宇記必詳及之。而今不載。當是宋後所移。）

明

雲隴耕夫、華姓。逸其名。邑神溪人。好堪輿術。得古祕書。常遊於江漢間。爲人卜葬。無不奇驗。興獻王祐杬、母太妃薨。召之卜。乃擇地於沔水西。許爲催貴格。王曰、吾位藩王。貴已極。何用催爲。對曰、此地法當催一聖嗣。異日比殿下更出一頭地。其應卽在三十年中。山人猶及見之。未幾。而世子厚熜生。卽嘉靖帝也。嘉靖二年癸未、召入京。以欽天監五官正官之。辭曰、臣年逾七十。精力衰邁。且福命甚薄。不應沾祿位。願賜早歸。得躬耕隴上。以終天年足矣。上大悅。于是酬以金帛而歸。年至九十六。（同治樂平縣志方技）

239 浮梁縣（漢鄱陽縣地。唐析置新平縣。尋改置新昌縣。又改曰浮梁。明清皆屬江西饒州府。故城在今縣東北。民國移治景德鎮。）

明

吳弢、（弢。音叨。弓衣也。與韜通。）號雲樵。浮梁人。太學生。居京師。精於數學。論休咎。多奇中。嘗以角巾野服。遊公卿間。張江陵輿之弈。忽飛燕入枰。江陵問弢。弢曰、師相將有楚行。

江陵疑母疾。默然。跋曰、往來三月耳。頃報母逝。遂馳驛還。旋特旨起復。召歸。未踰百日。成國府失一鶴。遣使詢跋。跋謂在至尊無對之家。尋知鶴繫於皇太后慈慶宮。然跋不欲爲此。一日於所居門扉書曰、神仙牧子。瀛海漁夫。遂去。竟無可跡。

明

閔觀、浮梁人。精梅花數。又能以人事占。有人倚傘於桑。問母病。觀曰、五人扶桑。不治矣。歸果然。隣有出而占酒食者。觀曰、得食有雉無首。隣果有留飲者。久而曰、汝雉可出。主人驚曰、果烹雉。以無首不獻也。乃出焉。因告之數。共嗟嘆久之。以上同治饒州府志方技

240 婺源縣 唐置。以婺水遶城三面。因名。故城在今安徽婺源縣北二十五里。即清化鎮。後移治絃高。即今城也。清屬安徽徽州府。民國二十三年。劃屬江西省。縣境山多田少。民多植杉木爲林。以供賦稅。婺人歲聯爲筏。下婺江。以達於浙江。亦產茶。綠茶頗著。

宋

程惟象、婺源人。以占算遊京師。言人貴賤禍福如神。英宗在潛邸時。惟象預言其兆。既貴。得賜書。王安石贈詩云。占見地靈非卜筮。算知人貴因陶漁。梅聖俞之屬。皆有詩送之。故老猶見其家有御書。光緒安徽通志方技婺源縣志方技

宋　朱熹、字元晦。一字仲晦。婺源人。父松、字喬年。中進士第。官司勳吏部郎。出知饒州。未上卒。熹穎悟甫能言。父指天示之曰、天也。熹問曰、天上何物。松異之。就傅授以孝經。一閱題其上曰、不若是非人也。嘗從羣兒戲沙上。獨端坐以指畫沙。視之八卦也。年十八貢於鄉。紹興戊辰進士第。主泉州同安簿。累官煥章閣待制。謚文公。追封信國公。從祀孔子廟庭。所著有易本義。啓蒙。蓍卦考誤。詩集傳。大學中庸章句或問。論語孟子集註。太極圖。通書。西銘解。楚辭集註辨證。河南程氏遺書。伊洛淵源錄。皆行於世。平生爲文、凡一百卷。生徒問答、凡八十卷。別錄十卷。宋史道學

〇朱子語類輯略・答生徒問・有云・數只是算氣之節候・大率只是一箇氣・陰陽播而爲五行・五行中各有陰陽・甲乙木・丙丁火・春屬木・夏屬火・年月日時・無有非五行之氣・甲乙丙丁・又屬陰屬陽・只是二五之氣・人之生・適遇其氣・有得清者・有得濁者・貴賤壽夭皆然・故有參差不齊如此・聖賢在上・則其氣中和・不然・則其氣偏行・故有得其氣清・聰明而無福祿者・亦有得其氣濁・有福祿而無知者・皆其氣數使然・堯舜禹皐・文武周召得其正・孔孟夷齊得其偏者也・至如極亂之後・五代之時・又却生許多聖賢・如祖宗諸臣者・是極而復者也・如大睡一覺・及醒時却有精神・又問天命謂性之命・與死生有命之命不同・何也・曰死生有命之命・是帶氣言之・氣便有稟得多少厚薄之不同・天命謂性之命・是純乎理言之・然天之所命・畢竟皆不離乎氣・但中庸此句・乃是以理言之・孟子謂性也・有命焉・此性是兼氣稟食色言之・命也有性焉・此命是帶氣言之・性善又是超出氣說・〇又問子罕言命・若仁義禮智五常・皆是天所命・如貴賤死生壽夭之命・有不同・如何・曰・都是天所命・稟得精英之氣・便爲聖爲賢・便是得理之全・得理之正・稟得清明者便英爽・稟得敦厚者便溫和・稟得清高者便貴・稟得豐厚者便富・稟得久長

者便壽．稟得衰頹薄弱者．便爲愚不肖．爲貧爲賤．天有那氣．生一箇出來．便有許多物隨他來．又曰．天之所命．固是均一．到氣稟處．便有不齊．看其稟得來如何．○又問顏淵不幸短命．伯牛死．曰命矣夫．孔子得之不得曰有命．如此之命．與天命謂性之命．無分別否．曰．命之正者出於理．命之變者出於氣質．要之皆天所付予．孟子曰．莫之致而至者命也．但當自盡其道．則所值之命．皆正命也．○又問得清明之氣爲聖賢．昏濁之氣爲愚不肖．氣之厚者爲富貴．薄者爲貧賤．此固然也．然聖人得天地清明中和之氣．宜無所虧欠．而夫子反貧賤．何也．豈時運使然耶．抑其所稟亦有不足耶．曰．便是稟得來有不足．他那清明．也只管得做聖賢．卻管不得那富貴．稟得那高底則貴．稟得厚底則富．稟得長底則壽．貧賤夭者反是．夫子雖得清明者以爲聖人．然稟得那低底薄底．所以貧賤．顏子又不如孔子．又稟得那短底．所以又夭．○明王鏊震澤長語云．程朱之學．一也．程子以凡百玩好皆奪志．詩文成誦．至於書札．皆以爲玩物喪志．朱子則不然．天文歷律度數．無不究悉．仍好爲文．工於詩．工於筆札．如楚詞韓文．亦皆注釋．至五行陰陽風水之說。亦皆通曉．雖參同契．陰符經之類．亦注之．亦好奇矣．視程子得無異乎．然通天人之謂儒．朱子有焉．

宋　陳同甫、善推祿命。朱子與同甫書云、震之九四。向來顏魯子、以納甲推賤命。以爲正當此爻。常恨未曉其說。今同甫復以事略推配。與之暗合。然則此事固非人之所能爲矣。清姚範援鶉堂筆記

宋　董元善、婺源人。精卜筮。子平。諸術。嘗決程泌、必過兩府。乃未過府、而卒。或戲其語不驗。元善奮然曰、雖死亦當過府。果累贈端明殿學士。得執政恩例。光緒安徽通志方技

宋　游克敬、婺源人。精形家言。謂狐首經爲地理之祖。爲之箋釋。族孫朝宗、字元禮。

得其傳。明永樂初、應詔卜天壽山陵。優賜還山。光緒安徽通志方技

宋　李相士、頗著名。婺源許月卿先生、贈其詩云。相心然後相人形。試相何時可太平。集思廣益眞宰相。開誠布公肝膽傾。先相君子與小人。小人枉了君子嬴。見吾善者笑局局。眼明黃山峯六六。何者逆豎干天誅。衰漢生靈已魚肉。安得重見無極翁。光風霽月黃山谷。又詩云一年景讓秋光奇。山水秋來皆有姿。君於何處相人物。誰爲盜賊誰伯夷。伯夷海濱待時淸。秋空無雲正淸時。相人不若相時好。相時而動談笑麾。笑殺馮道五季時。興亡不喜而不悲。相師試相馮道相。視國傳舍如弈棋。許月卿先天集贈李相士

宋　碧鑑相士、有道者也。許先生太空、贈以七絕一章。君如碧鑑照英雄。我鏡淸寒印太空。請向文昌橋上看。碧天提出碧流中。婺源許太空先天集贈碧鑑相士

宋　韓東野、精子平術。遐邇知名。許宋士先生、贈以詩云。時來風送滕王閣。運去雷轟薦福碑。莫道去年曾算了。從知禍福逐年宜。許山屋先天集贈談命韓東野

宋　張相士、兼談星命。婺源許山屋先生、贈詩有云。我生丙子自盤空。愛主憂時水注東。願子相人無軟語。莫敎人喚密翁翁。（先天集贈張相士）

宋　張尉、字梅隱。通陰陽術數之學。世人多稱道之。許遺老贈之詩云。梅仙亦向市門隱。君去市門翻隱梅。貴賤窮通春夢覺。孤山依舊水邊開。（先天集贈梅隱術士張尉）

宋　蔣逸堂、精研星命。預識行藏。許宋士先生、贈以絶詩一章。星學精微蔣逸堂。濂溪一賦見行藏。樓高照眼銀漢水。萬籟無聲月印窗。（先天集贈星學）

元　胡一桂、字庭芳。號雙湖。婺源人。景定甲子、領鄉薦。試禮部不第。敎授鄉里以終。事蹟具元史儒學傳。撰易學啓蒙翼傳四卷。一桂之父方平。嘗作易學啓蒙通釋。一桂更推闡而辨明之。是書凡爲內篇者三。一曰舉要。以發辭變象占之義。二曰明筮、以考史傳卜筮卦占之法。三曰辨疑、以辨河圖洛書之同異。皆發明朱子之說者也。爲外篇者一。則易緯候諸書、以及京房飛候、焦贛易林、楊雄太元、司馬光潛虛、以至邵子皇極經世諸法、亦附錄其概。以其皆易之支流。故別之曰外。（四庫經部易經）

明　胡獻忠、自號六六道人。婺源人。撰大統皇歷經世三卷。其書以明代大統歷。所列九宮紫白圖。俗師多有譌異。故特揭而明之。大旨推本洛書。弁以八卦法象。三十六宮序卦之圖。並取丹書圖象。而以敬與義爲一白。怠與欲爲二黑。謂卽九宮紫白之原。次及九星中宮款歌。黃黑道列宿。一切吉凶消息之要。中卷爲十二月直日星煞之圖。下卷爲六甲直時星煞之圖。蓋當時選擇通行之本也。（四庫子部術數類子目二）

明　江曉、字東白。旃源人。精先天易數之學。屢著奇驗。卜吉凶者。其門如市。

明　江仲京、字林泉。旃源人。得異授堪輿之學。卜地葬祖先。囑傭者曰。下當有靈物。見時卽止鋤。忽倦極思睡。鋤果及水。有雙金魚飛去。亟醒京。京踏羅持劍訣招之。金魚復飛入。遂封壙。後孫一桂舉孝廉。建立奇績。女家余文莊公。亦貴極一時。皆地脈所鍾也。與兄抱一、東白。時稱爲婺東三仙。

明　李景溪、李坑人。精通易學。卜宅星日諸家。凡修造選擇。捷應咸稱神奇。有陽宅

祕訣、雷霆心法。以上光緒婺源縣志方技

明　遊暹、婺源人。精青烏術。婺源縣治公署。皆其所定。同邑汪朝邦工醫。著有方書集說。尤精形家言。得吉穴葬親。自云葬後當有顯著。越一紀。孫尚誼生。曰。此子應三品秩。但算促耳。後成進士。官按察使。早卒。光緒安徽通志方技

清　張士旺、字咸吉。沱川人。少穎悟。嗜易學。家貧不能專讀。棄儒習星學。以養父母。久之益精。嘗著有形氣指南一卷。遊休歙間。推驗如響。汪文端公目之曰。此半仙也。遺以詩。命曰張伴仙。光緒婺源縣志方技

清　汪鋼、字允堅。婺源舉人。官盱眙教諭。所著有周易夏殷易占法考。讀史記、躬厚堂詩古文稿。光緒安徽通志文苑

清　汪勳文、號幾先子。族叔雙池。婺源人。長於卜。遨遊四方。老而不厭。凡就卜者。皆因人隨事。從容引策。而歸之於仁義道德之途。侃侃正言。不雜之以詭怪虛傳之說。有隱君子之風焉。雙池文集

清

江永、字愼修。婺源人。康熙諸生。博古通今。著述極富。大而天文地理。中吏人事。下及小道。如醫卜之屬。莫不攷其源流。通其條貫。晚年歸本河洛。撰爲精蘊九卷。舉凡形上形下。悉皆薈萃於內。發揮指趣。曲鬯旁通。其自序有云。信乎天地之文章。萬理於是乎根本。聖人之文章。萬法於是乎權輿。河洛精蘊。蓄之心者有年。今耄矣。暮年歲月。弗忍虛擲。爲先儒拾遺補闕。亦區區之心。爰黽勉成之。乾隆壬午卒。年八十二。（清史稿儒林 河洛精蘊序）

清

胡邦達、清華人。多才藝。卜筮星學。俱貫穿。尤精於醫。凡寒熱虛實。似是而非。以及罕見怪症。人不能療者。達俱著手成春。人神其術。不受謝。施藥濟貧。邑侯晏額以保合太和。所撰有證治類案、未成編、而卒。（光緒婺源縣志方技）

清

汪紱、初名烜。字燦人。號雙池。婺源人。諸生。少禀母教。八歲四子書、五經、悉成誦。家貧。父淹滯江寧。侍母疾累年。十日未嘗一飽。母歿。紱走詣父。勸之歸。父曰、昔人言家徒四壁。吾壁亦屬人。若持吾安還。叱之去。紱乃之江西景德鎮。爲畫碗之役。

後飄泊至閩中。爲童子師。館楓嶺浦城間。從遊者日進。聞父歿。一慟幾殆。卽日奔喪迎櫬歸。紱自二十後。務博覽。著書十餘萬言。三十後。盡燒之。自是凡有述作。凝神直書。自六經下逮樂律天文地輿陣法術數。無不究暢。而一以宋五子之學爲歸。著有春秋集傳禮記章句四書詮義。易經如話。戊笈談兵。六壬數論、醫林纂要。及律呂通解。理學逢源、雙池詩文集等書、行世。紱初聘於江。比歸娶。江年二十八矣。嘗語諸弟子曰。吾歸汝師三十年。未嘗見一怒言、一怒色也。乾隆己卯卒。年六十八。子思謙、增生。毀卒。清史稿儒林光緒安徽通志儒林

清　江彥明、字晏其。婺源副貢。著有五經圖考。詩經箋疏。四書約言。諸史彙鈔。及天文地理陰陽卜筮諸書。刪訂成編。加以疏論。共八十餘卷。光緒安徽通志文苑

清　葉泰、字九升。婺源人。撰山法全書十九卷。自序謂先輯平陽全書。復輯是編。皆裒集前人堪輿之說。而以己意評註之。亦間附以己作。大旨以楊筠松、吳景鸞二家爲主。其論巒頭陰陽。尤尊楊氏。而闢廖金精之說。其龍法、論九星。不取五星之

說。其凡例、謂山法流傳既久。其正形正象。俱葬去無遺。故有有遺穴無遺龍。惟奇形怪穴。人所不能識。人所不敢下者耳。於今日而言山穴舍奇怪無從也。（四庫提要子部術數類存目二○阜按：民國金華縣志藝術，亦載葉泰，所著地理大成二十八卷云云。）

清 洪騰蛟、字鱗雨。號壽山。婺源人。年十八。入邑庠、名第一。越七年、爲乾隆庚午、領鄉薦。樂道安貧。隱居教授。甑欲生塵。晏如也。辛亥夏四月四日、終於家。年六十有六。騰蛟研窮經訓。旁通醫筮。象緯堪輿。咸臻其妙。病中生徒致候。談笑如常。時且告曰、吾病在傷肝。當以申日去。及卒、果戊申日也。所著壽山存稿。稽年錄。鄣麓常談諸書。（碑傳集文學下之下）

241 德興縣（漢餘汗縣地，後漢建安中，孫權分置樂安縣，陳廢，唐爲樂平縣地，五代南唐，改置德興縣，明清皆屬江西饒州府。）

宋 吳景鸞、字仲翔。德興人。漢長沙王芮裔孫。（漢高帝立吳芮爲長沙王，都臨湘，即今湖南長沙縣。）祖法旺、喜天文。地理之學。聞華山陳摶、洞徹祕奧。遺子克誠師之。得其肯綮。一日摶命之歸。曰汝子仙才。能紹業。盡以青囊書授克誠。克誠子、即景鸞也。聰慧過人。得其書、精究有驗。慶歷辛巳詔選精陰陽者。郡縣舉景鸞至京。入對、稱旨。授司天監正。未幾。因論牛頭山山陵。章奏過直。有坤風側射。厄當國母離宮。坎水直流。禍應至尊下殿之語。上不悅。下獄。尋以帝晏駕遇赦。後徽欽二聖北狩。卒如其言。又進中餘圖。不報。知時不可為。遂佯狂髡髮。修眞於天門西岸、白雲山洞。往來饒信二州。數處同日。皆有景鸞迹。治平初、一日忽以遺書付其女。沐浴更衣。端坐而逝。所著有理氣心印。吳公解義。天玉經外傳一卷。四十八局圖一卷。（圖書集成堪輿部名流列傳光緒江西通志方技及四庫提要術數類存目二）

宋　傅伯通、德興人。與鄒仲容（鄒疑周之誤）同師廖金精。金精得之吳景鸞。宋南遷。伯通拜詔往相臨安。表略曰。顧此三吳之會。實為百粵之衝。錢氏以之、開數世之基。郭璞占之有興王之運。天目雙峯、屹立乎斗牛之上。海門一點、橫當乎翼軫之間。雖云自昔稱雄。實乃形局兩弱。只宜為一方之巨鎮。不可作百禩之京畿。駐蹕僅足偏安。建都難奄九有。表上。竟升杭州為臨安府。而稱行在。

宋　周寬、字仲容。師廖金精、得其術。為汪伯彥卜地葬親。乃借堪輿家論。貽書以動之末云、方今幽燕未還版籍。朝廷有意恢復。倘值此時、揚師整旅。當勿計名位高卑。昌言於朝。奮力請進。必立希世功名。若參之他意。微有吏改。妄觸一機。百關俱廢。汪是其言而不能用。丁未拜相。周術果奇。而書中之議。竟托空言。（以上光緒江西通志方術）

宋 祝泌、字子涇。自號觀物老人。德興人。（四庫提要云鄱陽人。）以進士授饒州路三司提幹。傳邵氏皇極之學於廖應淮。年老乞休。御書觀物樓扁額賜之。元世祖、詔徵不赴。著有觀物篇解、六壬大占、祝氏祕鈐。（光緒江西通志列傳四庫提要子部術數類一）

元 梁饒、德興人。元季時、精堪輿術。一日過樂平大汾潭。遇雪。時歲暮。渡者李翁止宿。飲至酣。大呼曰、世上何人能識我。今日時師後代仙。李懇求吉地。梁卽指示穴處。囑曰、貴從武功來。禍後福始應。葬數年。李以罪戍定遠。産黠甯王英明祖育之軍中。賜以國姓。復賜姓沐。追封三代皆爲王。（圖書集成堪輿部名流列傳光緒江西通志方技）

元 傅立、字權甫。德興人。刻意學問。有文名。得里人祝泌（四庫提要云、泌精皇極數、其甥傅立傳其術。爲元世祖占卜。尙能前知。輟耕錄云、傅立、號初庵。）皇極數學。歷官奉政大夫。致仕。卒諡文懿。立出入禁闥二十餘年。眷遇加隆。嘗建初庵書院。以惠後學。

明　齊琦、字仲圭。號易巖。德興人。世以儒學名。從祖夢龍、貴澄、皆精。邵氏易。貴澄、常注。經世觀物等書。琦、自幼。領悟其旨。建昌廖應淮同郡祝泌。傳立、皆傳邵子學。琦、既承。家學。兼得祝氏傳。氏之傳。由聲色氣味以起數。而推極乎元會運世。即其數之所見。天地氣運之否泰。生人吉凶休咎之徵。無不可預定其言。人未至之事。如在目前。嘗語人曰、自今以往。天下多故。不十五年。京邑南遷千里矣。未幾。朝廷削弱。權臣挾皇嗣駐江南。又嘗曰、南士行人風憲矣。時省臺擯南人不用已久。未幾。果有詔、用南人。其精驗類如此。然非可語者、雖貴人概不與通。嘗署初庵書院山長。後屏居鄱陽山中。洪武初、授婺源教授。上遣使與語。奇之。徵拜太史。卒於官。琦雖精於數學。然通經史大義。非以術數名家。立言必歸仁義。有關世教。士大夫用是尤尊慕之。

明　徐善繼、德興人。補邑庠生。以親喪未厝。與孿生之弟善述。究心。堪。輿。之學。因得吳景鸞遺書、於天門白雲洞。遂深明其奧旨遷縣治。易學基。士大夫莫不欽其慧識。所著有人子須知徐文貞階序其書。

明　董德彰、名潛。德與人事寡毋至孝。一日救白神龜。夢示仙書於石巖中、得之。遂精堪輿。不計利。不得葬者助之。或一葬未善。復爲之遷。時稱董半仙。著有四神祕訣水法等書。（以上光緒江西通志方術）

明　程天昭、十九都人。神於堪輿。馳名衢徽饒信間。著道法雙談、撼龍、疑龍二經注解、傳世。

明　董燦、字光夫。八都人。博通經史律數。尤精堪輿。究心祖半仙、四神祕訣水法等書。著有續行要言族黨間、所指吉穴。不索謝。後皆神驗。人謂小德彰云。

明　祝仲陽、字宣武。二十都人。僉憲自明孫。精堪輿。吳廖傳董之亞。遠近名地。多其指示。著有燈下授徒十八說。

清　傅仲乾、字健生。邑侯施、改名時際。二十七都人。聰明穎悟。技藝一見。瞭如指拿。

尤精堪輿。著有地理易知錄。藏於家。（以上同治德興縣志方技）

清　余樹芝、字懷封。在市人。監生。幼聰敏。習舉子業不售。遂學堪輿。嘗云、地學自明萬歷後。舛謬雜出。惟蔣氏地理辨正得其宗。顧其言多隱。於是日夜精思。能發蔣氏不傳之祕。撰羅經兩盤。而元空大卦之義。無所不該。著有元空眞語三卷。藏於家。（光緒江西通志方術　同治德興縣志方技）

清　王朝元、字碧川。十八都人。郡庠。邑孝廉張宿。掌教白鹿洞。往從遊焉。談及地理。因舉吳景鸞、上諫遷牛頭表。董德彰、陰陽二宅祕書讀之。遂悟其微。著有地理晰疑書。

清　陳錫周、字流芳。三十六都蔡家灣人。習舉子業不售。遂究心方技。晚年。精堪輿術。得星歷之傳。游技而不取值。咸豐初、逆料難至。不出戶庭者數年。著有俗評地理。藏於家。（以上同治德興縣志方技）

242 萬年縣（明割鄱陽餘干樂平貴溪四邑地置。屬江西饒州府。清因之。）

明　柯佩、字月潭。精堪輿家言。萬歷間、著有地理統匯大成。金斗祕訣行世。八閩門人彭容校刊。同治萬年縣志方技

243　靖安縣　漢海昏縣地・後漢爲建昌縣地・唐置靖安鎮・楊吳改爲場・南唐升爲縣・明清皆屬江西南昌府・

清　陳鹿章、字德輝。號聽秋。盆田人。邑增生。讀書好古。性淡雅。不慕聲華。居恆焚香默坐。旁搜博覽。淹通時務。風雪晴雨之占。決之如響。著有六壬寶錄。璇璣捷覽聽秋遺稿待刊。同治靖安縣志隱逸

244　武寧縣　三國吳西安縣・晉曰豫寧・隋廢・唐又置武寧縣・復曰豫寧・尋又改曰武寧・明清皆屬江西南昌府・

明　潘荃、字芳谷。武寧人。通奇禽風角六壬諸數。亦精唐許之術。物色劉綖於未達時。後綖爲將軍。荃從征西南。參謀軍事。多所裨益。綖欲薦於朝。固辭。乃以筇竹杖鐫詩贈焉。

清　盧元俊、字黃耳。武寧人。爲諸生。以易名家。後兩目失明。仍研慮爻辭彖象。會七十二家之旨。以究京焦之學。遂精於卜筮吉凶休咎。唯其所命。居洪州十餘年。一時有君平之目。所著卜緝心解義類簡要。爲世所宗。以上同治南昌府志方技

245. 義寧州（元置寧州。明因之。清初亦爲寧州。後改爲義寧州。屬江西南昌府。民國改州爲縣。又改爲修水。以縣有修水名。）

元　祝泰、字輔卿。吳仙里人。通周易。精於陰陽術數。所著有奇門年月行世。（同治義寧州志方技）

清　魏澄清、字春湖。義寧人。博通靑囊金匱奇門六壬諸祕。遠近求醫。輒往視。貧者施以藥餌。不取貲。活人甚衆。著有地理心印錄四卷。春湖隨談詩鈔二卷。（同治南昌府志方技）

清　胡星煌、字簡勳。號南垣。武鄉帶溪人。性篤實端方。行止不踰禮法。淸貧積學。屢困名場。旁精素問靑烏家言。著有醫林治論地理可觀集五十卷。地學陰陽十卷。選擇十卷。卒年八十有六。子恩貢、克恭。號恪山。淸修有父風。疊薦未售。士林惜之。（同治義寧州志方技）

清　陳釗、字淡埜。號虛虛子。性好奇書。講求術數。謂爲風鑑一書。由來尙矣。古王公大臣。士大夫。豪傑之士。無不究心。此書豈獨泉石逸士。流覽而潛玩已哉。於是精心探討。觸類旁通。道光癸巳、輯相理衡眞十八卷。蓋相法必揆其理。衡鑒必求其眞也。（相理衡眞序）

歷代卜人傳卷十六終

小門生江都包長林校